Eiichiro Oda

ONE PIECE

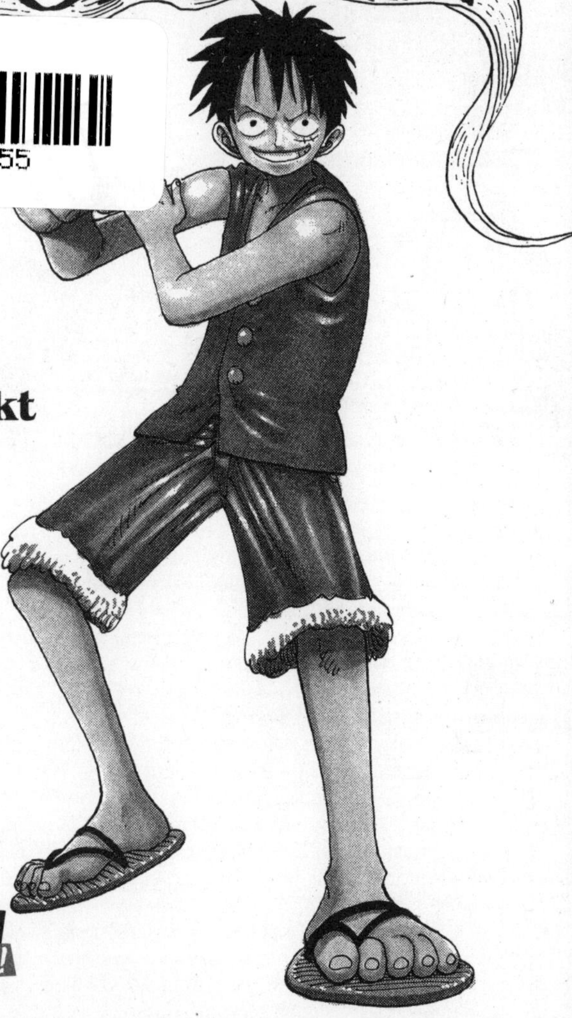

Instinkt

CARLSEN MANGA!

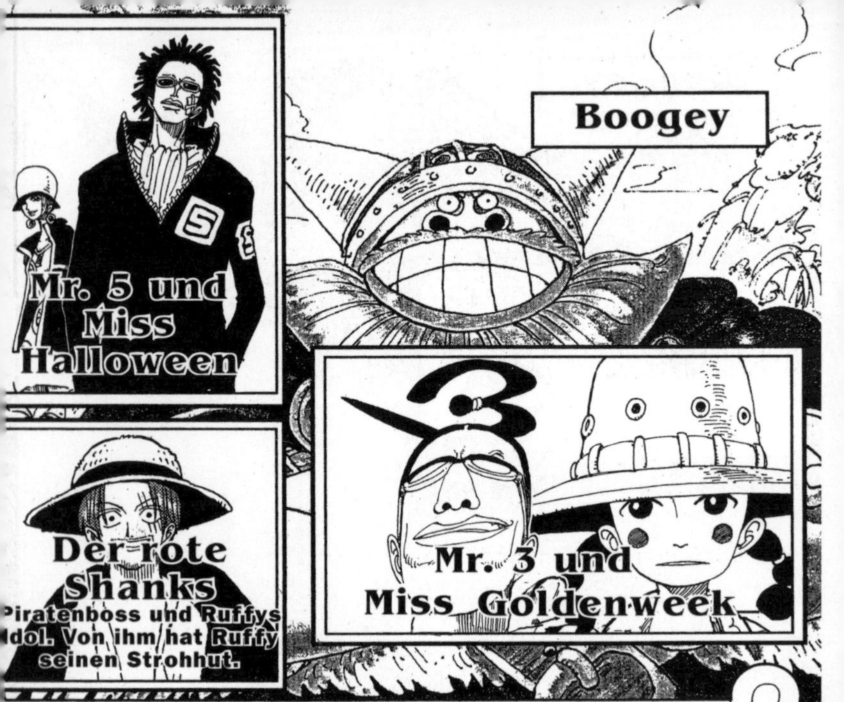

Was bisher geschah

Es ist die große Epoche der Piraten. Unmengen von Seeräubern sind auf der Suche nach dem gewaltigen Schatz, dem »One Piece« des legendären Piratenkönigs Gol D. Roger. Auch der Junge Ruffy will Piratenkönig werden und geht zur See!! Nach langem Suchen gelangen Ruffy und seine Freunde endlich auf die Grand Line, wo sie als erstes in Whiskey Peak landen. Die Stadt entpuppt sich als Verbrechernest, organisiert von der Baroque-Mafia. Während Ruffy sich vollgefressen auf's Ohr haut, macht Zorro fast im Alleingang die Baroque-Agenten fertig. Dabei rettet er Miss Wednesday, auf die es die Baroque Special-Agents Mr. 5 und Miss Halloween abgesehen haben. Miss Wednesday ist in Wirklichkeit Prinzessin Vivi von Alabasta, die sich nur als Baroque-Agentin tarnt, um den geheimnisvollen Boss der Firma auszuschalten. Nachdem Zorro Vivi rausgehauen hat, verrät sie Ruffy, Zorro und Nami den Namen des Bosses der Firma und dessen fiese Pläne: Es ist das Krokodil, einer der sieben Samurai, der Vivis Vater, den König von Alabasta, vom Thron kicken und selbst von dort aus die Welt erobern will!!! Als Mitwisser werden nun auch Ruffy und Co. vom Krokodil gejagt. Trotzdem entschließen sie sich, Vivi zu helfen und sie nach Alabasta zu bringen. Auf ihrer ersten Zwischenstation landen sie auf Little Garden, einer Urzeitinsel, die von Fleisch fressenden Dinos und kampfwütigen Riesen bewohnt wird...

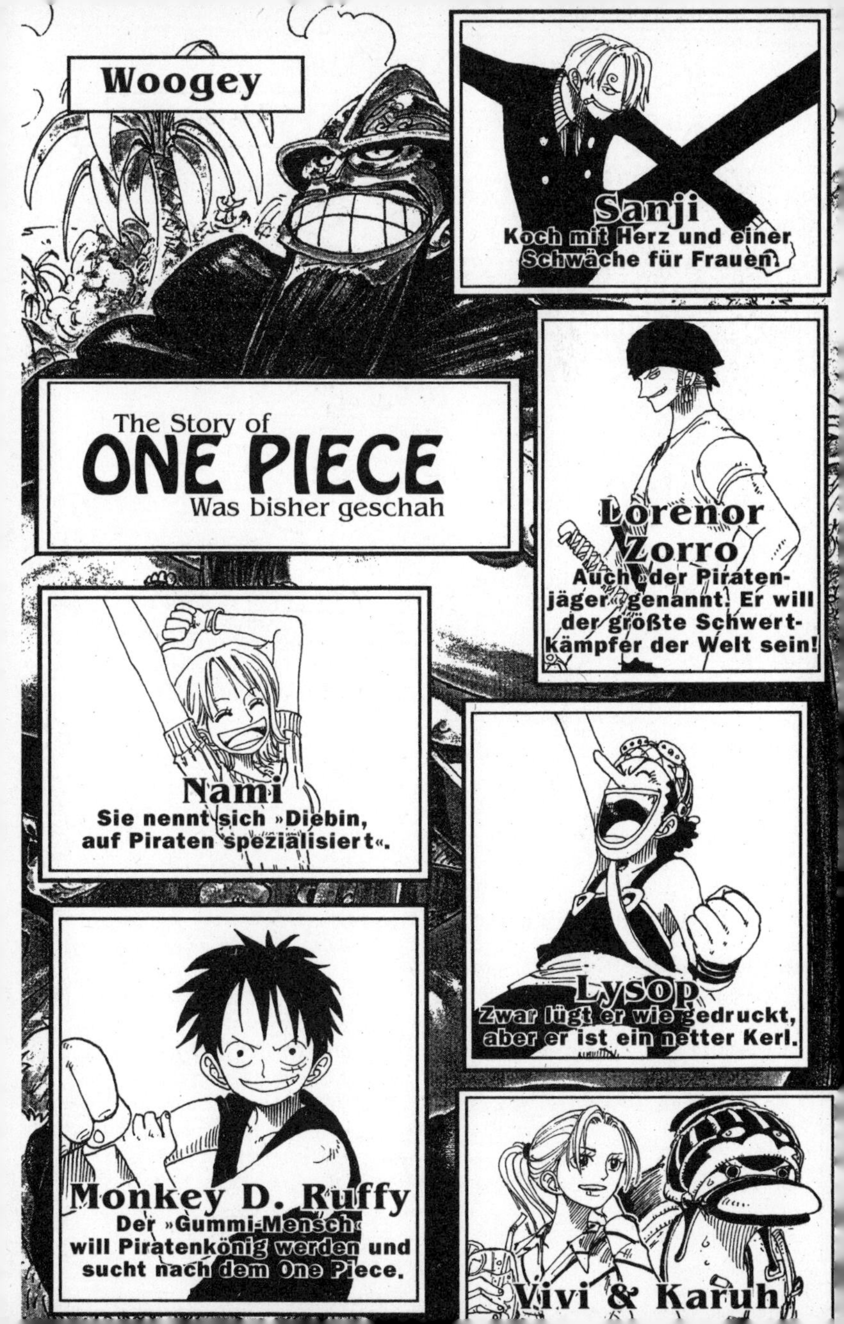
Woogey
The Story of
ONE PIECE
Was bisher geschah
Sanji
Koch mit Herz und einer Schwäche für Frauen.
Lorenor Zorro
Auch »der Piratenjäger« genannt. Er will der größte Schwertkämpfer der Welt sein!
Nami
Sie nennt sich »Diebin, auf Piraten spezialisiert«.
Lysop
Zwar lügt er wie gedruckt, aber er ist ein netter Kerl.
Monkey D. Ruffy
Der »Gummi-Mensch« will Piratenkönig werden und sucht nach dem One Piece.
Vivi & Karuh

Eiichiro Oda

One Piece 14
Instinkt

Inhaltsverzeichnis

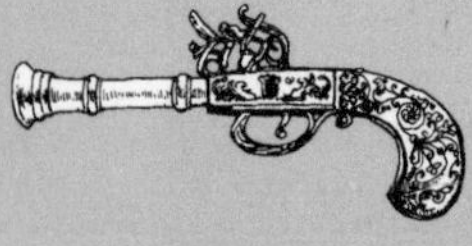

118. Kapitel:

Da ist jemand!

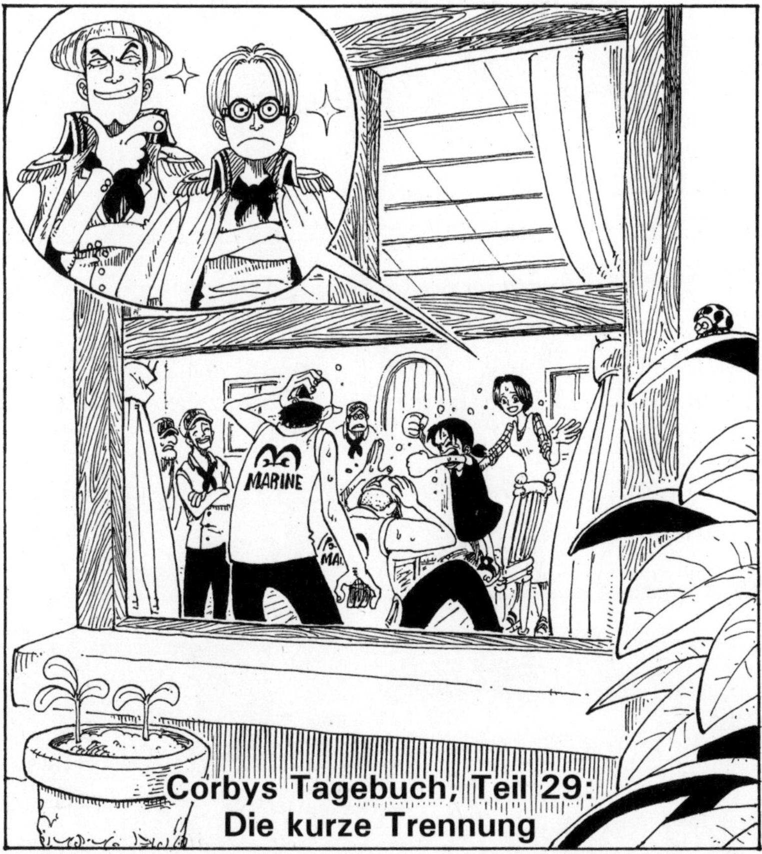

Corbys Tagebuch, Teil 29:
Die kurze Trennung

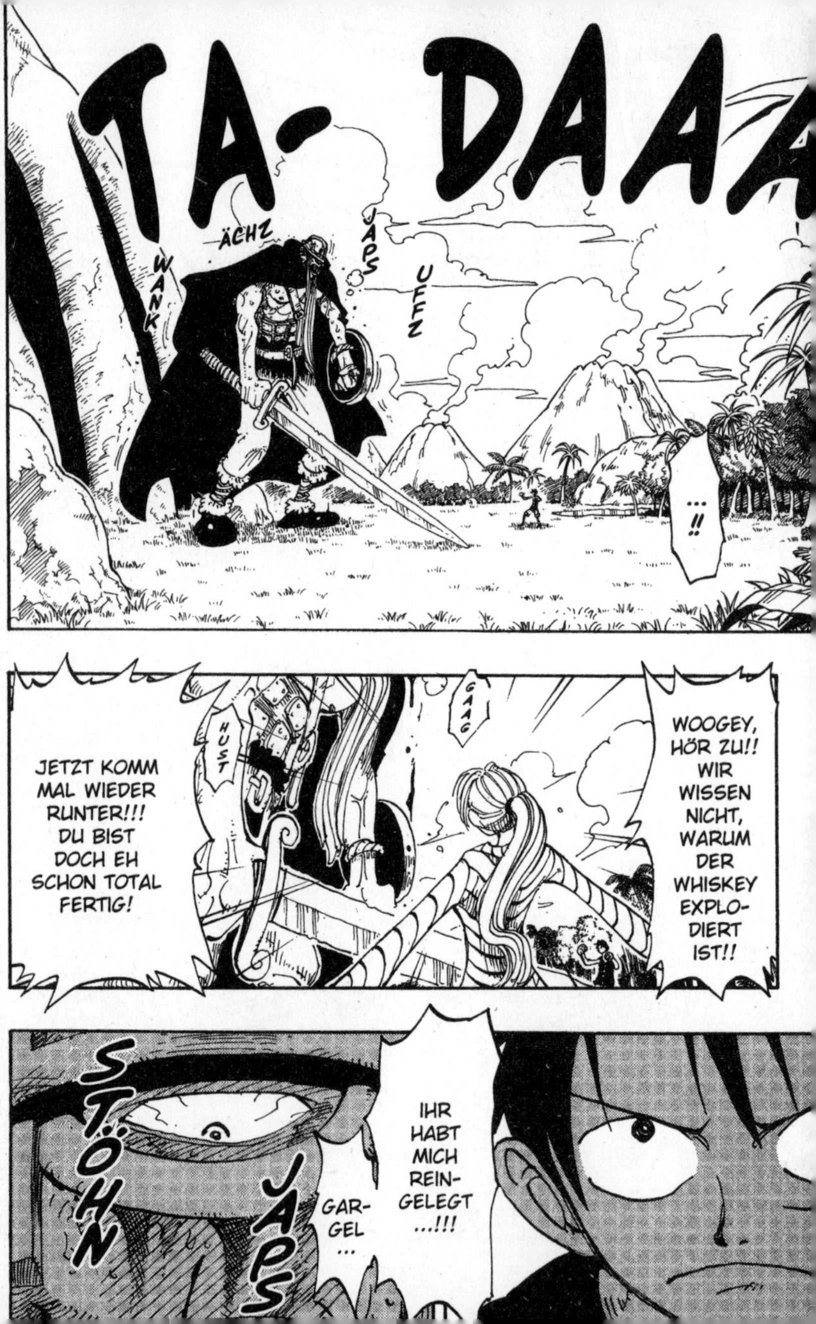
TA- DAAA
ÄCHZ
WANK
JAPS
UFFZ
...!!
WOOGEY, HÖR ZU!! WIR WISSEN NICHT, WARUM DER WHISKEY EXPLODIERT IST!!
GAAG
HUST
JETZT KOMM MAL WIEDER RUNTER!!! DU BIST DOCH EH SCHON TOTAL FERTIG!
IHR HABT MICH REINGELEGT ...!!!
GARGEL ...
JAPS
STÖHN

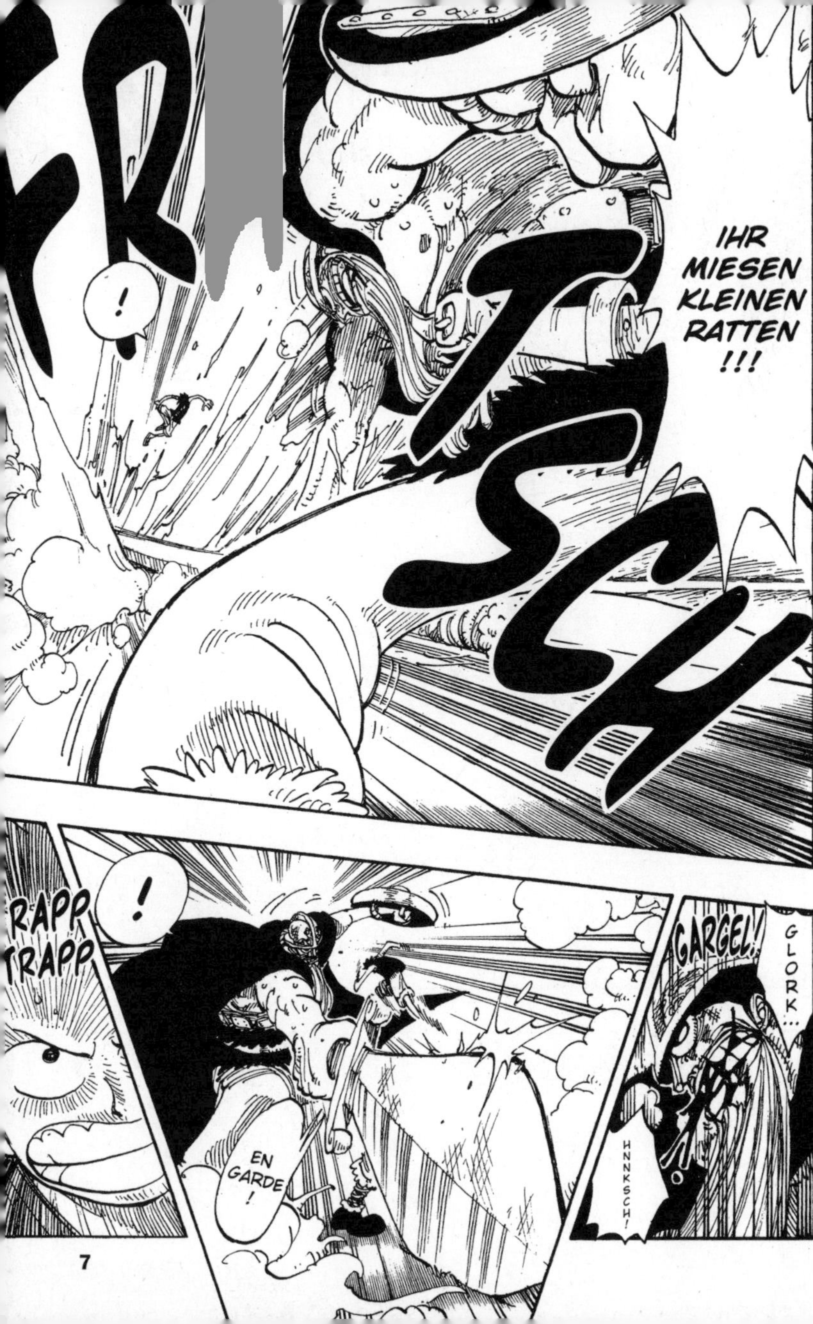
IHR MIESEN KLEINEN RATTEN !!!
!
GLORK...
GARGEL!
HNNKSCH!
!
EN GARDE!
RAPP TRAPP

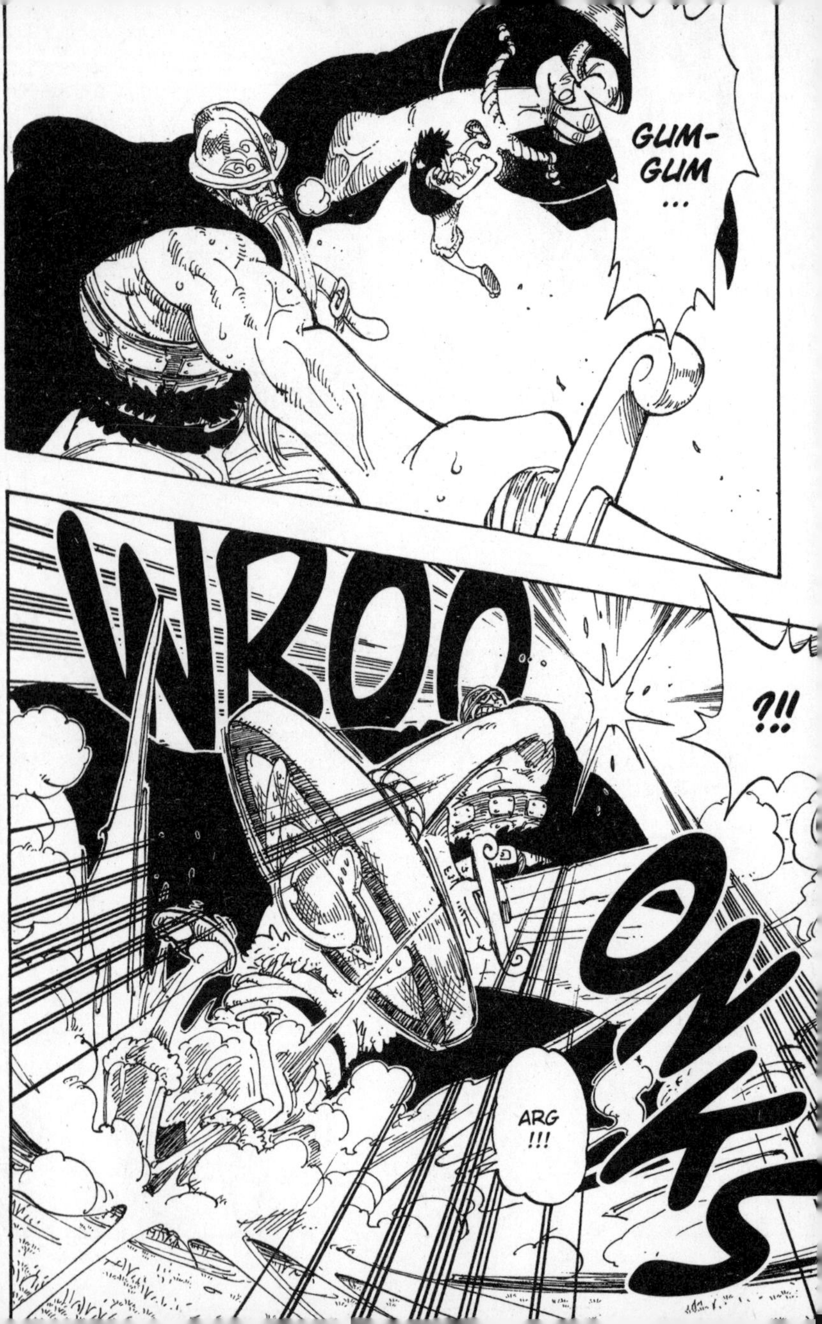
GUM-
GUM
...
WROO
?!!
ONKS
ARG
!!!

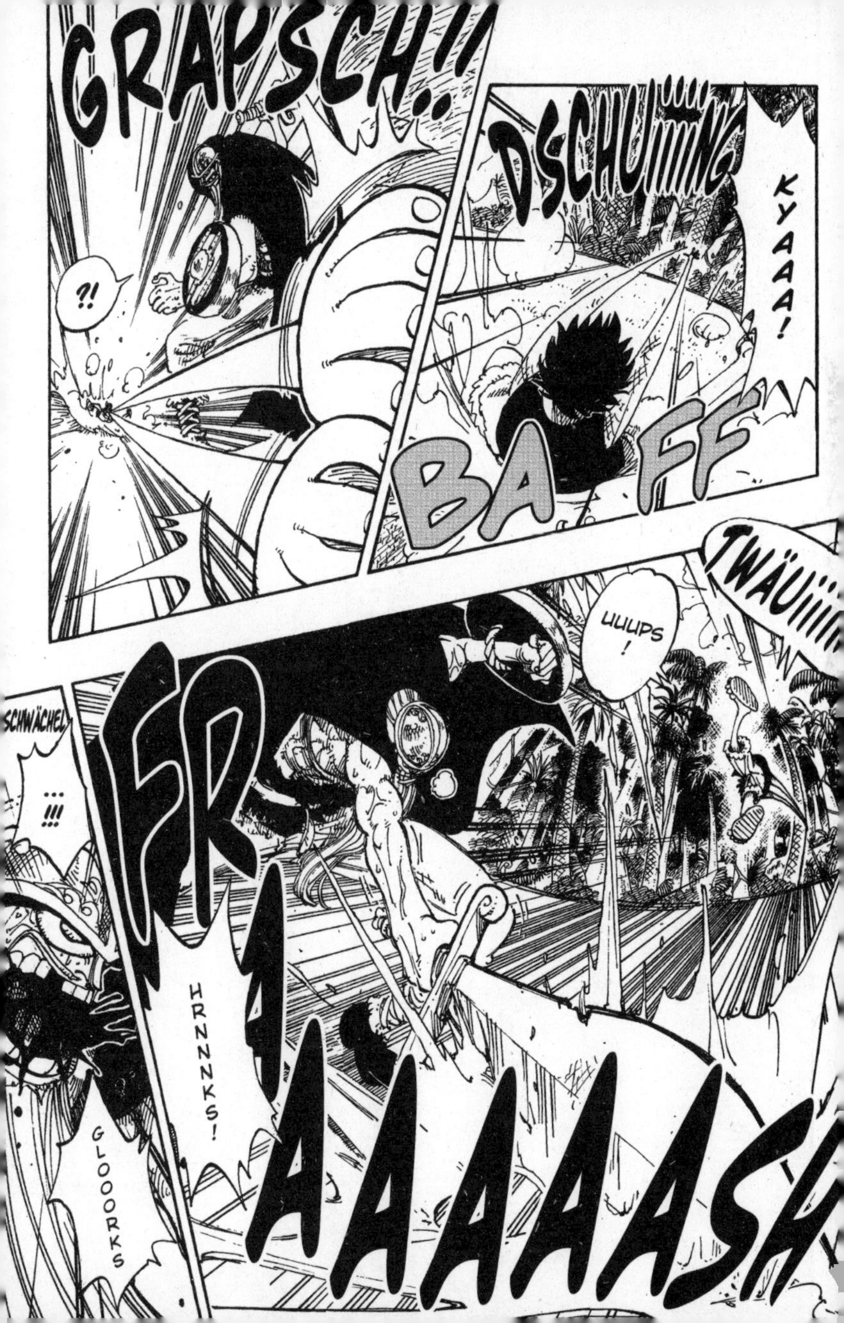

DSCHUIIIING
KYAAAA!
BAFF
GRAPSCH!!
?!
TWÄUIIIII
UUUPS!
FRAAAAASH
HRNNNKS!
SCHWÄCHEL
...!!!
GLOOORKS

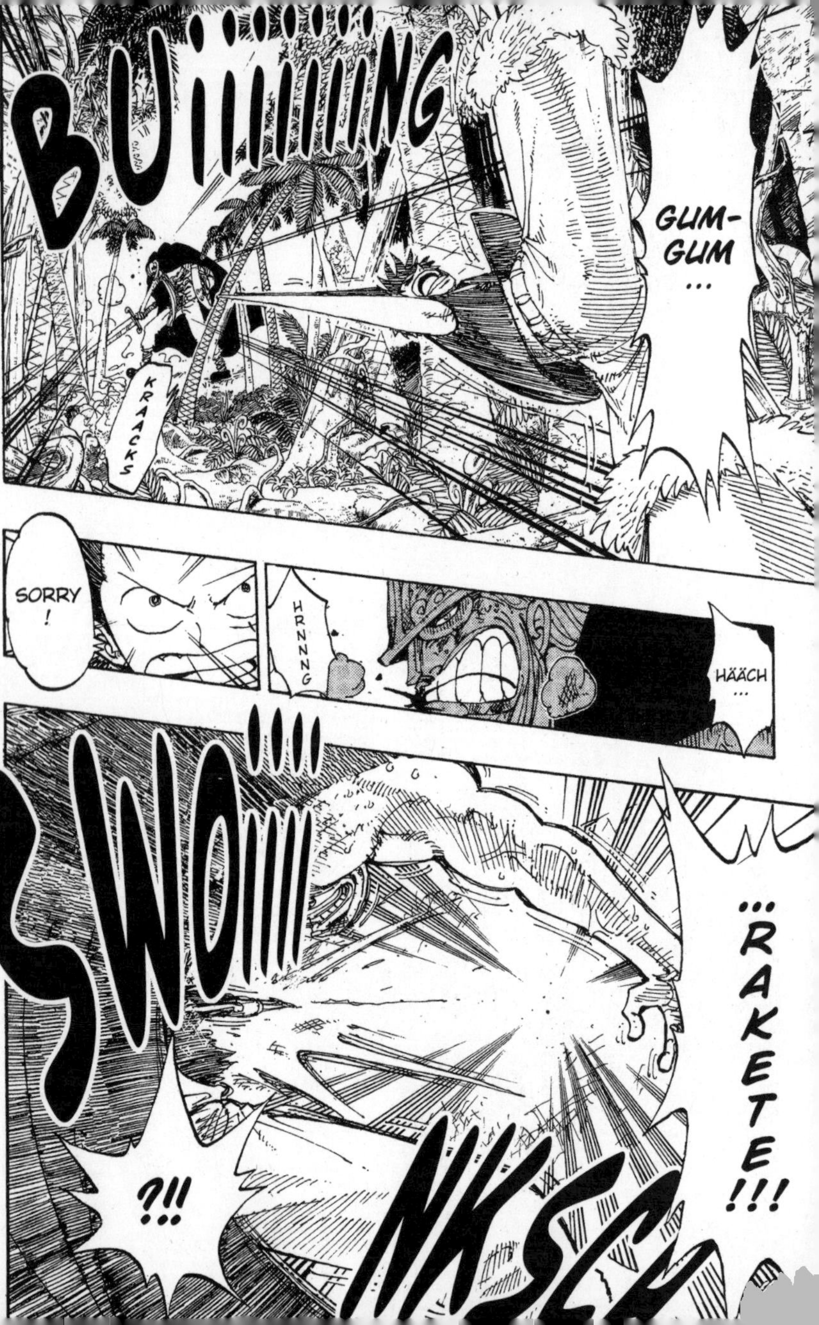
GUM-GUM ...
BUIIIIIIING
KRAACKS
HÄÄCH ...
HRNNNG
SORRY!
...RAKETE!!!
SWOIIIII
NKSCH
?!!

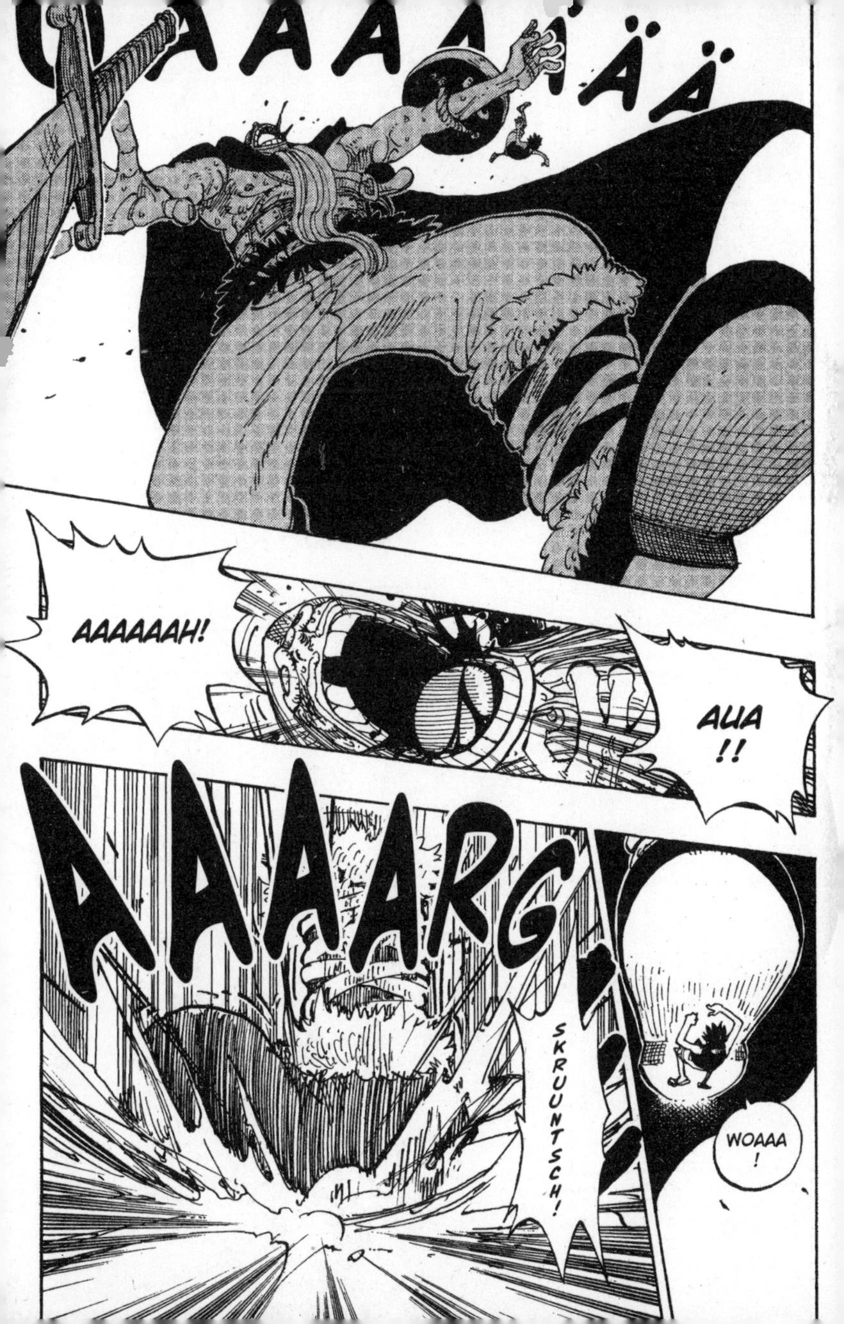
UAAAAAÄÄÄ
AAAAAAH!
AUA !!
AAAARG
WOAAA !
SKRUUNTSCH!

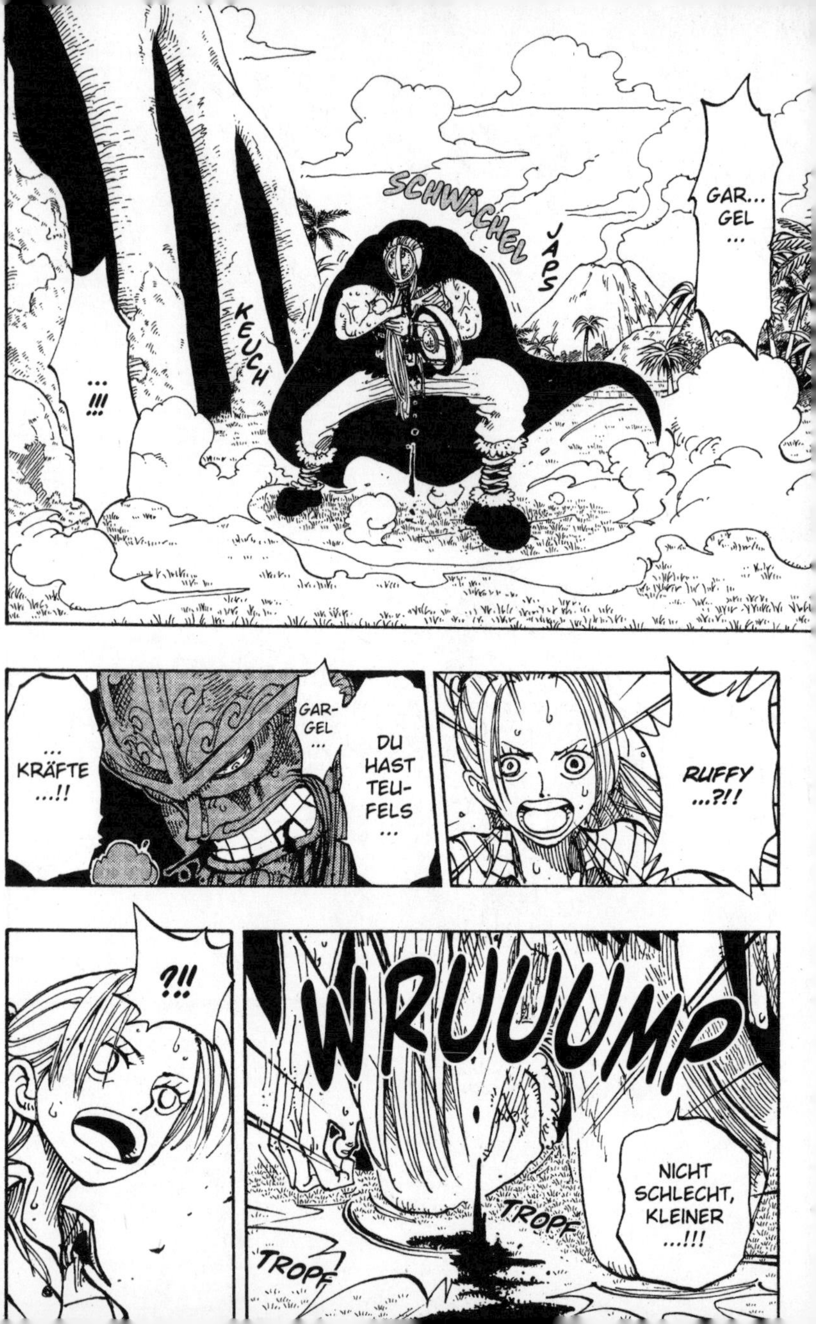
GAR... GEL ...
SCHWÄCHEL
JAPS
KEUCH
... !!!
RUFFY ...?!!
GAR-GEL ...
DU HAST TEUFELS ...
... KRÄFTE ...!!
WRUUUMP
NICHT SCHLECHT, KLEINER ...!!!
TROPF
TROPF
?!!

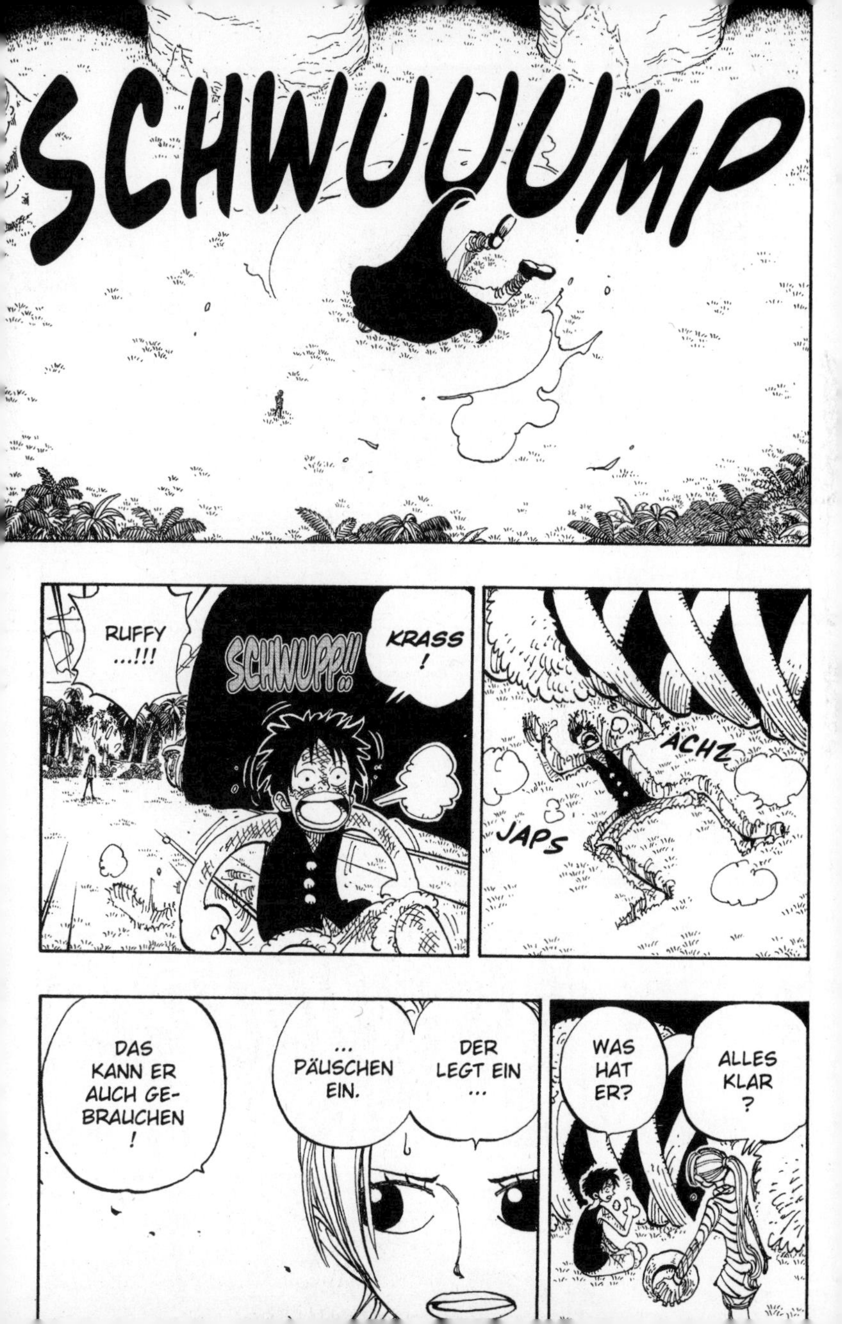
SCHWUUUMP
KRASS !
SCHWUPP!!
RUFFY ...!!!
ÄCHZ
JAPS
ALLES KLAR ?
WAS HAT ER?
DER LEGT EIN ...
... PÄUSCHEN EIN.
DAS KANN ER AUCH GE-BRAUCHEN !

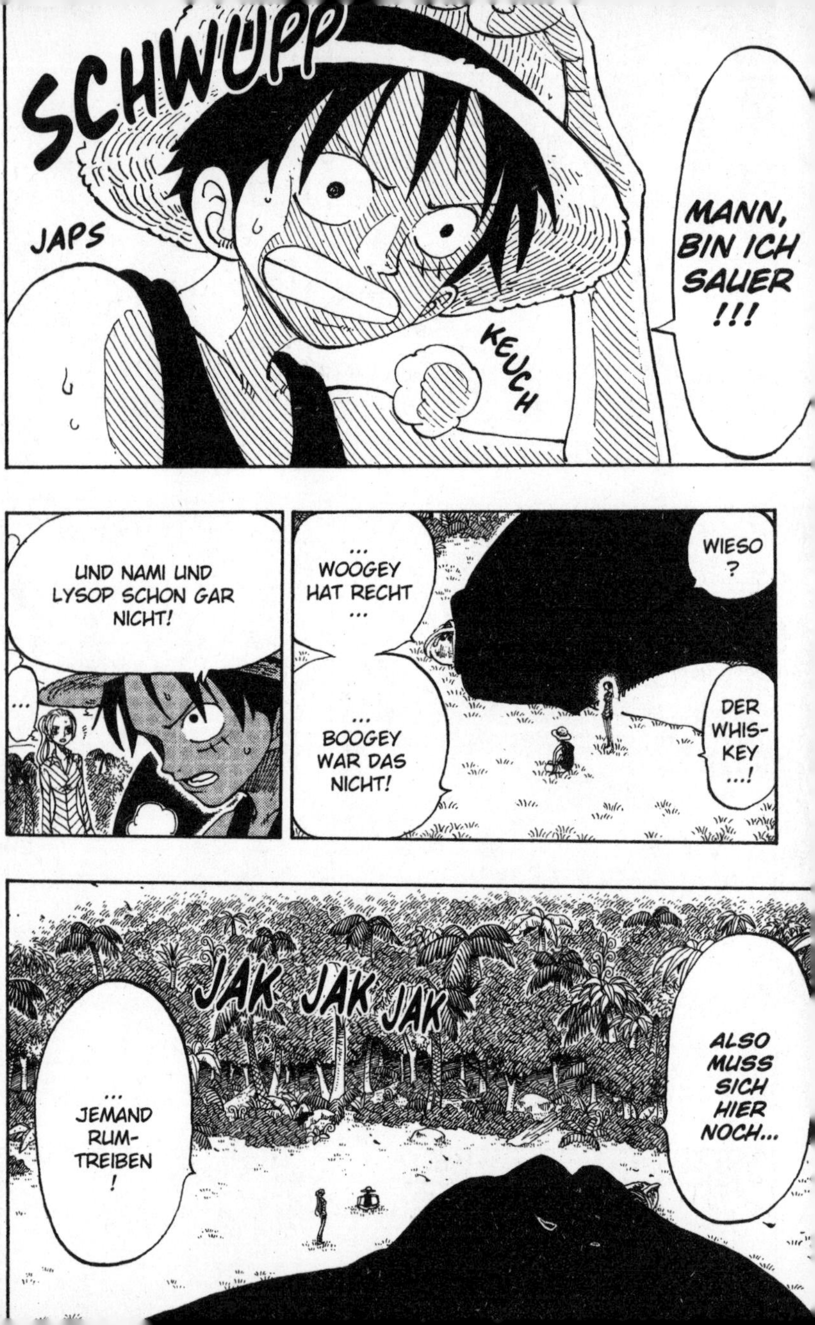
SCHWUPP
MANN, BIN ICH SAUER !!!
KEUCH
JAPS
WIESO ?
DER WHIS-KEY ...!
... WOOGEY HAT RECHT ...
... BOOGEY WAR DAS NICHT!
UND NAMI UND LYSOP SCHON GAR NICHT!
...
ALSO MUSS SICH HIER NOCH...
JAK JAK JAK
... JEMAND RUM-TREIBEN !

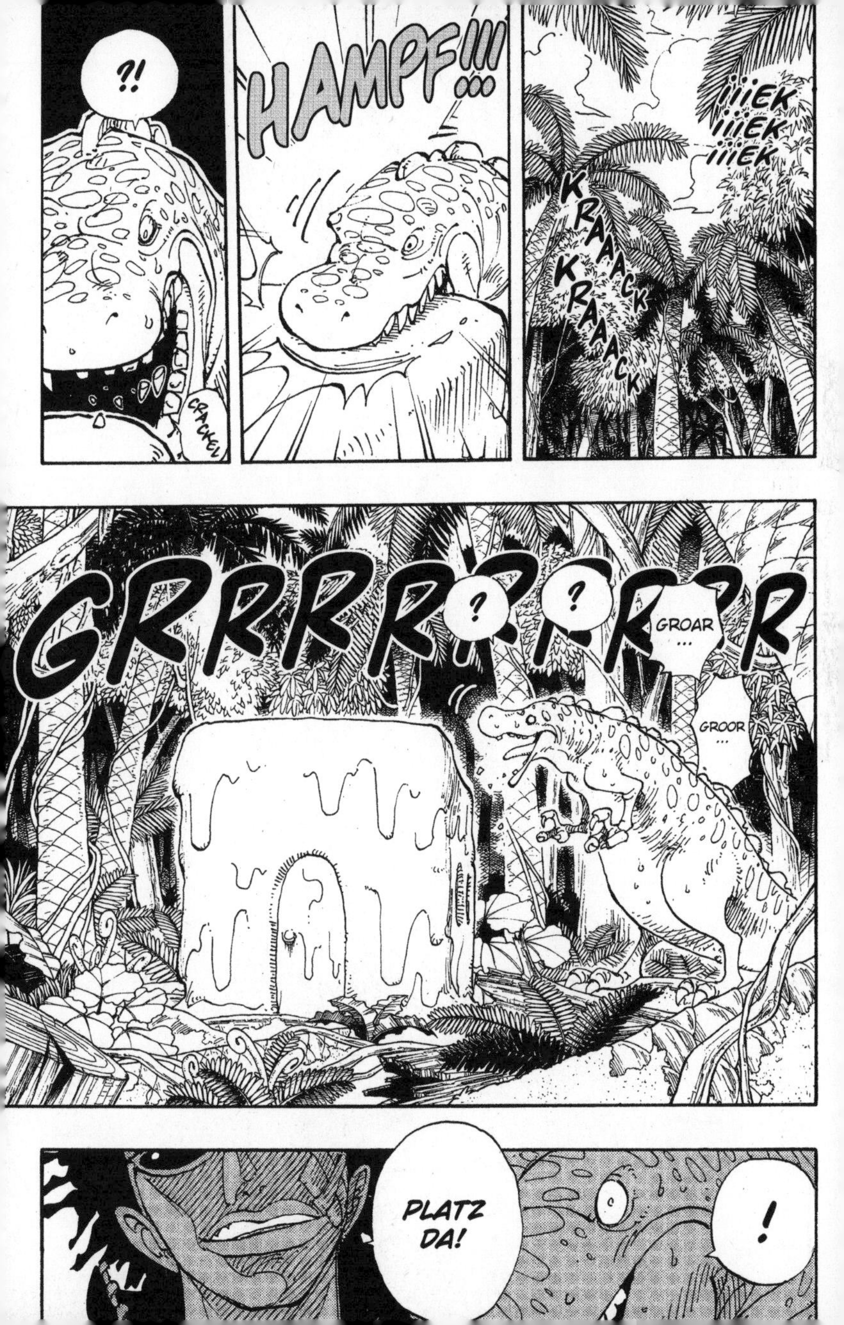

iiiEK
iiiEK
iiiEK
KRAAACK
KRAAACK
HAMPF!!! ...
?!
CRACKEL
GROAR ...
GROOR ...
?
?
GRRRRRRRRR
!
PLATZ DA!

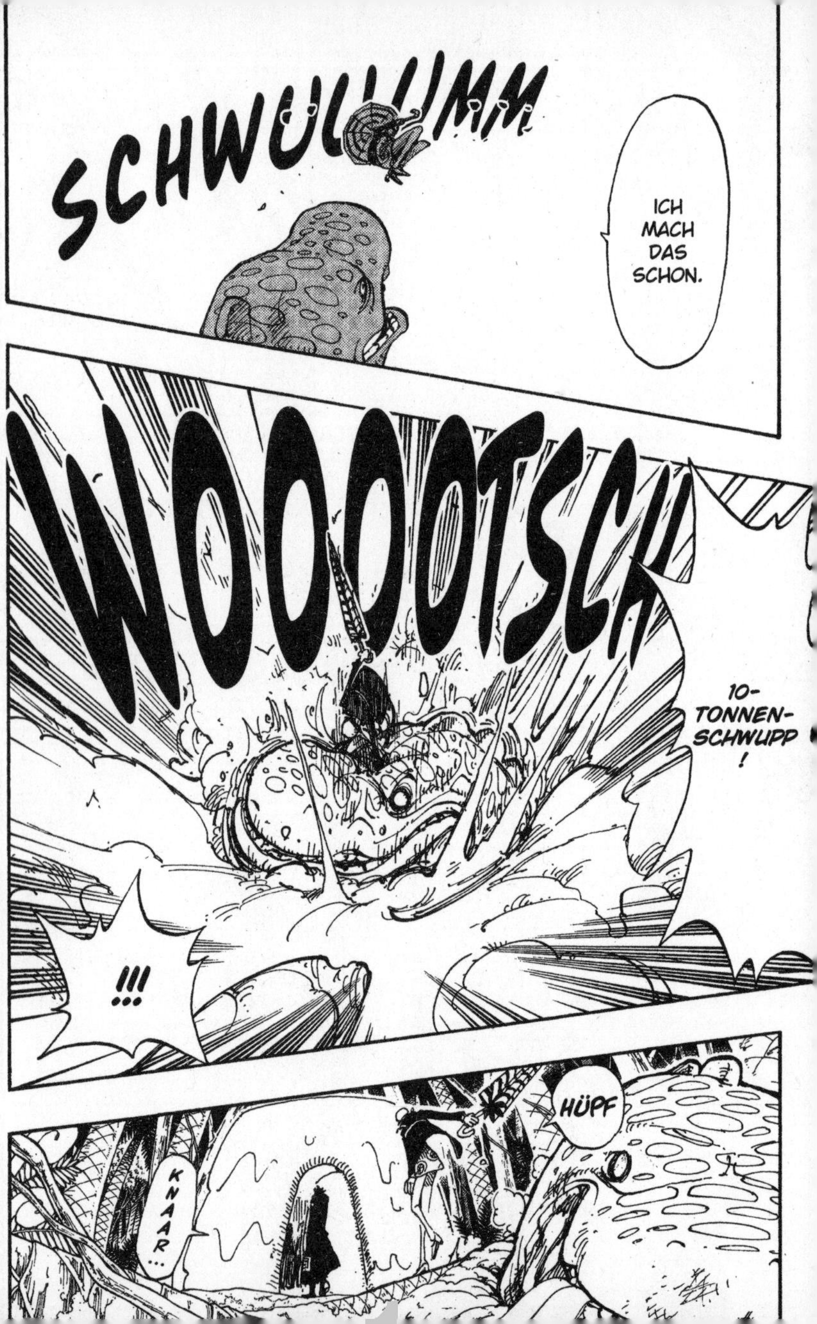
ICH MACH DAS SCHON.
SCHWUUUMM
WOOOOTSCH
10-TONNEN-SCHWUPP!
!!!
HÜPF
KNAAR...

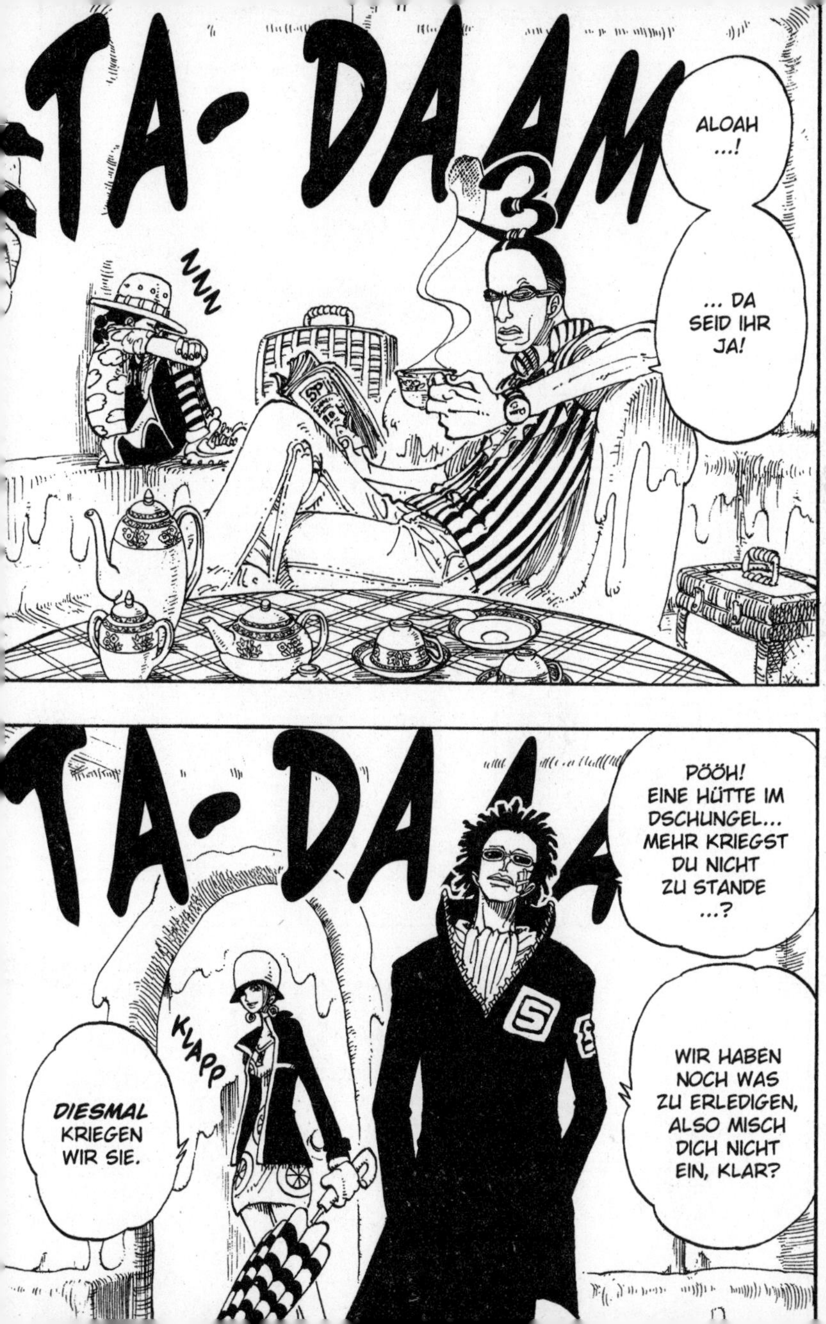
TA-DAAM
ALOAH ...!
... DA SEID IHR JA!
NNN
TA-DAA
PÖÖH! EINE HÜTTE IM DSCHUNGEL... MEHR KRIEGST DU NICHT ZU STANDE ...?
WIR HABEN NOCH WAS ZU ERLEDIGEN, ALSO MISCH DICH NICHT EIN, KLAR?
KLAPP
DIESMAL KRIEGEN WIR SIE.

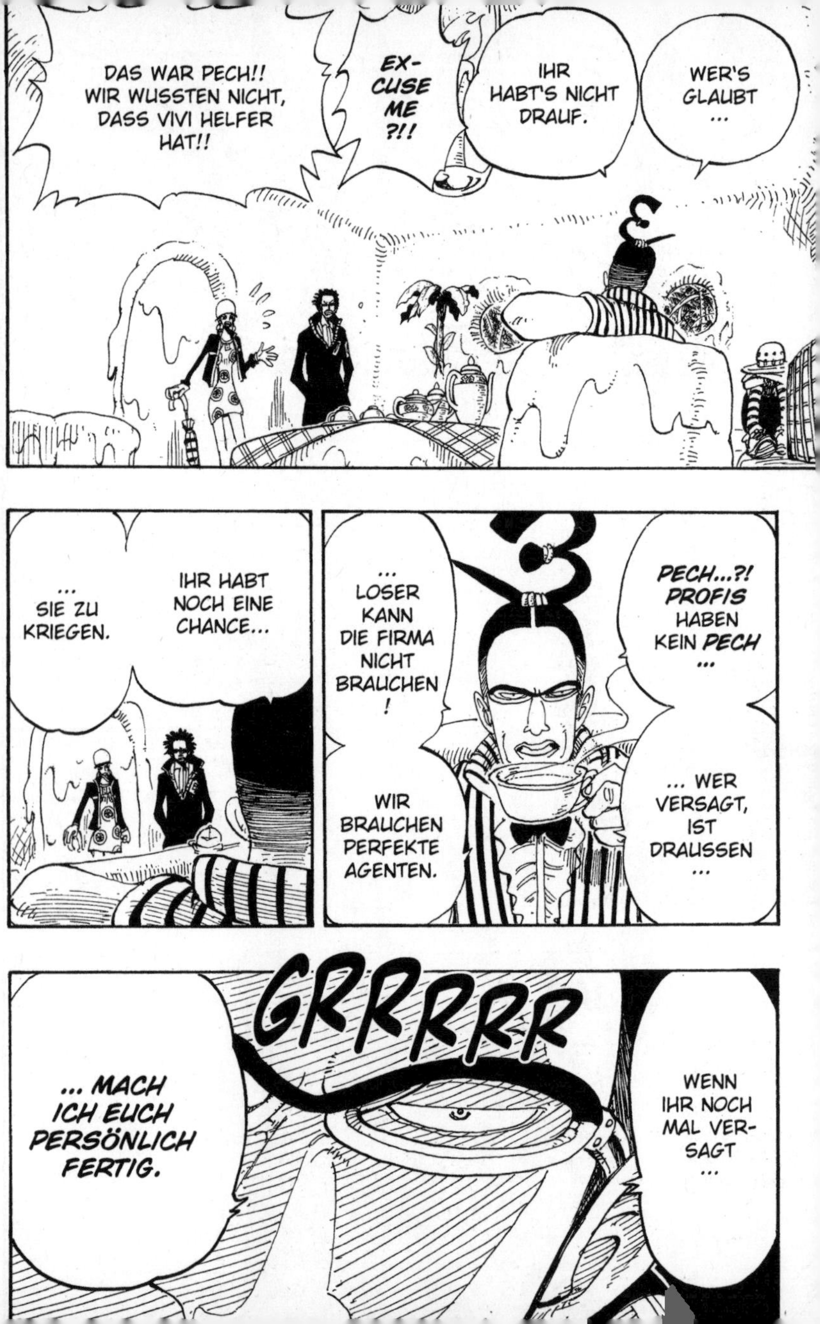

WER'S GLAUBT ...
IHR HABT'S NICHT DRAUF.
EX-CUSE ME ?!!
DAS WAR PECH!! WIR WUSSTEN NICHT, DASS VIVI HELFER HAT!!
PECH...?! PROFIS HABEN KEIN PECH ...
... LOSER KANN DIE FIRMA NICHT BRAUCHEN !
... WER VERSAGT, IST DRAUSSEN ...
WIR BRAUCHEN PERFEKTE AGENTEN.
IHR HABT NOCH EINE CHANCE...
... SIE ZU KRIEGEN.
GRRRRRR
WENN IHR NOCH MAL VER-SAGT ...
... MACH ICH EUCH PERSÖNLICH FERTIG.

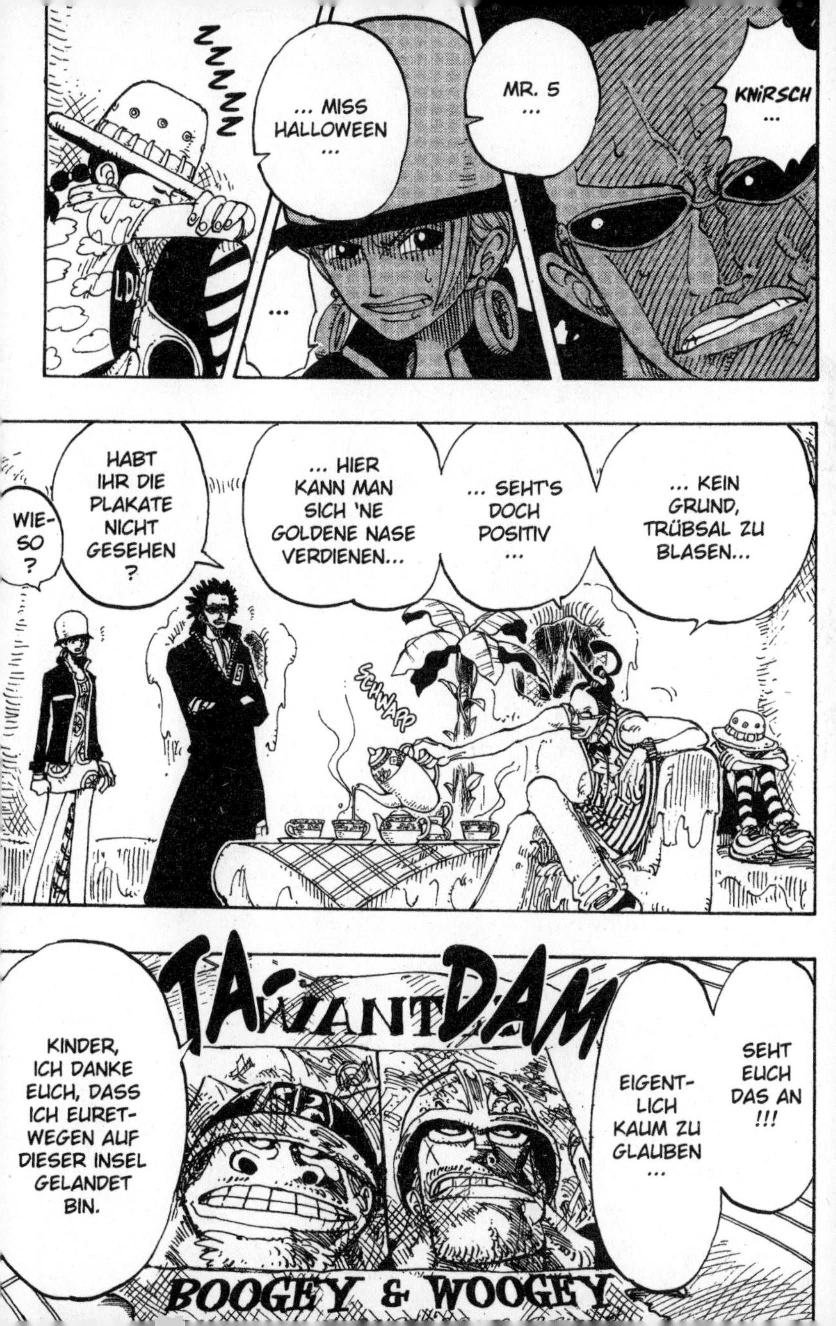
ZZZZZZ
... MISS HALLOWEEN ...
...
MR. 5 ...
KNIRSCH ...
WIE-SO ?
HABT IHR DIE PLAKATE NICHT GESEHEN ?
... HIER KANN MAN SICH 'NE GOLDENE NASE VERDIENEN...
... SEHT'S DOCH POSITIV ...
... KEIN GRUND, TRÜBSAL ZU BLASEN...
SCHWAPP
KINDER, ICH DANKE EUCH, DASS ICH EURET-WEGEN AUF DIESER INSEL GELANDET BIN.
TAWANTDAM
BOOGEY & WOOGEY
EIGENT-LICH KAUM ZU GLAUBEN ...
SEHT EUCH DAS AN !!!

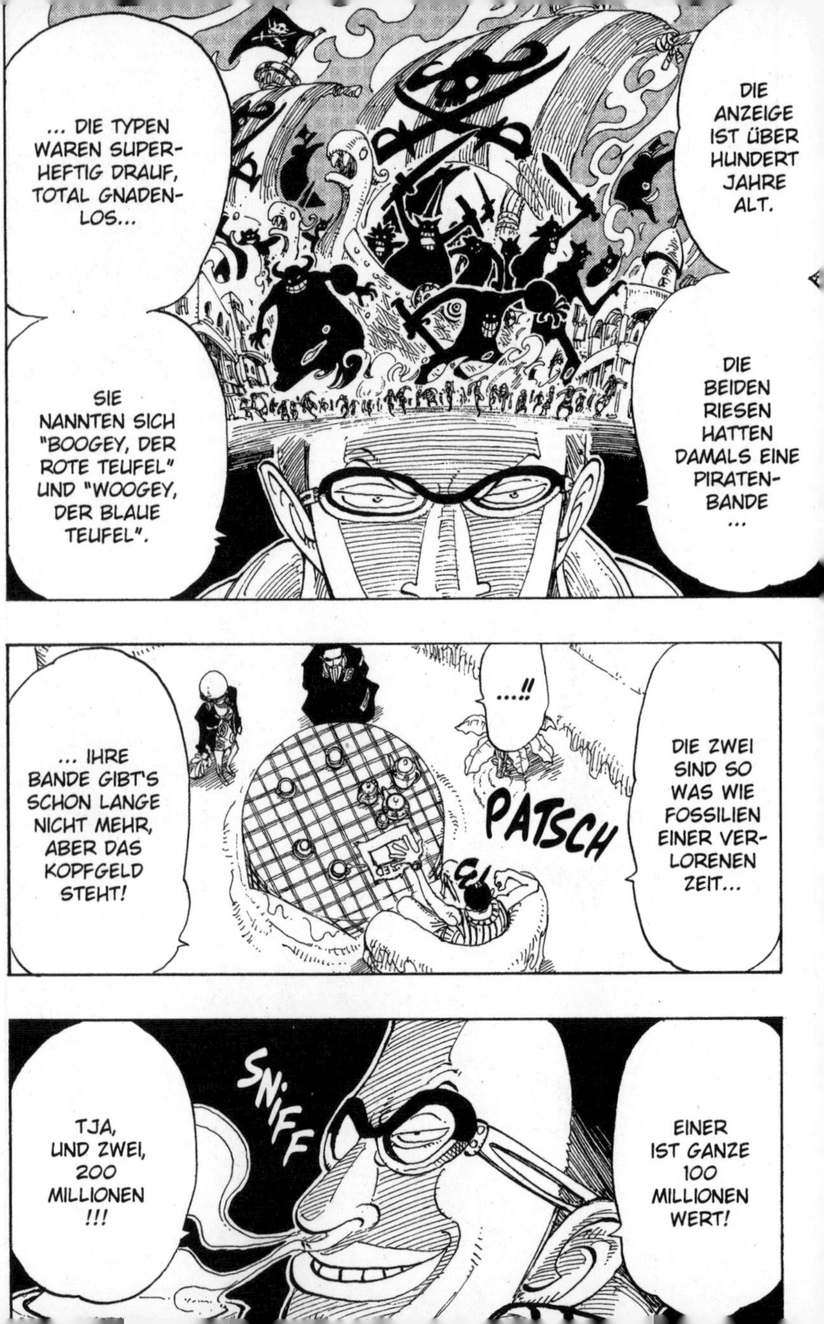
DIE ANZEIGE IST ÜBER HUNDERT JAHRE ALT.
DIE BEIDEN RIESEN HATTEN DAMALS EINE PIRATEN-BANDE ...
... DIE TYPEN WAREN SUPER-HEFTIG DRAUF, TOTAL GNADEN-LOS...
SIE NANNTEN SICH "BOOGEY, DER ROTE TEUFEL" UND "WOOGEY, DER BLAUE TEUFEL".
...!!
DIE ZWEI SIND SO WAS WIE FOSSILIEN EINER VER-LORENEN ZEIT...
PATSCH
... IHRE BANDE GIBT'S SCHON LANGE NICHT MEHR, ABER DAS KOPFGELD STEHT!
EINER IST GANZE 100 MILLIONEN WERT!
SNIFF
TJA, UND ZWEI, 200 MILLIONEN !!!

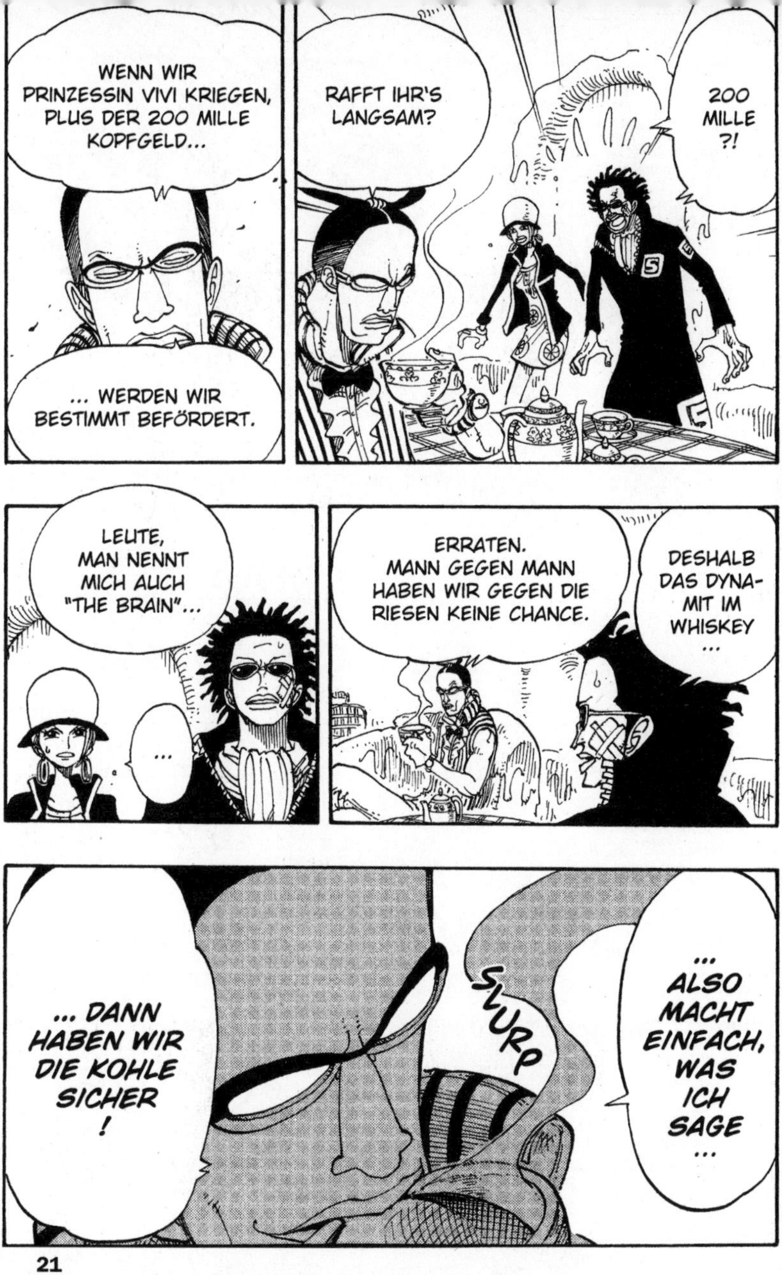
WENN WIR PRINZESSIN VIVI KRIEGEN, PLUS DER 200 MILLE KOPFGELD...
... WERDEN WIR BESTIMMT BEFÖRDERT.
RAFFT IHR'S LANGSAM?
200 MILLE ?!
LEUTE, MAN NENNT MICH AUCH "THE BRAIN"...
...
ERRATEN. MANN GEGEN MANN HABEN WIR GEGEN DIE RIESEN KEINE CHANCE.
DESHALB DAS DYNAMIT IM WHISKEY ...
... DANN HABEN WIR DIE KOHLE SICHER !
SLURP
... ALSO MACHT EINFACH, WAS ICH SAGE ...

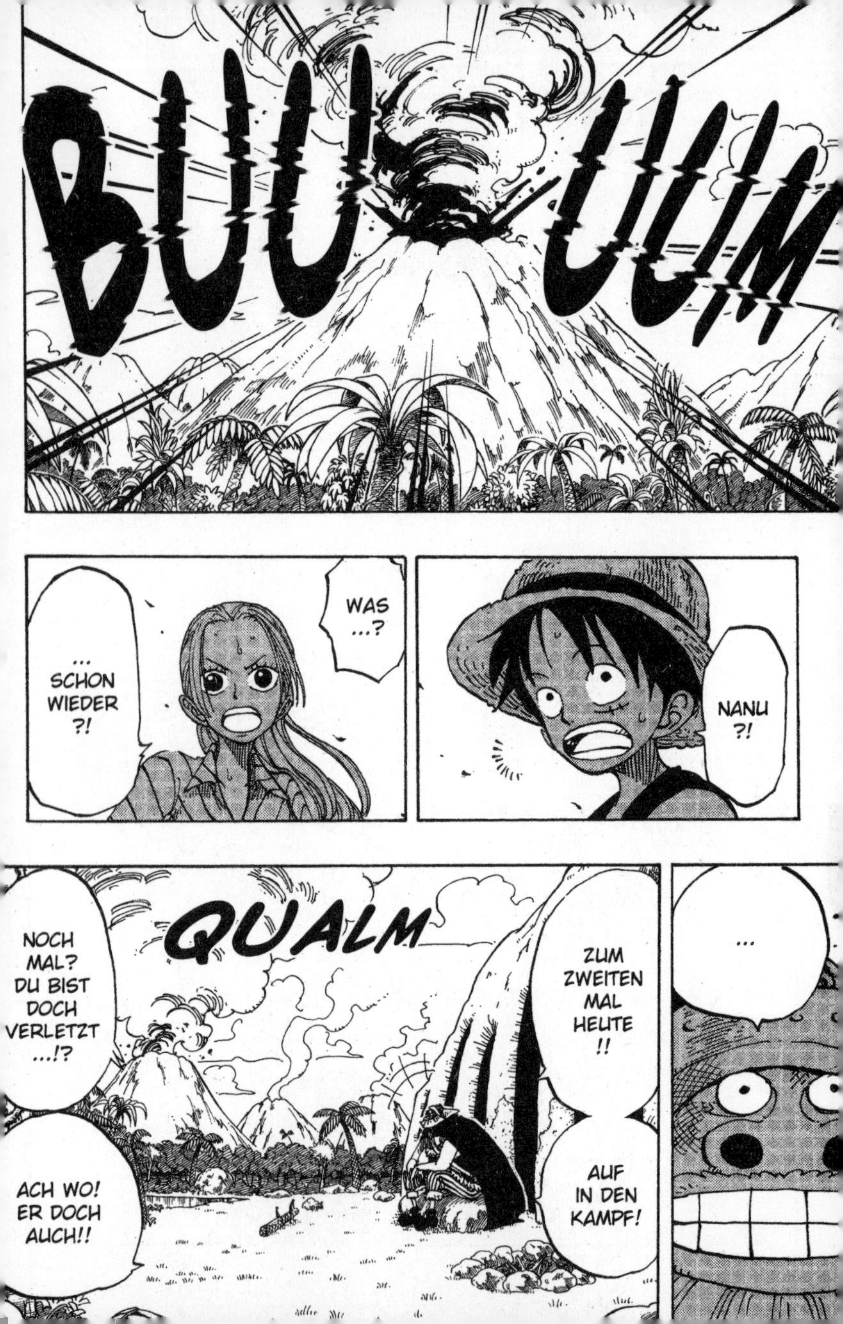
BUUUUUM
WAS ...?
... SCHON WIEDER ?!
NANU ?!
QUALM
...
ZUM ZWEITEN MAL HEUTE !!
AUF IN DEN KAMPF!
NOCH MAL? DU BIST DOCH VERLETZT ...!?
ACH WO! ER DOCH AUCH!!

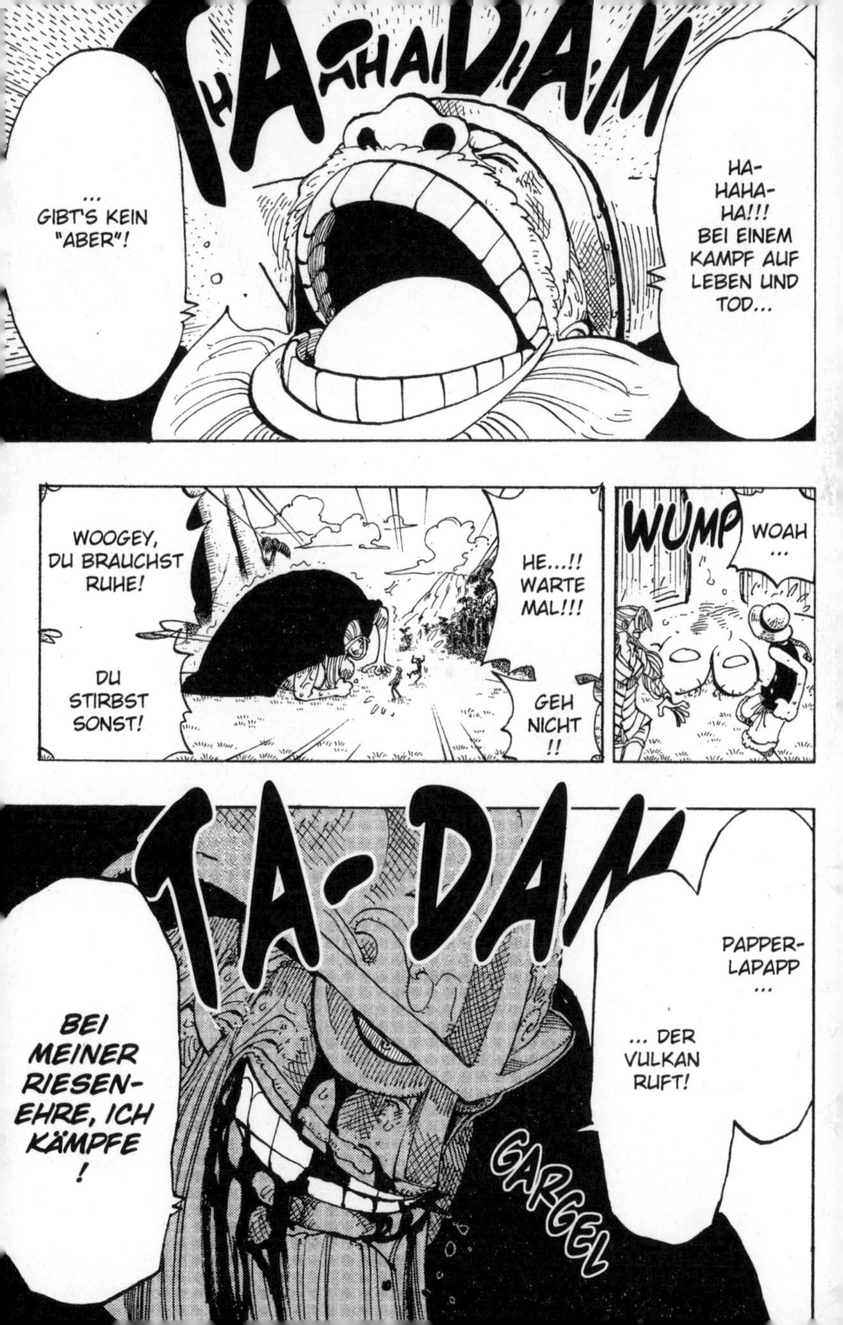
HA-HAHAHA!!! BEI EINEM KAMPF AUF LEBEN UND TOD...
... GIBT'S KEIN "ABER"!
WUMP
WOAH ...
HE...!! WARTE MAL!!!
GEH NICHT !!
WOOGEY, DU BRAUCHST RUHE!
DU STIRBST SONST!
TA-DAM
PAPPER-LAPAPP ...
... DER VULKAN RUFT!
GARGEL
BEI MEINER RIESEN-EHRE, ICH KÄMPFE !

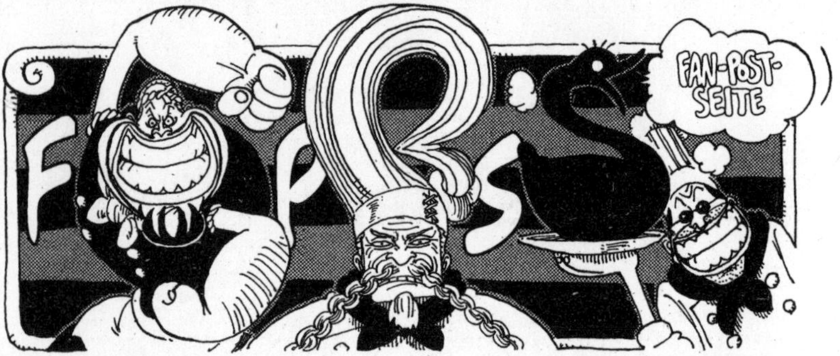

LESER: ALSO, ICH WOLLTE EIGENTLICH DIE FPS ERÖFFNEN, ABER ICH BIN MAL SO NETT UND SAG HERRN ODA BESCHEID... HERR ODA...? HERR ODA!! DER TYP PENNT! TYPISCH! SELBER SCHULD, DANN FANGE ICH DOCH OHNE IHN AN: ***HIERMIT SEI DIE FPS ERÖFFNET!***

ODA: ZZZZZ... HÄ? WAS? WO BIN ICH? MIST, SCHON WIEDER VERPENNT!

L: HALLO HERR ODA! HIER KOMMT 'NE KNIFFLIGE FRAGE: WAS BEDEUTET DAS "PURA" VON "TEMPURA" (EIN JAPANISCHES GERICHT)?

O: RUHE!! WAS KÜMMERT MICH "PURA"?! (ICH SCHLAFE DOCH NOCH HALB.)

L: ICH BIN DER BUTLER VON HERRN YANO UND HEISSE KASUYA. ICH WURDE VON MEINEM FREUND DARAUF AUFMERKSAM GEMACHT, DASS IN BAND 10 AUF SEITE 87 (AUF NAMIS KLEID) UND AUF SEITE 109 (AUF HELMEPPOS HUT) DOSKOI PANDA STEHT. IST DAS EIN TIER?

O: NEIN, DAS IST BLOSS EINE KLAMOTTEN-MARKE. DIE IST ZURZEIT MEGA-IN AUF DEM EAST BLUE UND DESHALB SUPERTEUER. EIN T-SHIRT KOSTET ÜBER 10.000 BERRY.

DOSKOI PANDA

DIE HAUPT-FILIALE VON DOSKOI PANDA SITZT AUF DER MIRRORBALL-INSEL IM EAST BLUE.

119. Kapitel:
Mit List und Tücke

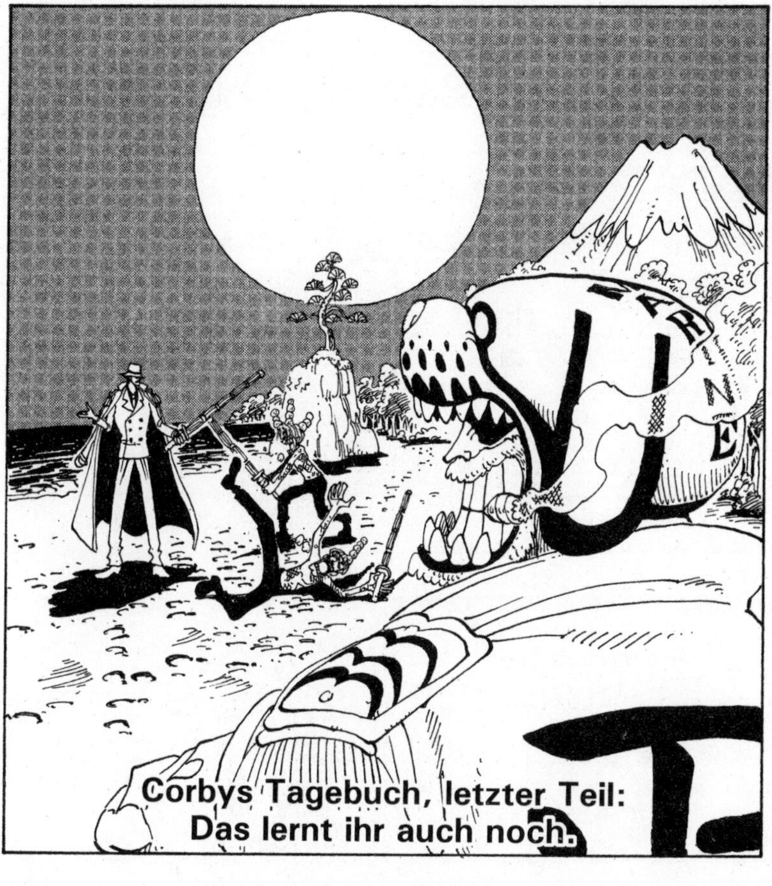

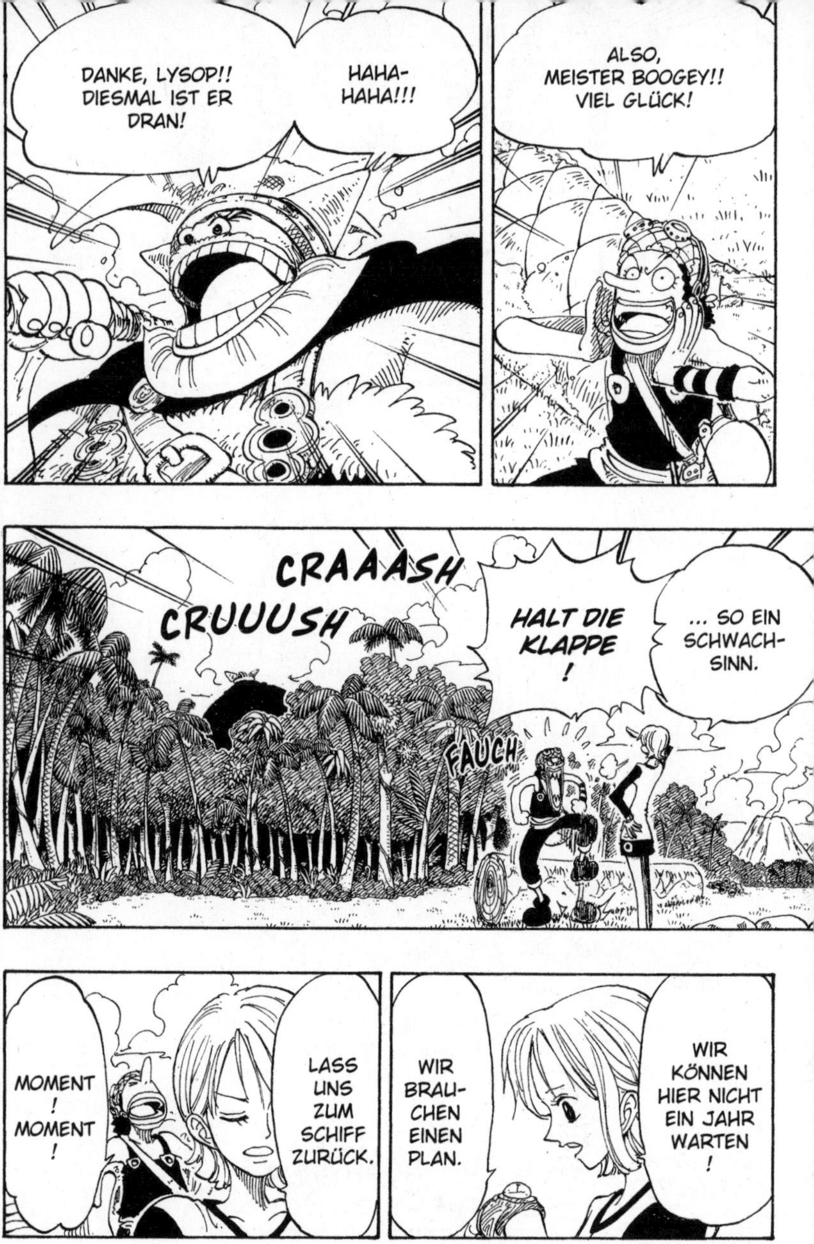
ALSO, MEISTER BOOGEY!! VIEL GLÜCK!
HAHA-HAHA!!!
DANKE, LYSOP!! DIESMAL IST ER DRAN!
CRAAASH
CRUUUSH
... SO EIN SCHWACH-SINN.
HALT DIE KLAPPE !
FAUCH
WIR KÖNNEN HIER NICHT EIN JAHR WARTEN !
WIR BRAU-CHEN EINEN PLAN.
LASS UNS ZUM SCHIFF ZURÜCK.
MOMENT ! MOMENT !

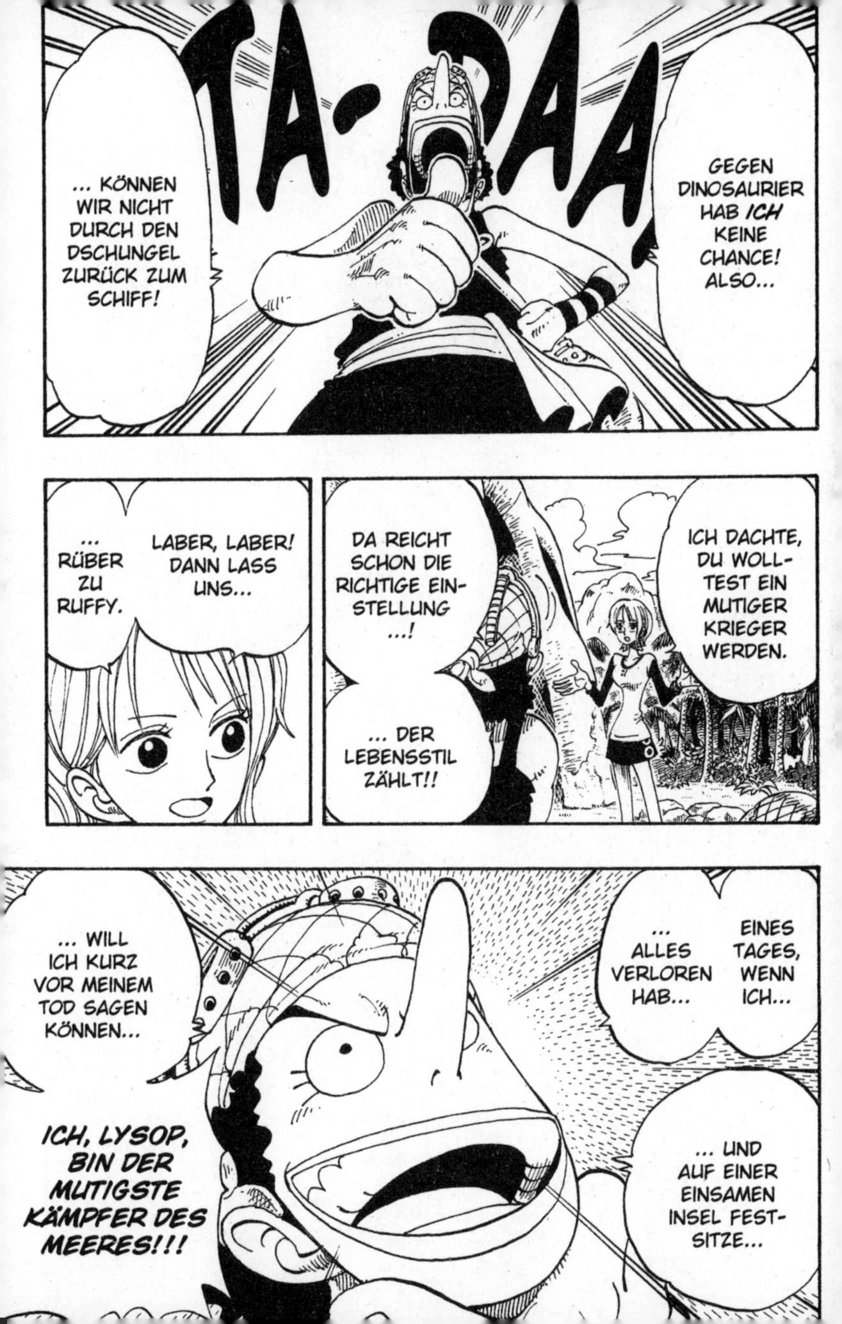
GEGEN DINOSAURIER HAB *ICH* KEINE CHANCE! ALSO...
TA-DAA
... KÖNNEN WIR NICHT DURCH DEN DSCHUNGEL ZURÜCK ZUM SCHIFF!
ICH DACHTE, DU WOLLTEST EIN MUTIGER KRIEGER WERDEN.
DA REICHT SCHON DIE RICHTIGE EINSTELLUNG ...!
... DER LEBENSSTIL ZÄHLT!!
LABER, LABER! DANN LASS UNS...
... RÜBER ZU RUFFY.
EINES TAGES, WENN ICH...
... ALLES VERLOREN HAB...
... UND AUF EINER EINSAMEN INSEL FESTSITZE...
... WILL ICH KURZ VOR MEINEM TOD SAGEN KÖNNEN...
ICH, LYSOP, BIN DER MUTIGSTE KÄMPFER DES MEERES!!!

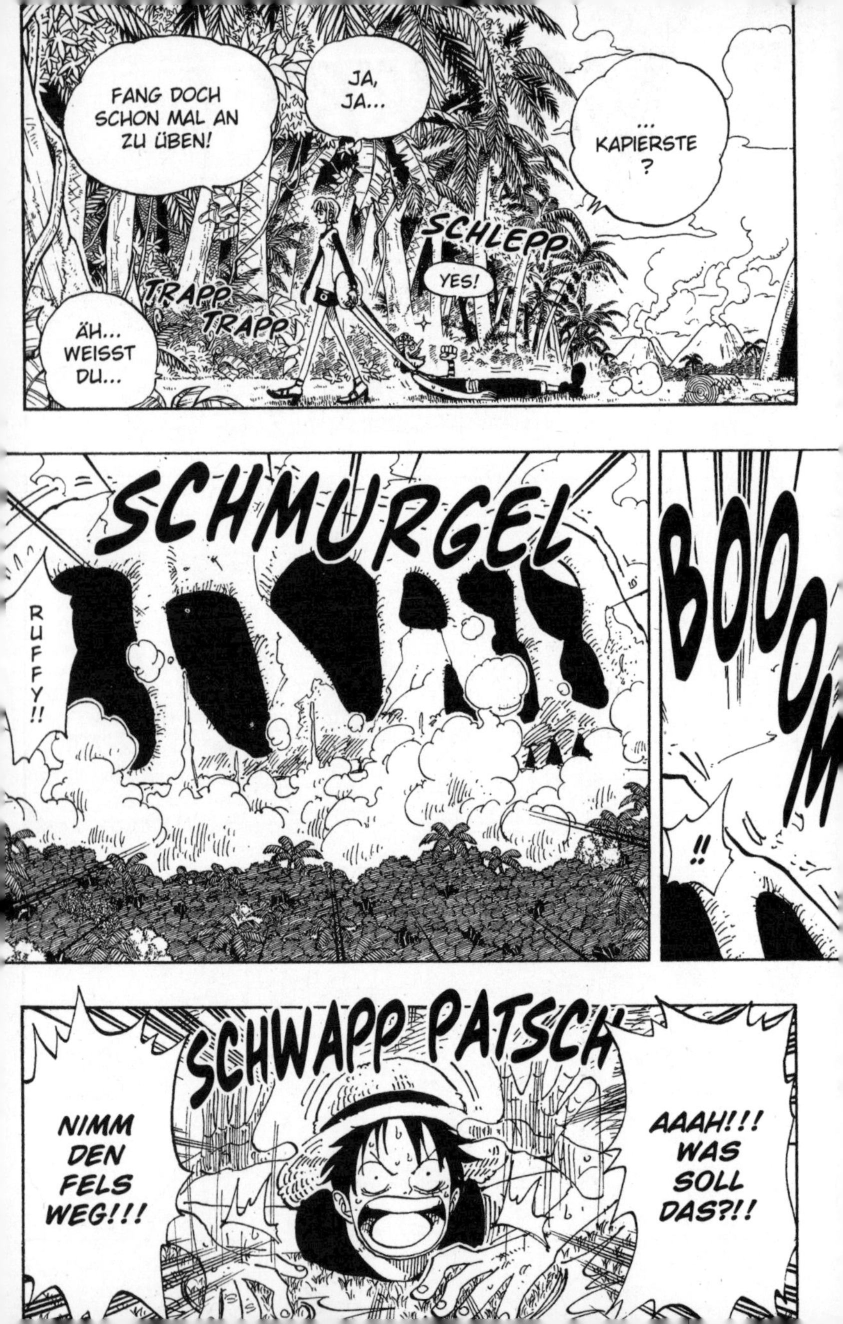
... KAPIERSTE ?
JA, JA...
FANG DOCH SCHON MAL AN ZU ÜBEN!
SCHLEPP
YES!
TRAPP TRAPP
ÄH... WEISST DU...
BOOOM
!!
SCHMURGEL
RUFFY!!
SCHWAPP PATSCH
AAAH!!! WAS SOLL DAS?!!
NIMM DEN FELS WEG!!!

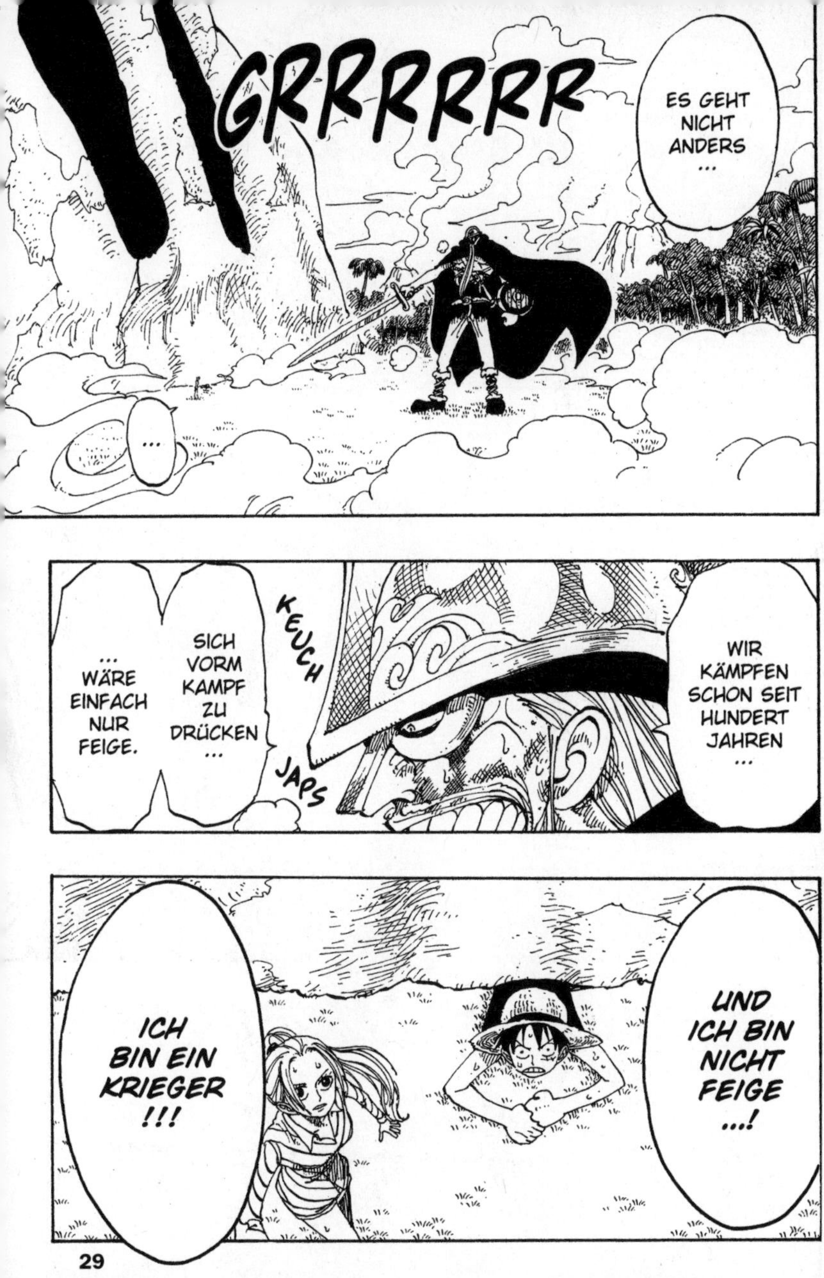
GRRRRRRR
ES GEHT NICHT ANDERS ...
...
WIR KÄMPFEN SCHON SEIT HUNDERT JAHREN ...
KEUCH
JAPS
SICH VORM KAMPF ZU DRÜCKEN ...
... WÄRE EINFACH NUR FEIGE.
UND ICH BIN NICHT FEIGE ...!
ICH BIN EIN KRIEGER !!!

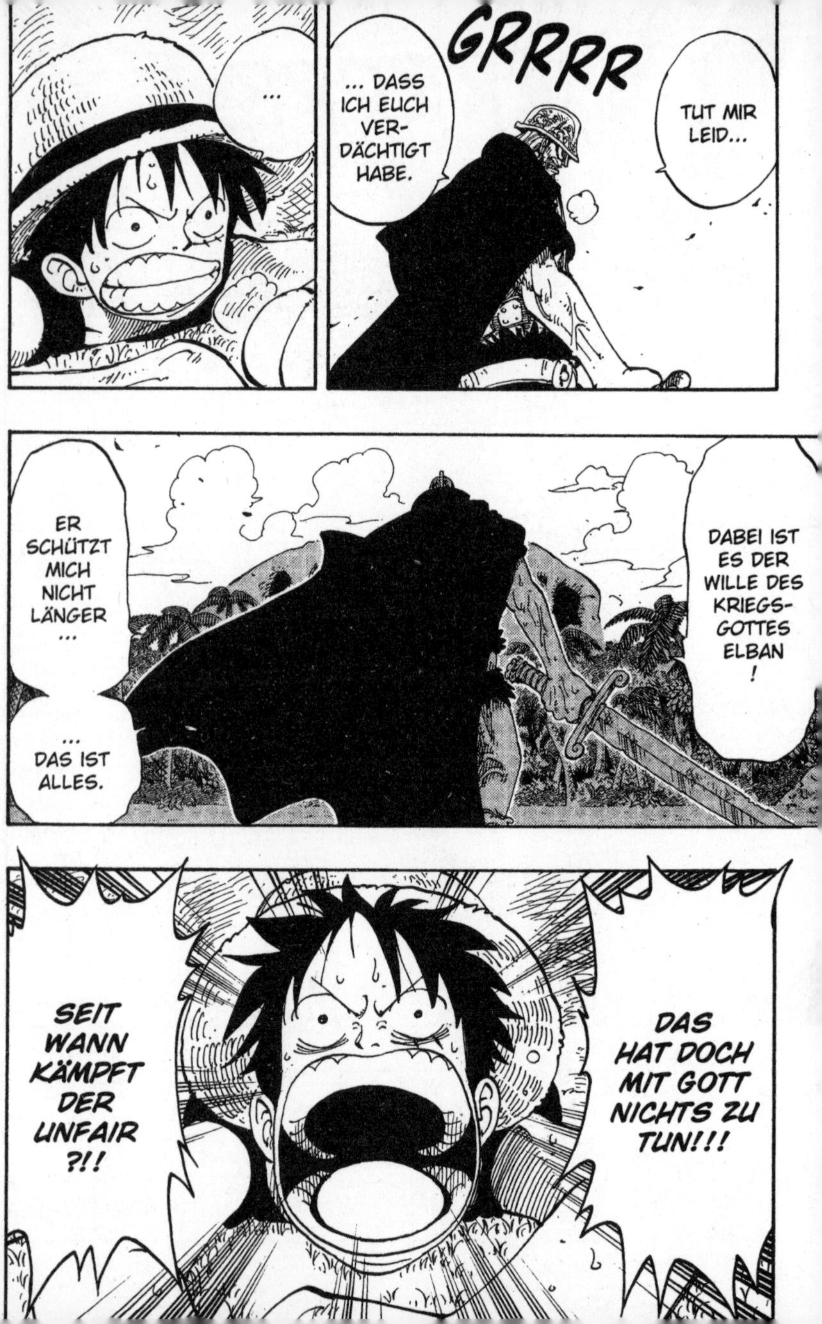
TUT MIR LEID...
GRRRR
... DASS ICH EUCH VER-DÄCHTIGT HABE.
...
DABEI IST ES DER WILLE DES KRIEGS-GOTTES ELBAN!
ER SCHÜTZT MICH NICHT LÄNGER ...
... DAS IST ALLES.
DAS HAT DOCH MIT GOTT NICHTS ZU TUN!!!
SEIT WANN KÄMPFT DER UNFAIR ?!!

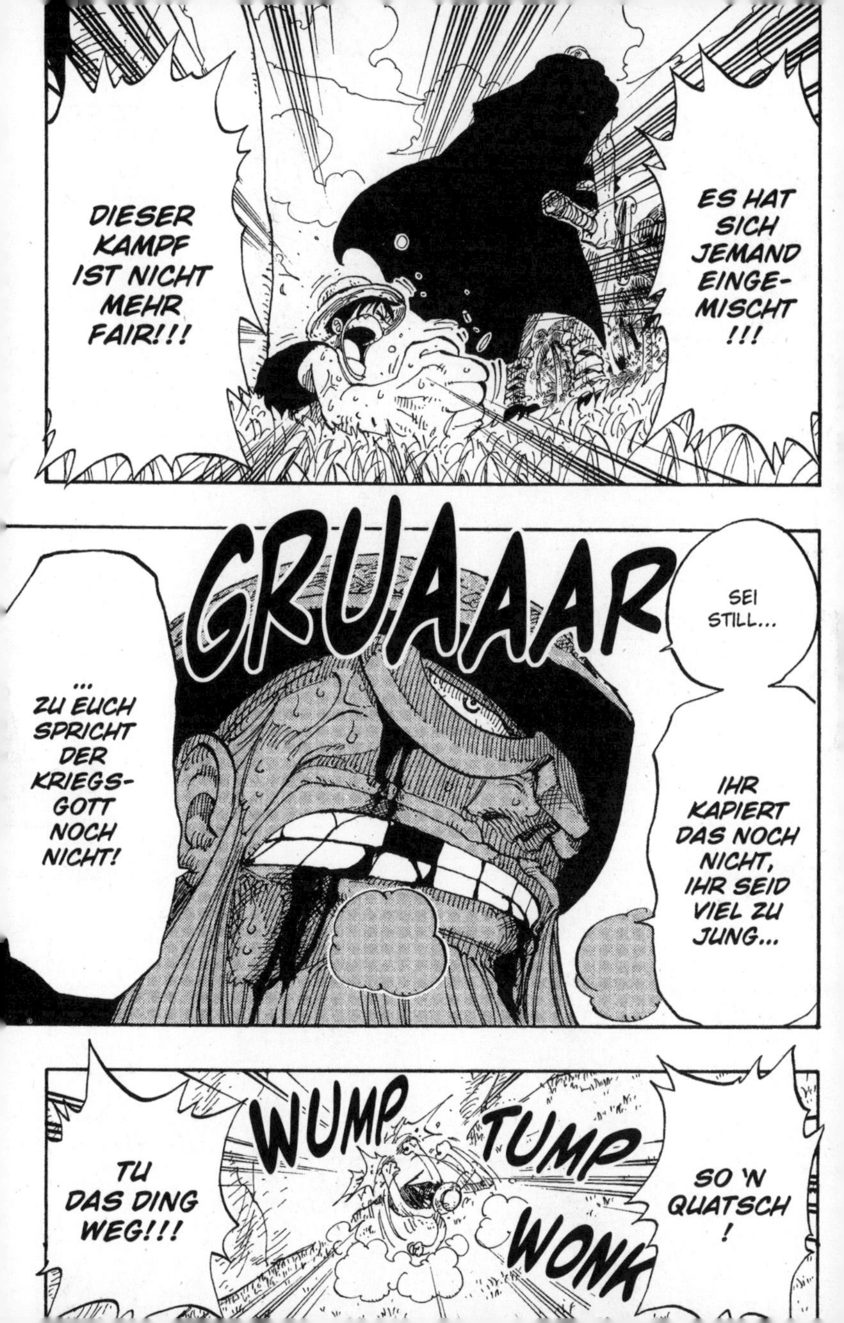
ES HAT SICH JEMAND EINGE-MISCHT!!!
DIESER KAMPF IST NICHT MEHR FAIR!!!
GRUAAAR
SEI STILL...
IHR KAPIERT DAS NOCH NICHT, IHR SEID VIEL ZU JUNG...
... ZU EUCH SPRICHT DER KRIEGS-GOTT NOCH NICHT!
SO 'N QUATSCH!
WUMP
TUMP
WONK
TU DAS DING WEG!!!

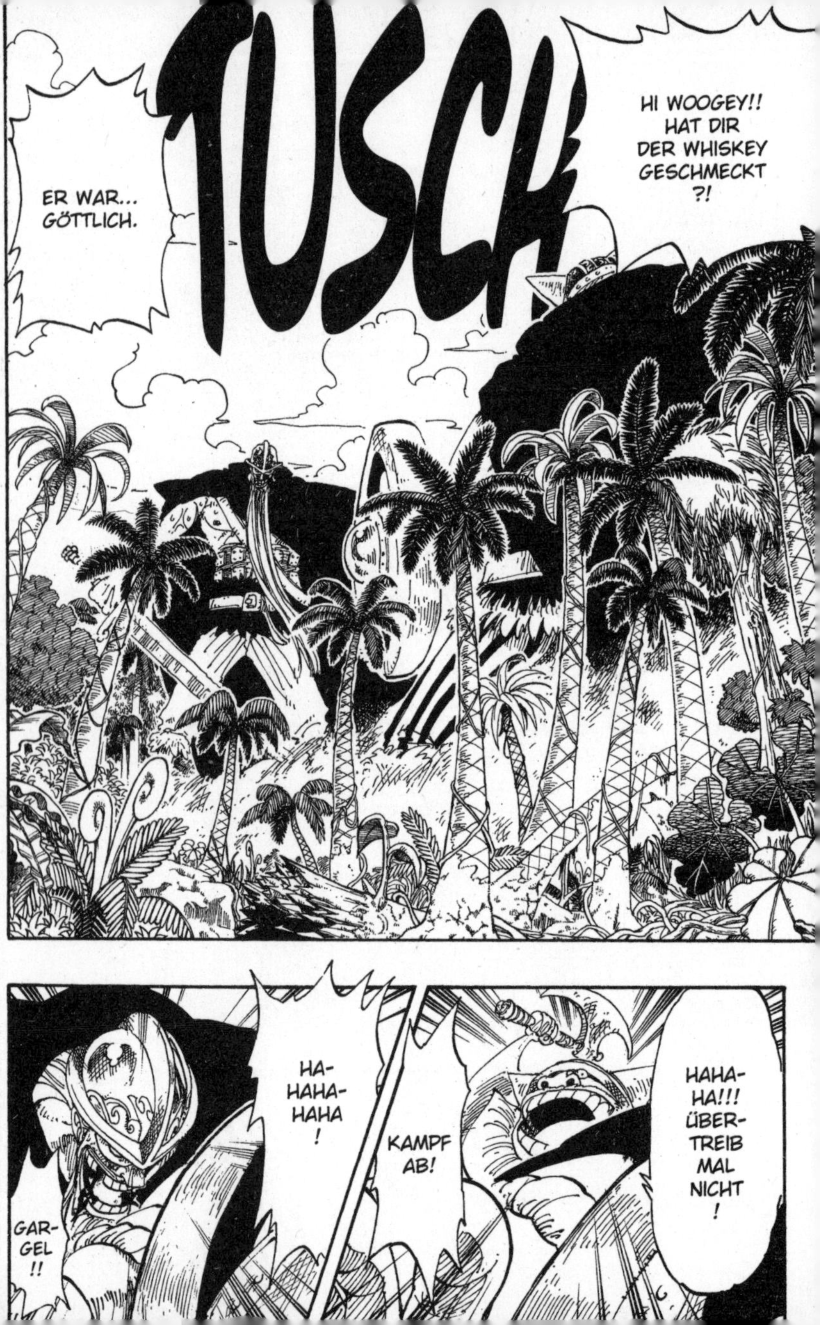
HI WOOGEY!! HAT DIR DER WHISKEY GESCHMECKT ?!
TUSCH
ER WAR... GÖTTLICH.
HAHAHA!!! ÜBERTREIB MAL NICHT!
KAMPF AB!
HA-HAHA-HAHA!
GAR-GEL!!

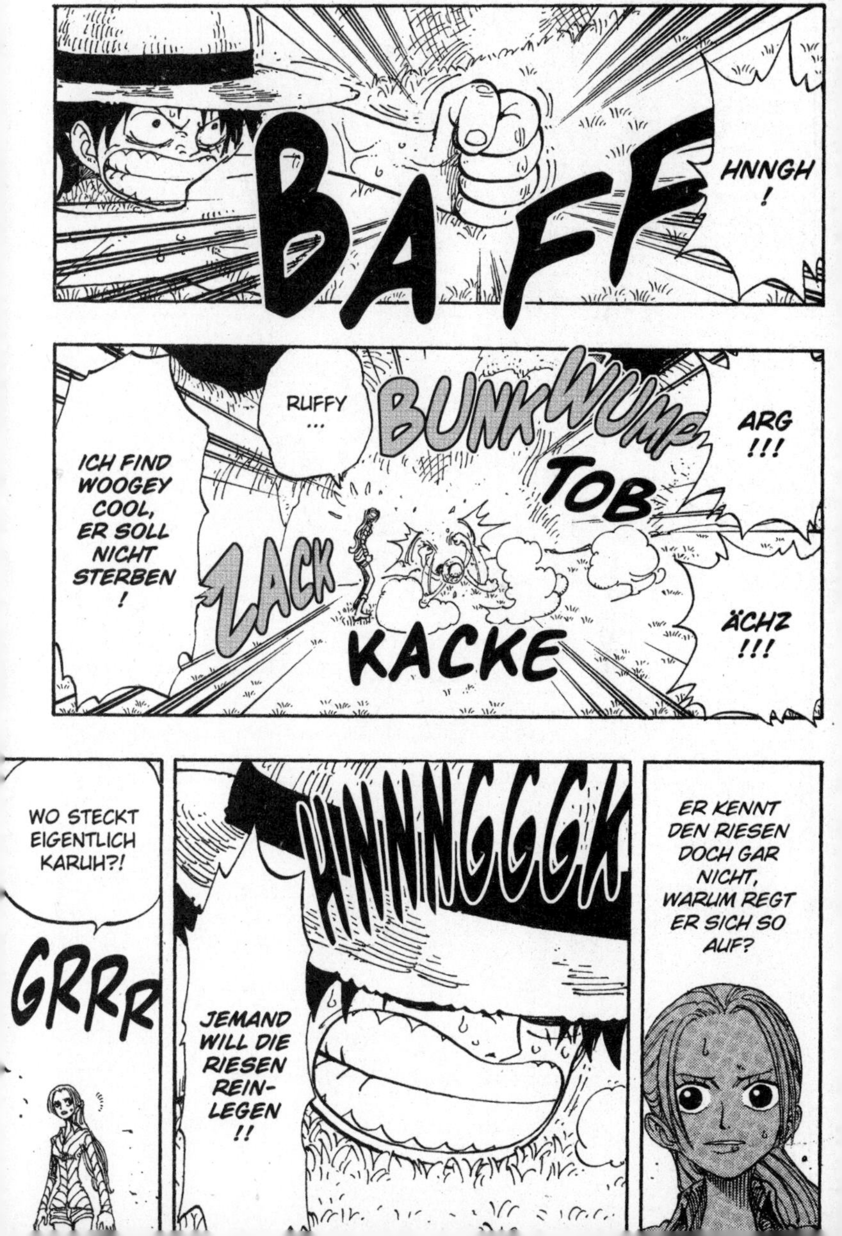

HNNGH !
BAFF
ARG !!!
BUNKWUMP
TOB
RUFFY …
ICH FIND WOOGEY COOL, ER SOLL NICHT STERBEN !
ZACK
KACKE
ÄCHZ !!!
ER KENNT DEN RIESEN DOCH GAR NICHT, WARUM REGT ER SICH SO AUF?
HNNNGGGK
JEMAND WILL DIE RIESEN REIN-LEGEN !!
WO STECKT EIGENTLICH KARUH?!
GRRR

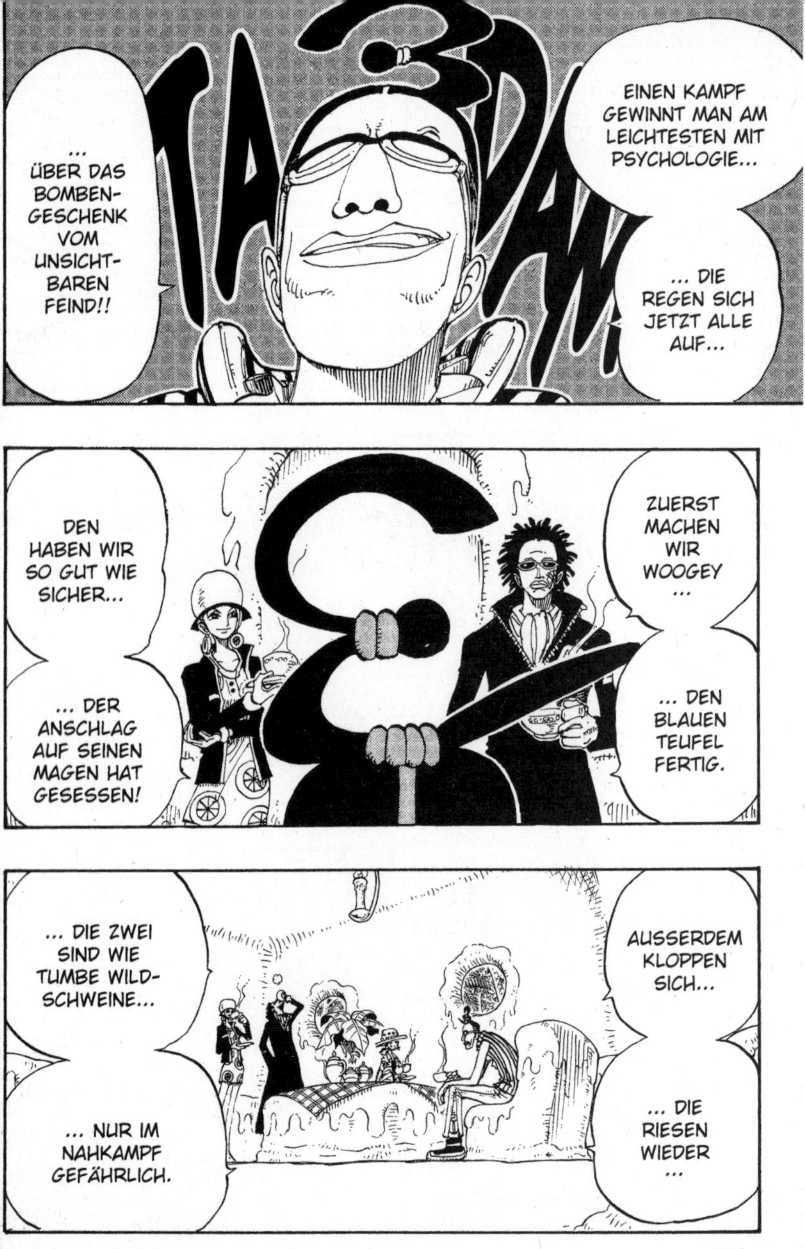
EINEN KAMPF GEWINNT MAN AM LEICHTESTEN MIT PSYCHOLOGIE...
... DIE REGEN SICH JETZT ALLE AUF...
... ÜBER DAS BOMBEN-GESCHENK VOM UNSICHT-BAREN FEIND!!
ZUERST MACHEN WIR WOOGEY ...
... DEN BLAUEN TEUFEL FERTIG.
DEN HABEN WIR SO GUT WIE SICHER...
... DER ANSCHLAG AUF SEINEN MAGEN HAT GESESSEN!
AUSSERDEM KLOPPEN SICH...
... DIE RIESEN WIEDER ...
... DIE ZWEI SIND WIE TUMBE WILD-SCHWEINE...
... NUR IM NAHKAMPF GEFÄHRLICH.

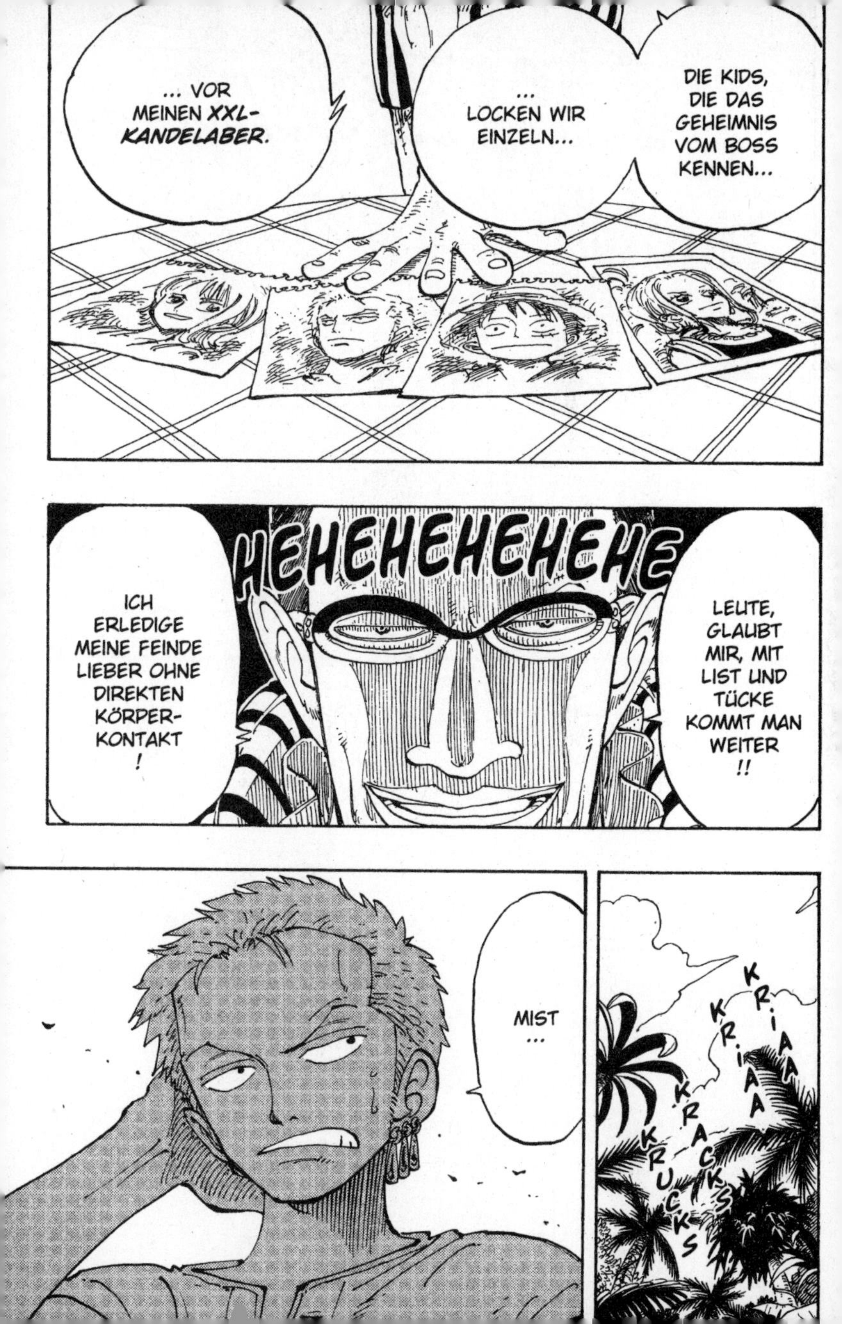
DIE KIDS, DIE DAS GEHEIMNIS VOM BOSS KENNEN...
... LOCKEN WIR EINZELN...
... VOR MEINEN XXL-KANDELABER.
HEHEHEHEHEHEHE
LEUTE, GLAUBT MIR, MIT LIST UND TÜCKE KOMMT MAN WEITER !!
ICH ERLEDIGE MEINE FEINDE LIEBER OHNE DIREKTEN KÖRPERKONTAKT !
KRIAA
KRIAA
KRACKS
KRUCKS
MIST ...

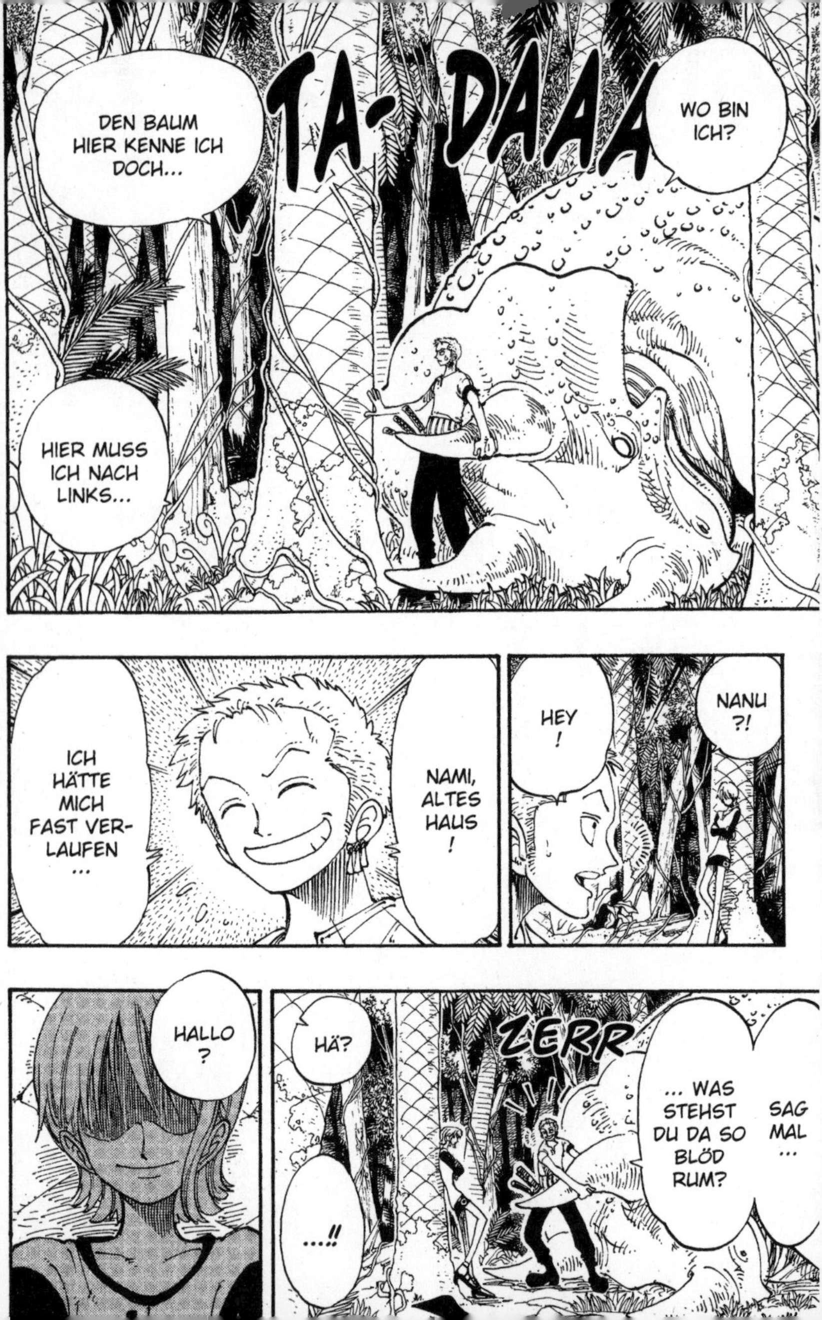
DEN BAUM HIER KENNE ICH DOCH...
HIER MUSS ICH NACH LINKS...
TA-DAAA
WO BIN ICH?
NANU ?!
HEY !
NAMI, ALTES HAUS !
ICH HÄTTE MICH FAST VERLAUFEN ...
SAG MAL ...
... WAS STEHST DU DA SO BLÖD RUM?
ZERR
HÄ?
...!!
HALLO ?

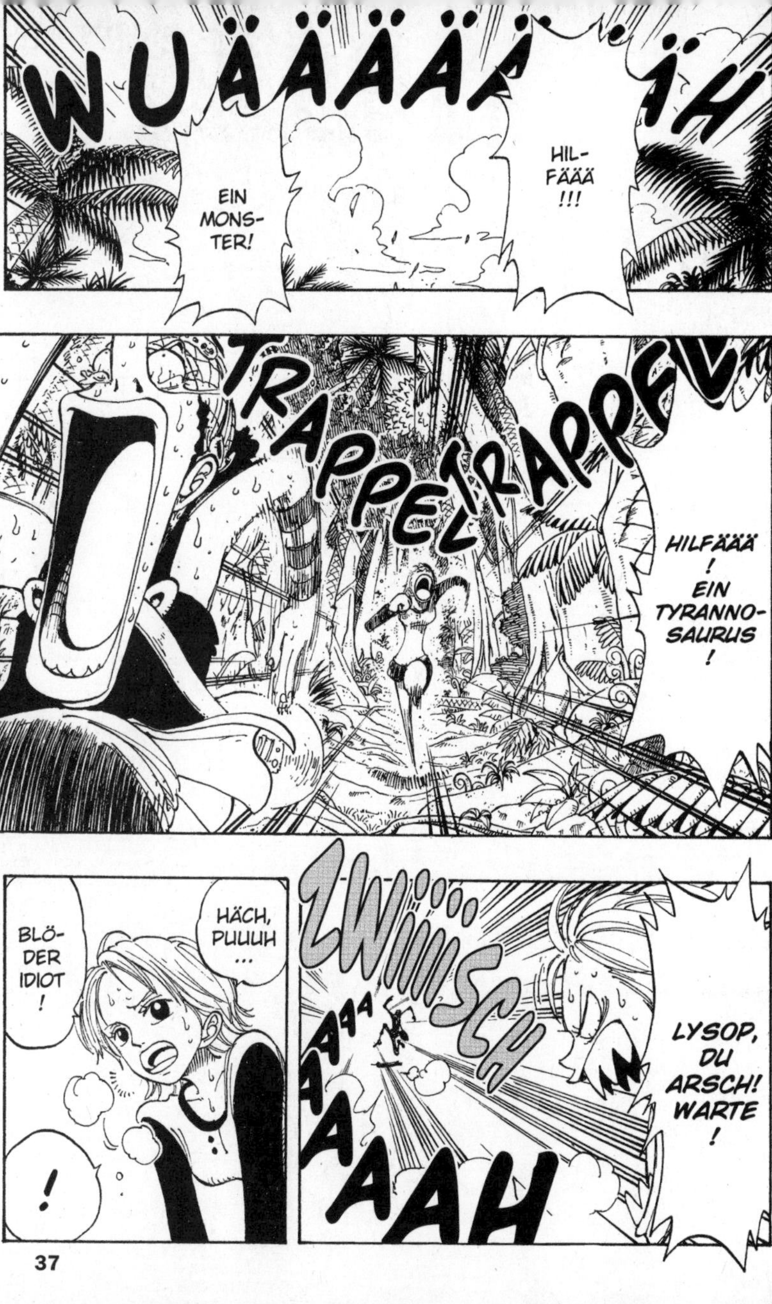
WUÄÄÄÄÄH
HILFÄÄÄ!!!
EIN MONSTER!
TRAPPELTRAPPEL
HILFÄÄÄ! EIN TYRANNOSAURUS!
ZWIIIISCH
LYSOP, DU ARSCH! WARTE!
ÄÄÄÄAAAH
HÄCH, PUUUH ...
BLÖDER IDIOT!
!

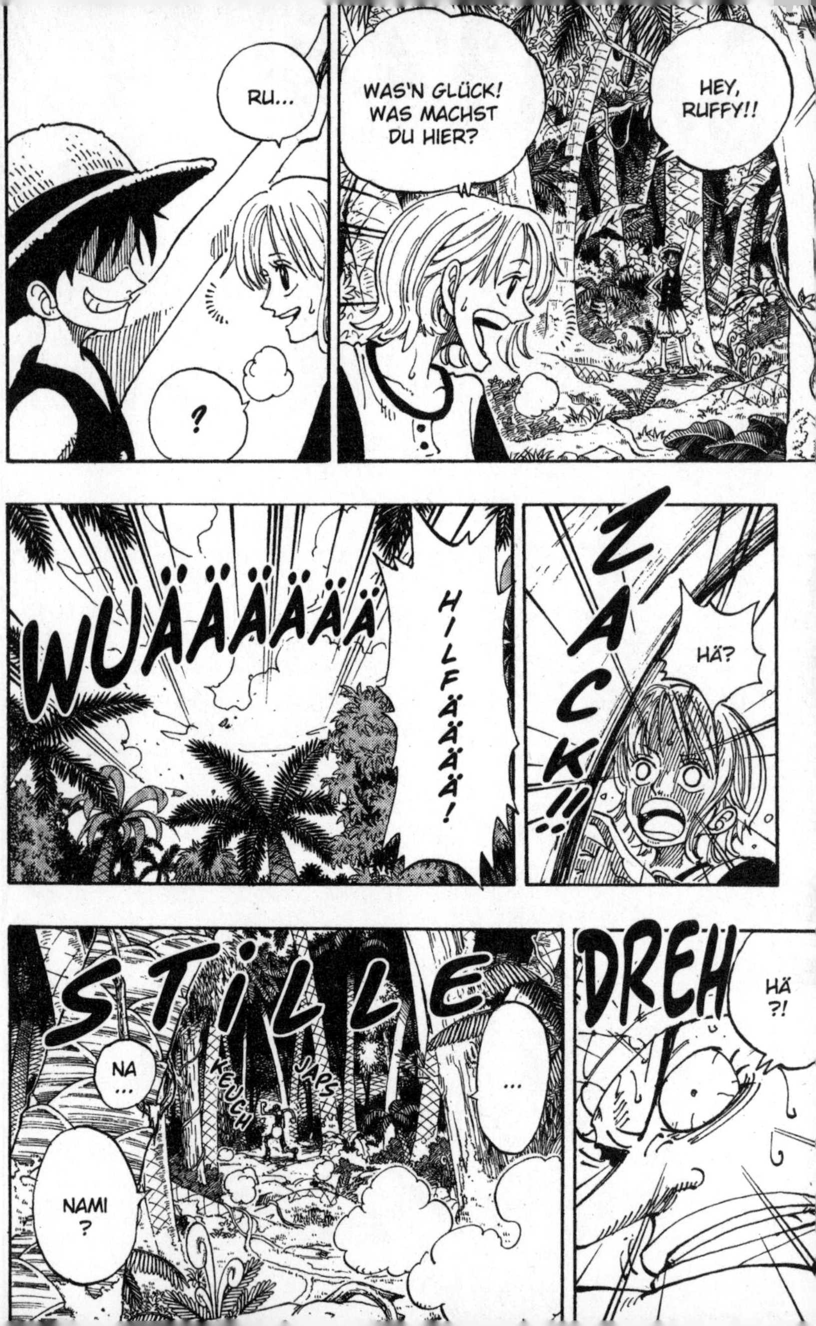
HEY, RUFFY!!
WAS'N GLÜCK! WAS MACHST DU HIER?
RU...
?
ZACK!!
HÄ?
HILFÄÄÄÄ!
WUÄÄÄÄÄÄ
DREH
HÄ ?!
STILLE
...
JAPS
KEUCH
NA ...
NAMI ?

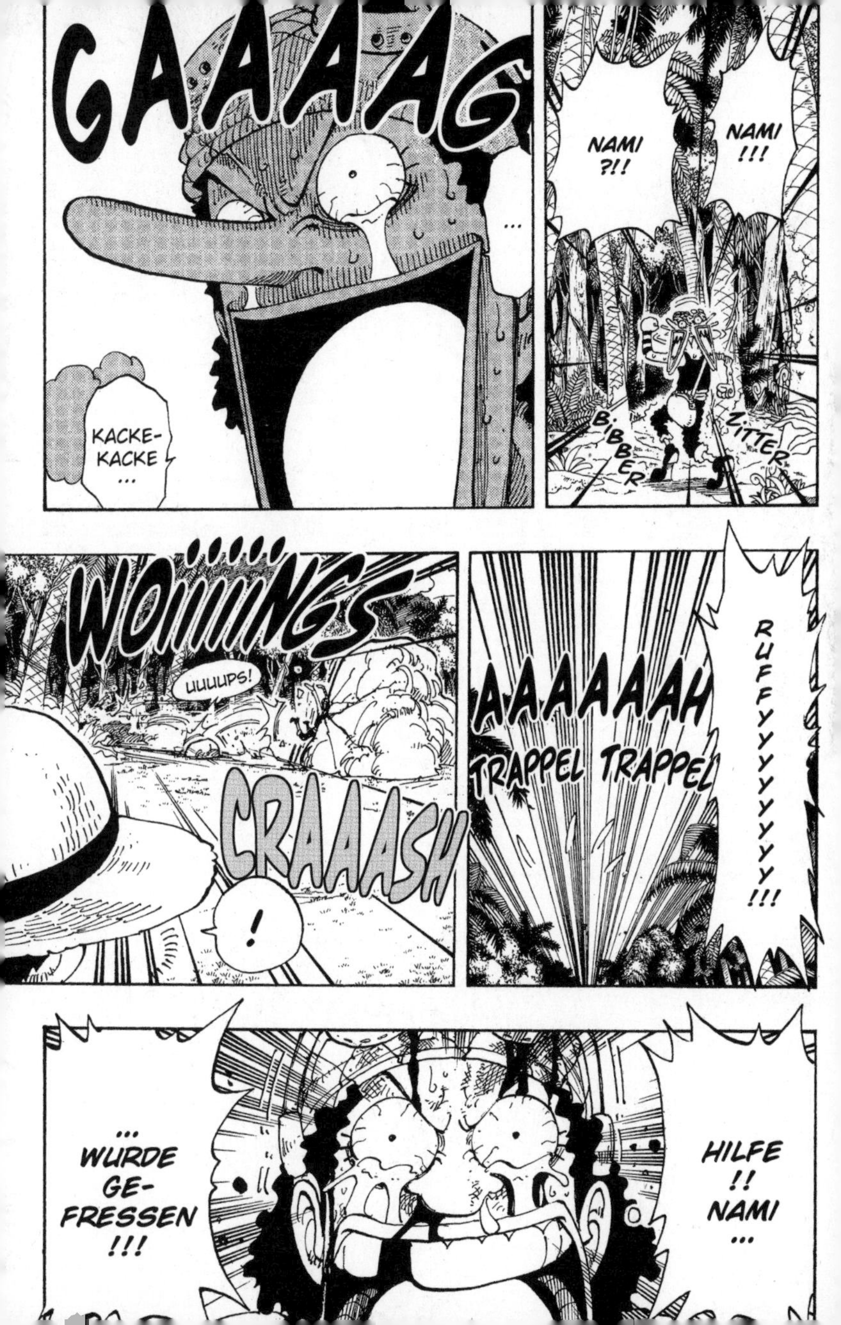
NAMI !!!
NAMI ?!!
BIBBER
ZITTER
GAAAAG
...
KACKE-KACKE ...
RUFFYYYYYYYYY!!!
AAAAAAAH
TRAPPEL TRAPPEL
WOiiiiNGS
UUUUPS!
CRAAASH
!
HILFE !! NAMI ...
... WÜRDE GE-FRESSEN !!!

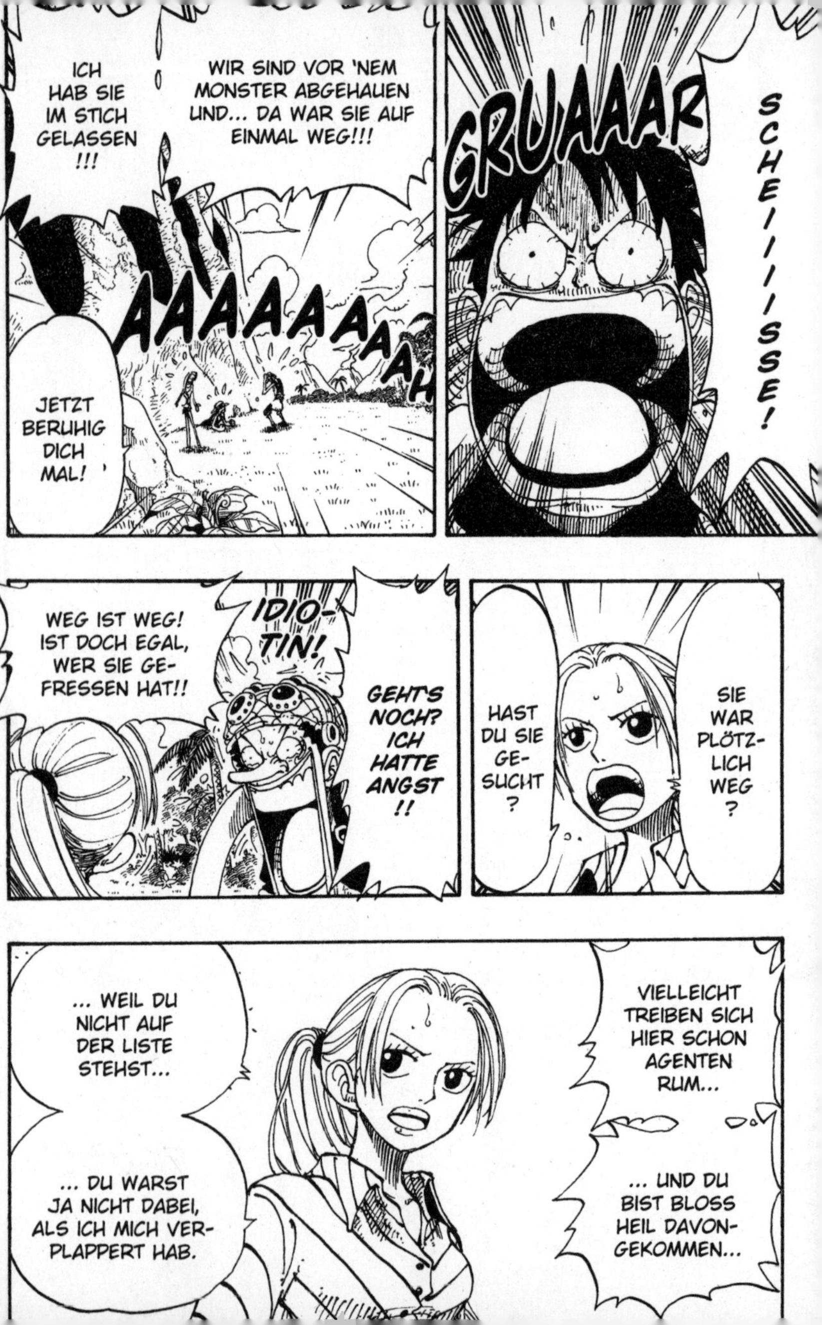
GRUAAAR
SCHE!!!!!SSE!
WIR SIND VOR 'NEM MONSTER ABGEHAUEN UND... DA WAR SIE AUF EINMAL WEG!!!
ICH HAB SIE IM STICH GELASSEN !!!
AAAAAAAAAH
JETZT BERUHIG DICH MAL!
SIE WAR PLÖTZLICH WEG?
HAST DU SIE GESUCHT?
GEHT'S NOCH? ICH HATTE ANGST!!
IDIOTIN!
WEG IST WEG! IST DOCH EGAL, WER SIE GEFRESSEN HAT!!
VIELLEICHT TREIBEN SICH HIER SCHON AGENTEN RUM...
... UND DU BIST BLOSS HEIL DAVONGEKOMMEN...
... WEIL DU NICHT AUF DER LISTE STEHST...
... DU WARST JA NICHT DABEI, ALS ICH MICH VERPLAPPERT HAB.

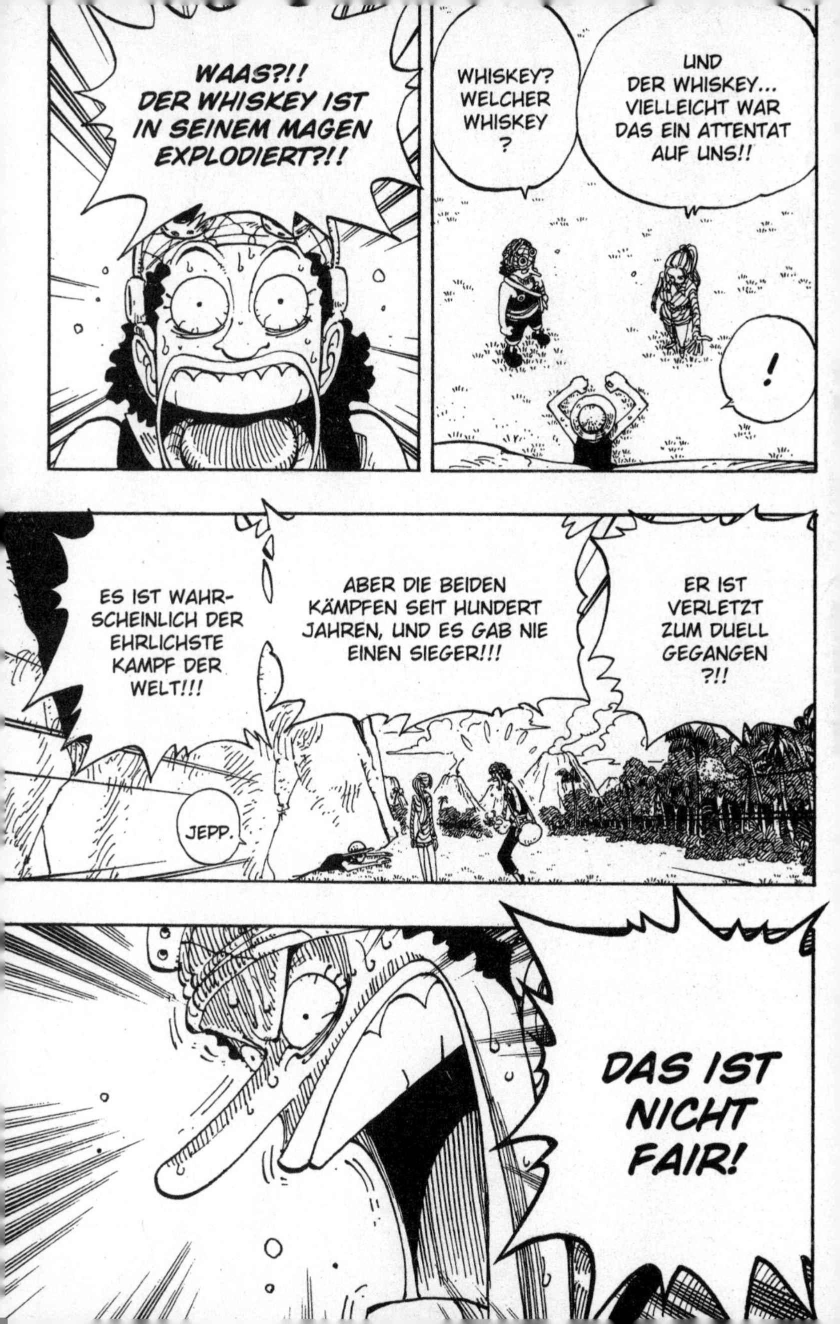
UND DER WHISKEY... VIELLEICHT WAR DAS EIN ATTENTAT AUF UNS!!
WHISKEY? WELCHER WHISKEY ?
!
WAAS?!! DER WHISKEY IST IN SEINEM MAGEN EXPLODIERT?!!
ER IST VERLETZT ZUM DUELL GEGANGEN ?!!
ABER DIE BEIDEN KÄMPFEN SEIT HUNDERT JAHREN, UND ES GAB NIE EINEN SIEGER!!!
ES IST WAHR-SCHEINLICH DER EHRLICHSTE KAMPF DER WELT!!!
JEPP.
DAS IST NICHT FAIR!

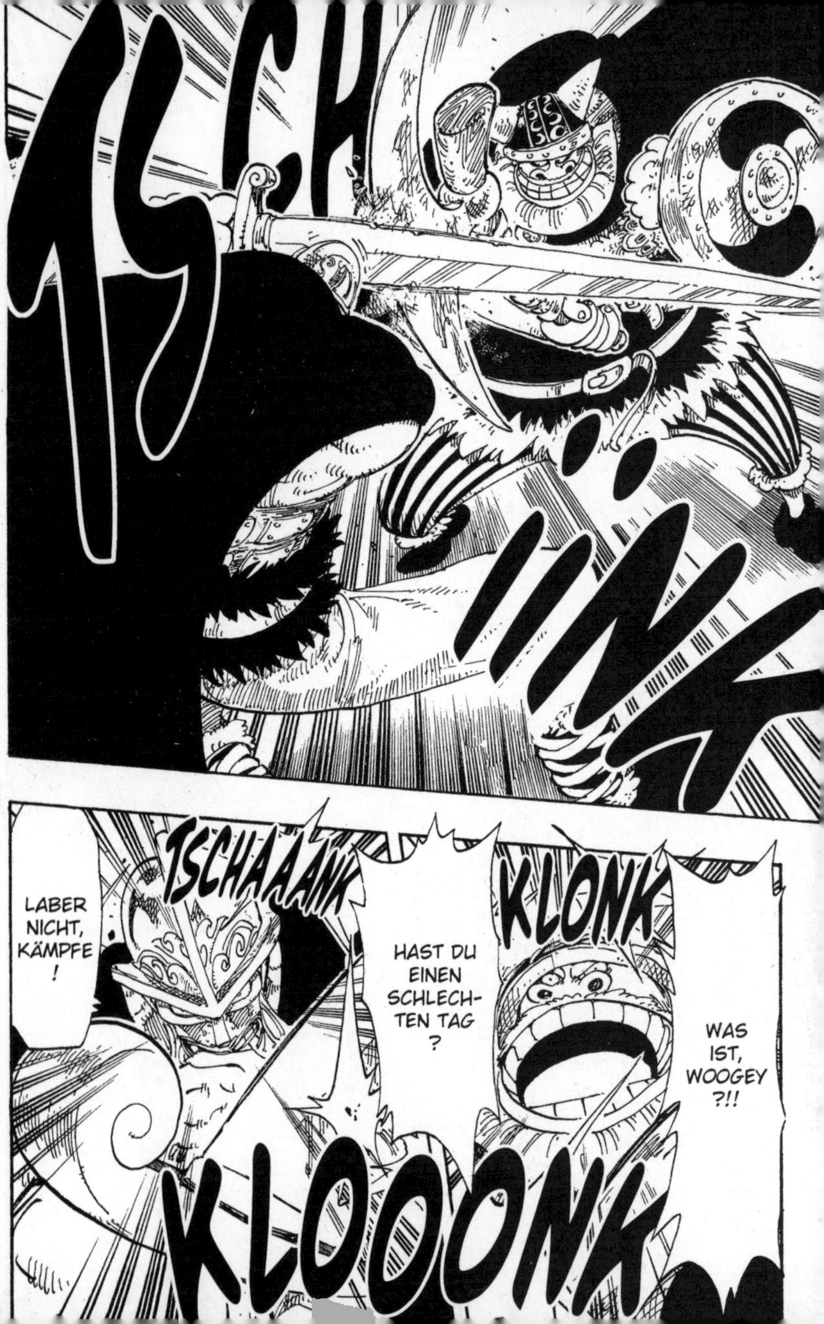
TSCH
WAS IST, WOOGEY ?!!
KLONK
HAST DU EINEN SCHLECH-TEN TAG ?
TSCHAAANK
LABER NICHT, KÄMPFE !
KLOOONK

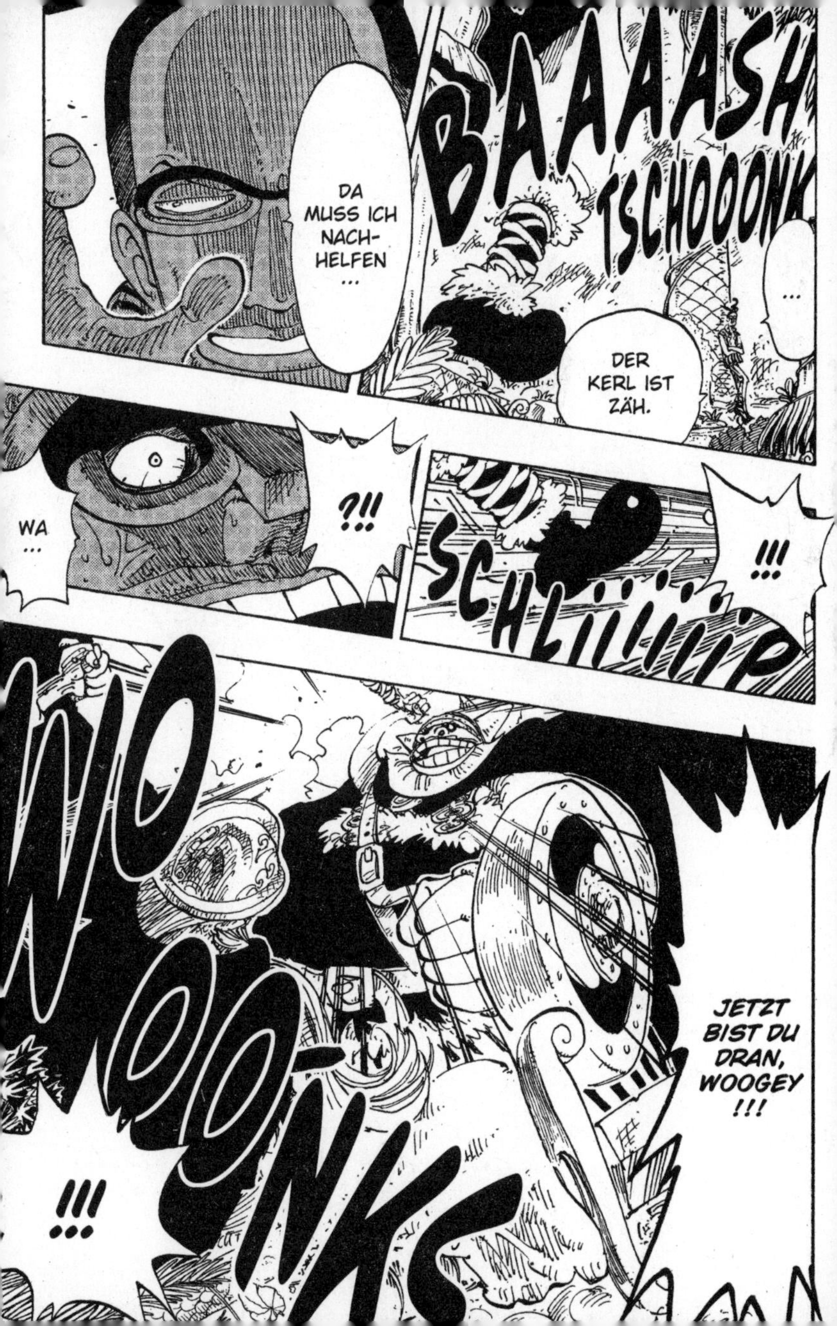
BAAAASH
TSCHOOONK
...
DER KERL IST ZÄH.
DA MUSS ICH NACHHELFEN ...
SCHLIIIIIP
!!!
?!!
WA ...
JETZT BIST DU DRAN, WOOGEY !!!
WOOOOONK
!!!

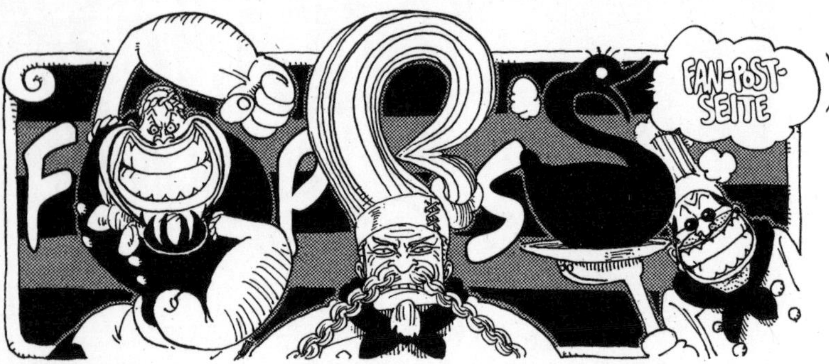

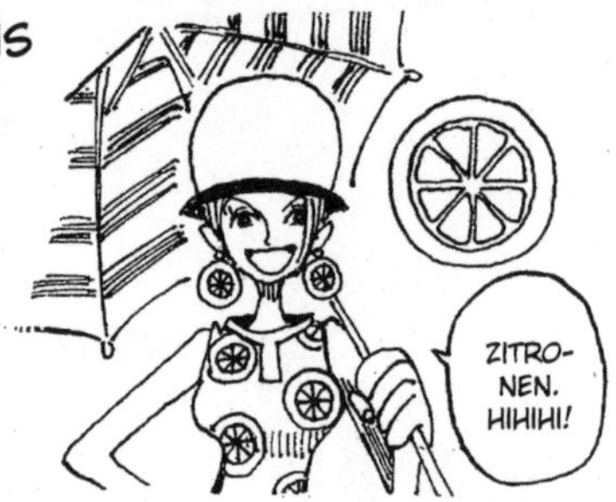

L: ICH FINDE MISS HALLOWEENS KLEID ECHT GENIAL! WAS SOLL DAS FÜR EIN MUSTER SEIN? SIND DAS ORANGEN?

O: FAST RICHTIG, DAS SIND ZITRONEN. COOLES DESIGN, WAS? WAR DAS NICHT EIN GENIALER EINFALL VON MIR? HAHAHA!

L: IN BAND 13 SCHMEISST MR. 5 IMMER MIT KLEINEN BOMBEN UM SICH, DIE ER SICH AUS DER NASE HOLT. ALSO, ICH NENNE SO WAS NASENPOPEL!

O: ICH AUCH! MR. 5 HAT DIE BOMB-BOMB-FRUCHT GEGESSEN UND KANN JETZT ALLES EXPLODIEREN LASSEN, EGAL MIT WELCHEM KÖRPERTEIL ER ES BERÜHRT. TJA, UND SEINE POPEL SIND GEFÄHRLICHE MINI-BOMBEN, ÄUSSERST EFFEKTIV, MEINE DAMEN UND HERREN!

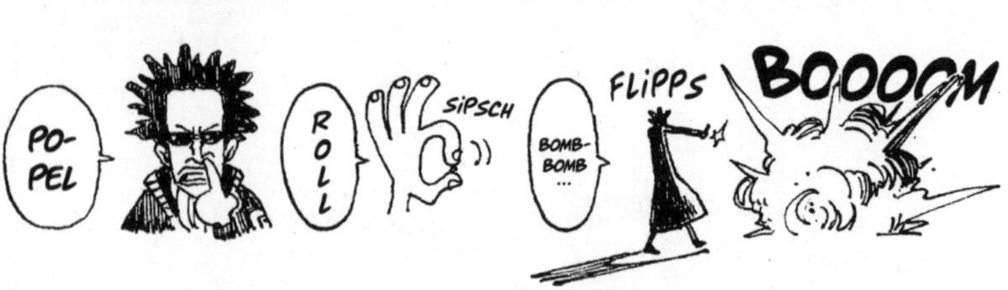

120. Kapitel:
Der Sieg

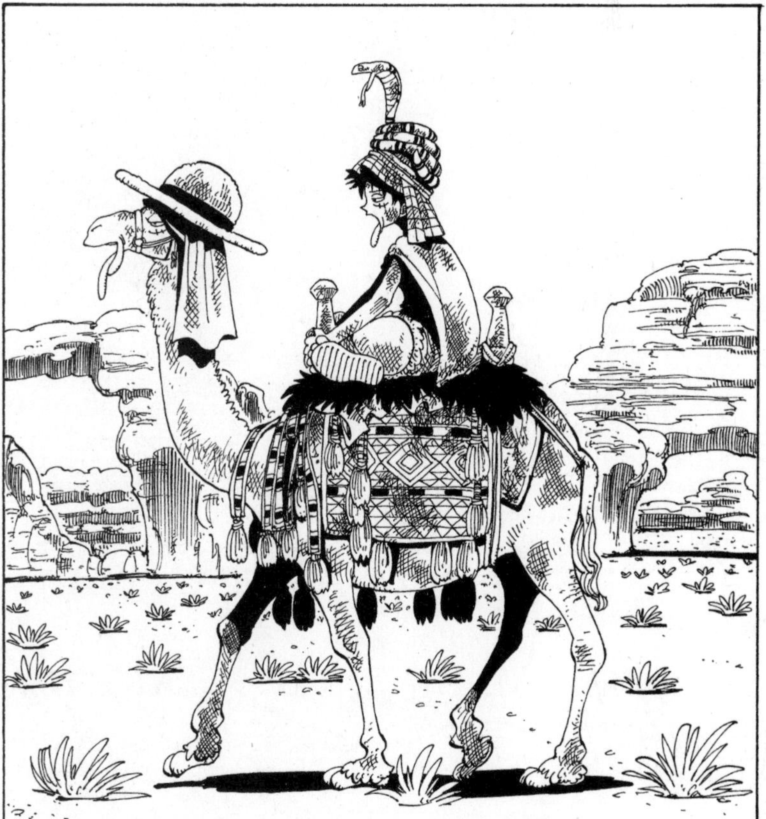

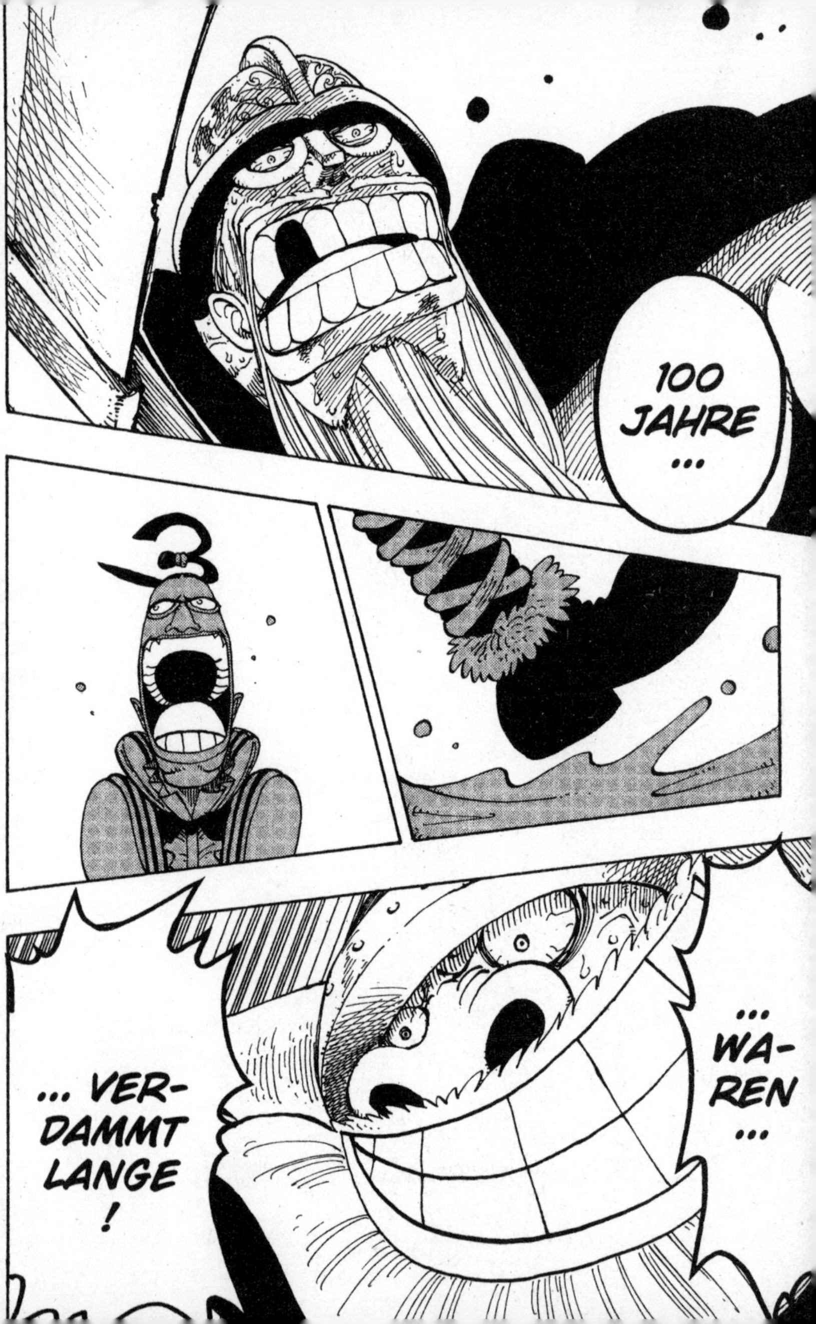
100 JAHRE …
… WA- REN …
… VER- DAMMT LANGE !

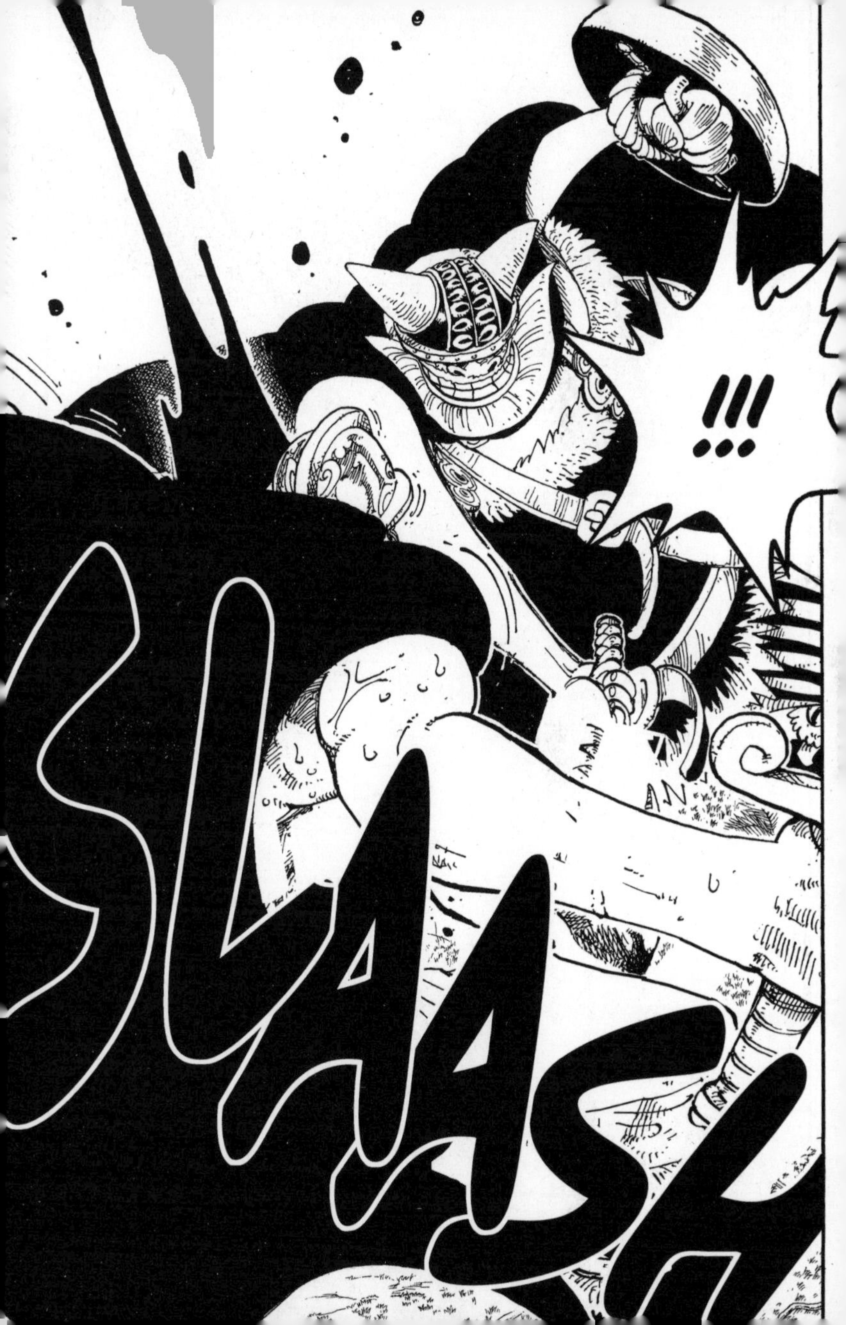
!!!
SLAASH

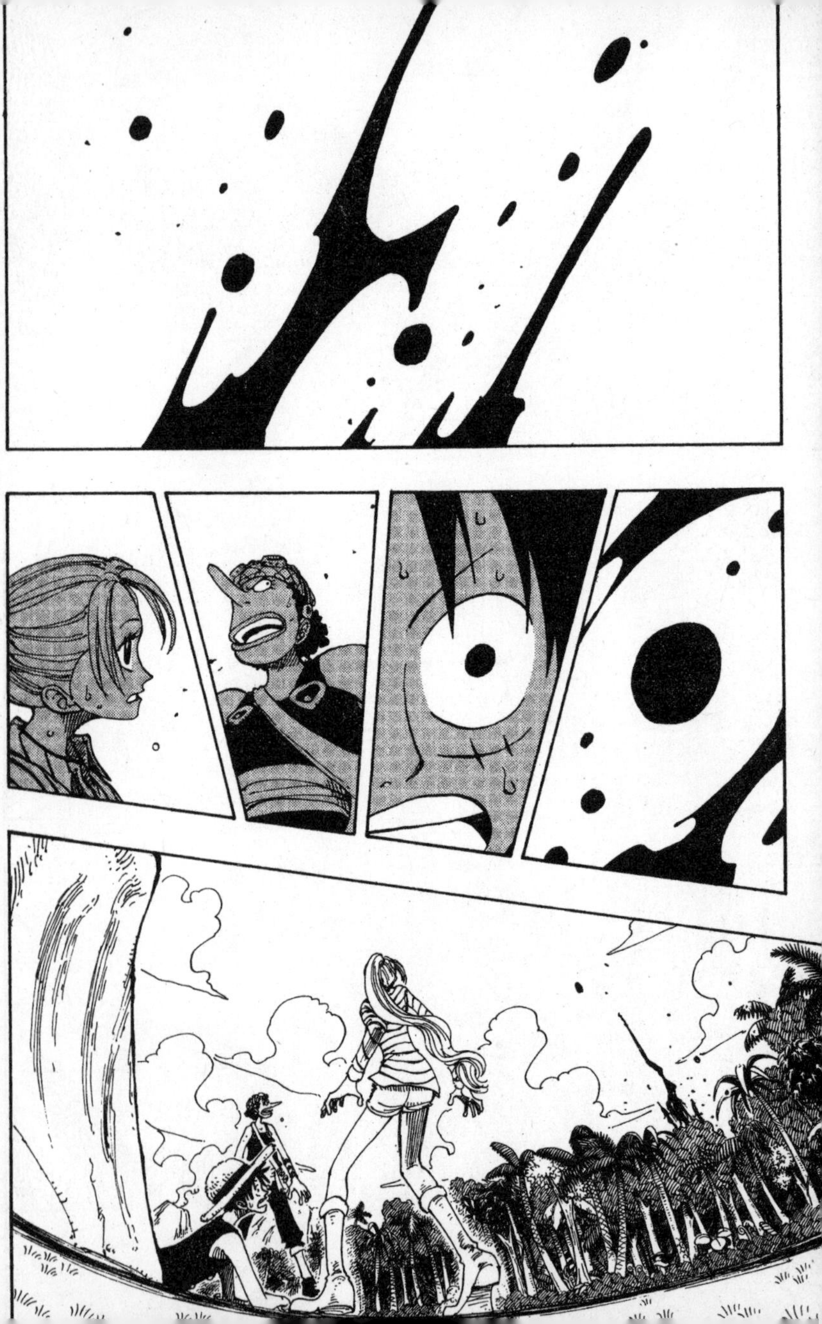

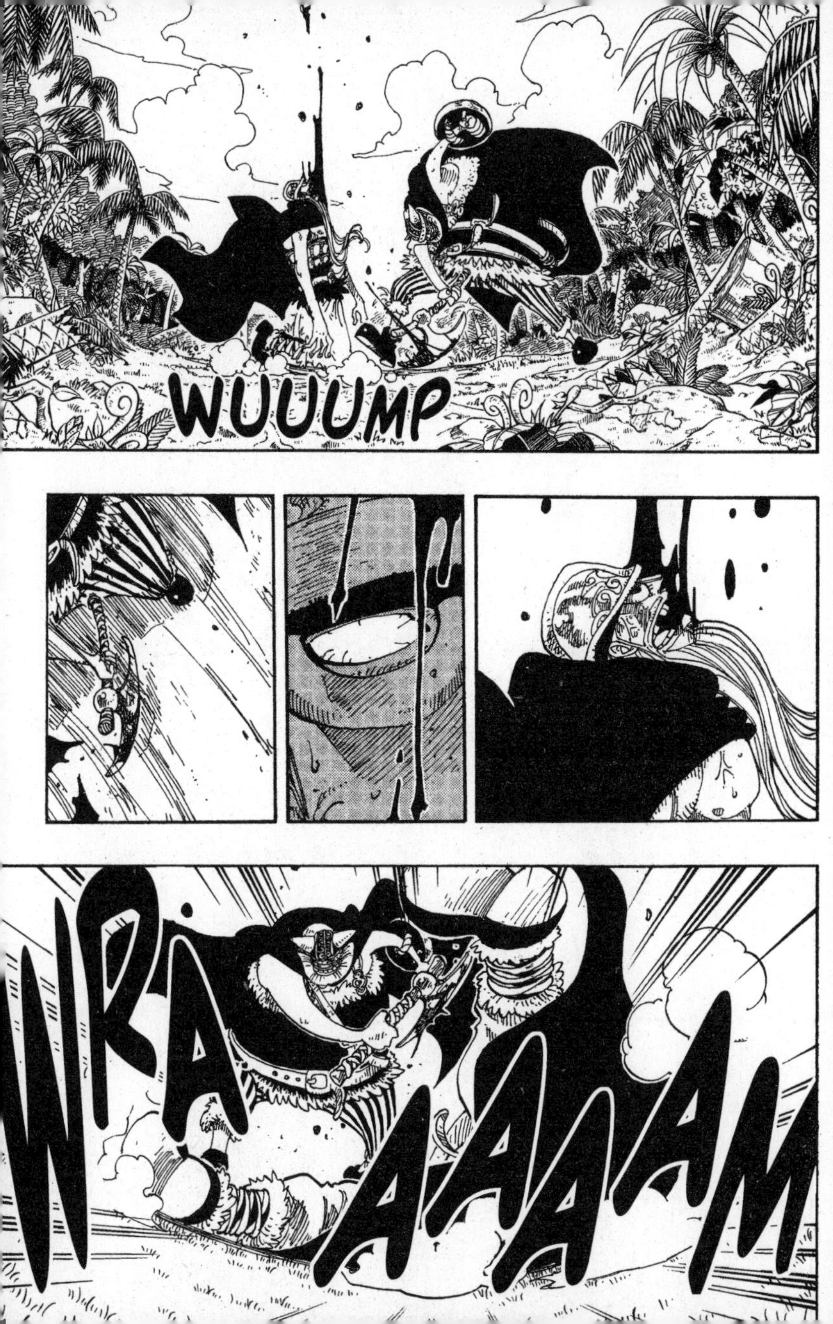
WUUUMP
WRAAAAAM

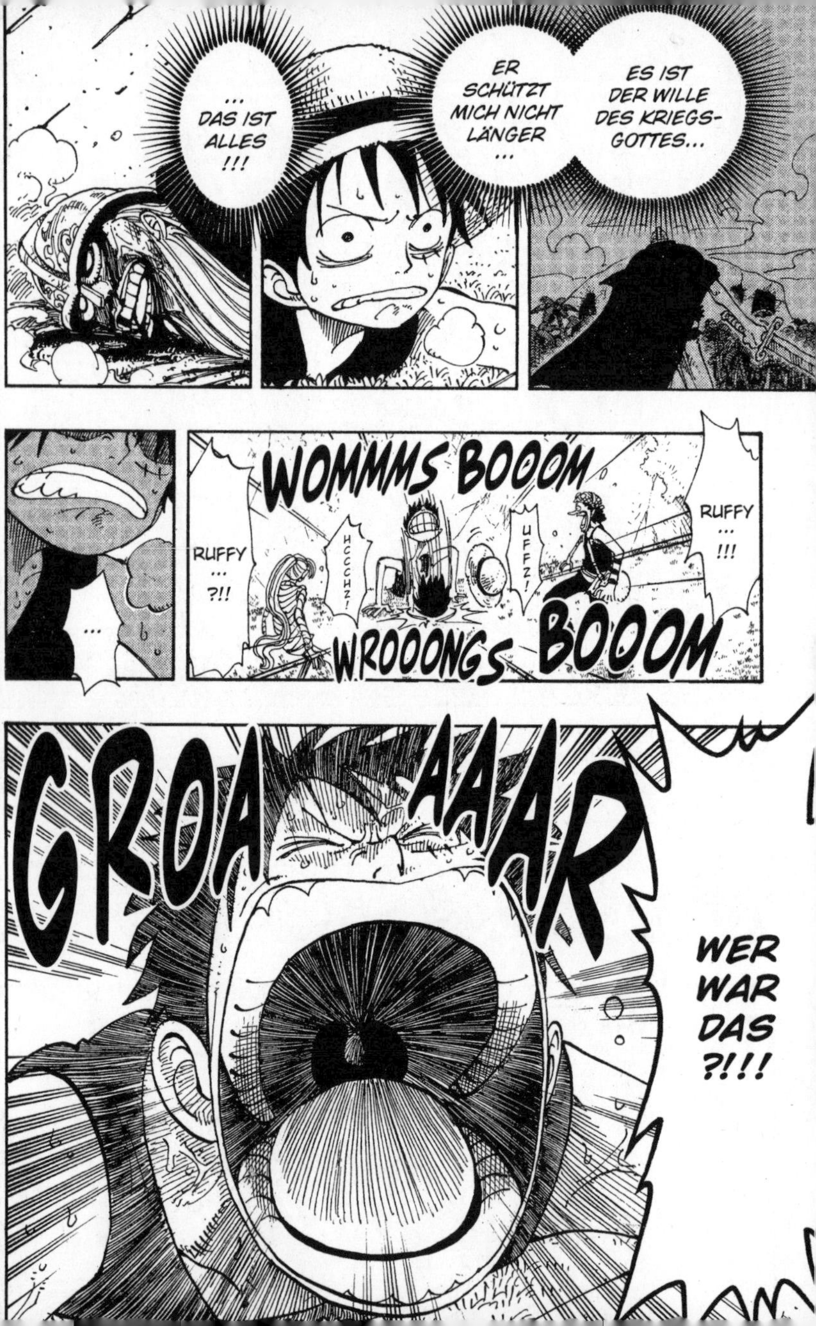
ES IST DER WILLE DES KRIEGS-GOTTES...
ER SCHÜTZT MICH NICHT LÄNGER ...
... DAS IST ALLES !!!
RUFFY ... !!!
WOMMMS BOOOM
UFFZ!
HCCCHZ!
RUFFY ... ?!!
WROOONGS BOOOM
...
GROAAAAR
WER WAR DAS ?!!!

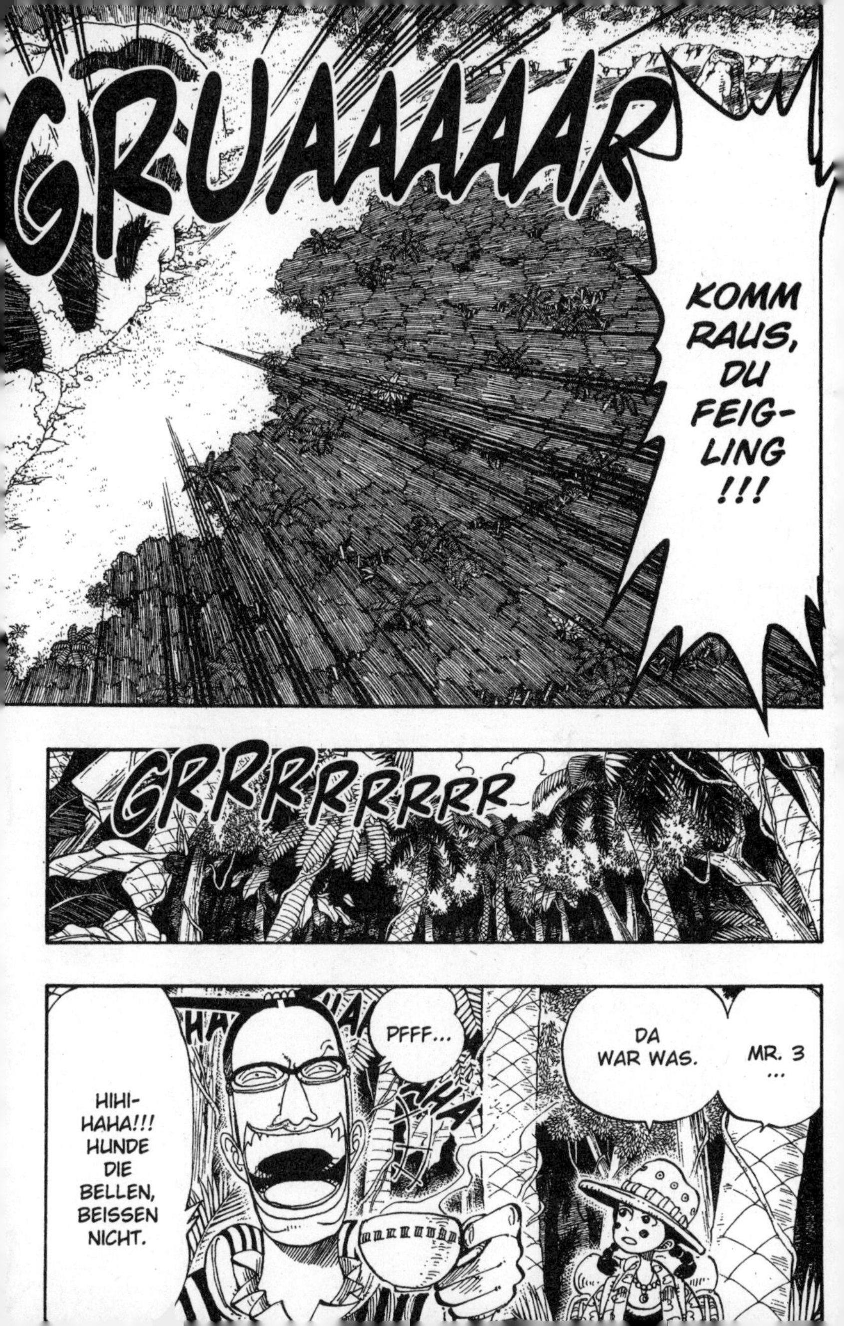
GRUAAAAAR
KOMM RAUS, DU FEIG-LING !!!
GRRRRRRRRR
MR. 3 ...
DA WAR WAS.
PFFF...
HA HA HA
HIHI-HAHA!!! HUNDE DIE BELLEN, BEISSEN NICHT.

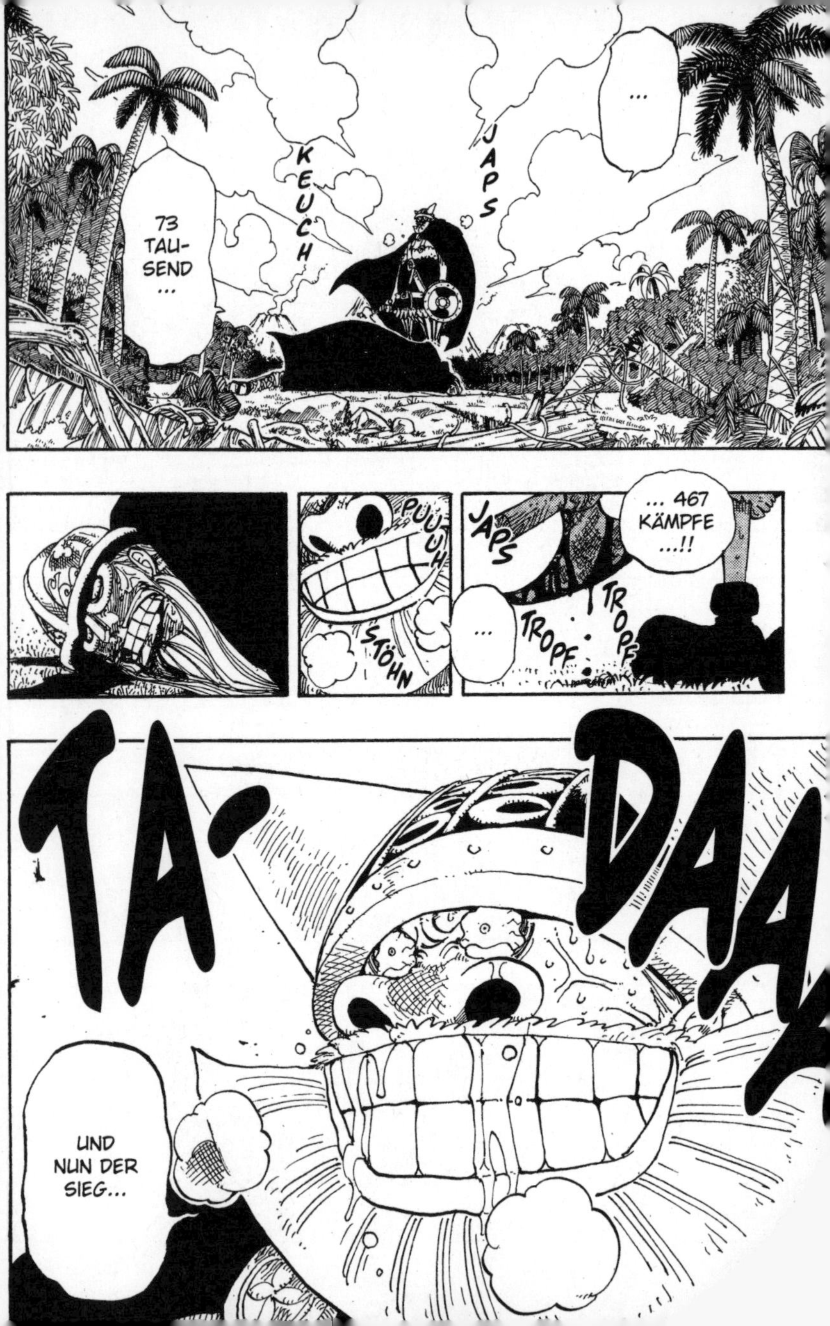
...
JAPS
KEUCH
73 TAUSEND ...
... 467 KÄMPFE ...!!
JAPS
TROPF TROPF
...
PUUUH
STÖHN
TA-DAA
UND NUN DER SIEG...

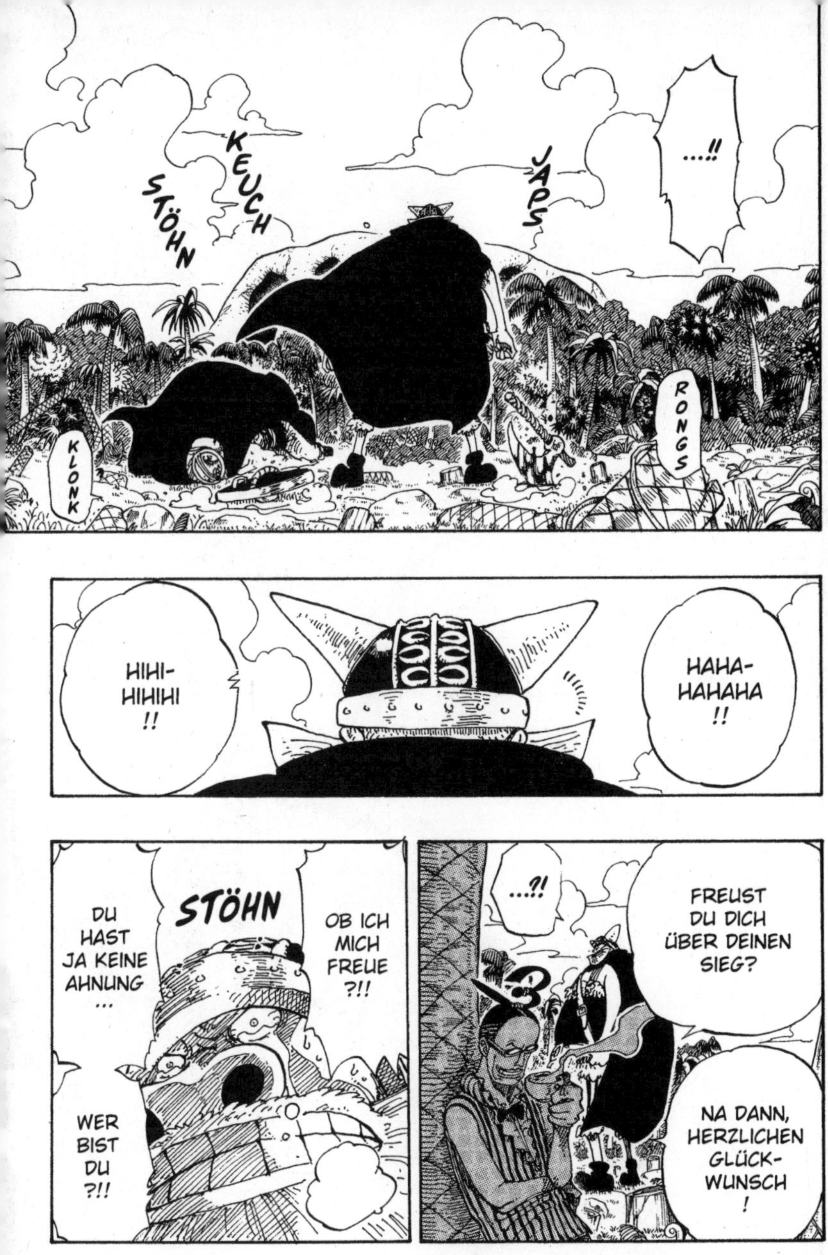

...!!
JAPS
KEUCH
STÖHN
RONGS
KLONK
HAHA-HAHAHA!!
HIHI-HIHIHI!!
FREUST DU DICH ÜBER DEINEN SIEG?
NA DANN, HERZLICHEN GLÜCKWUNSCH!
...?!
OB ICH MICH FREUE?!!
STÖHN
DU HAST JA KEINE AHNUNG ...
WER BIST DU?!!

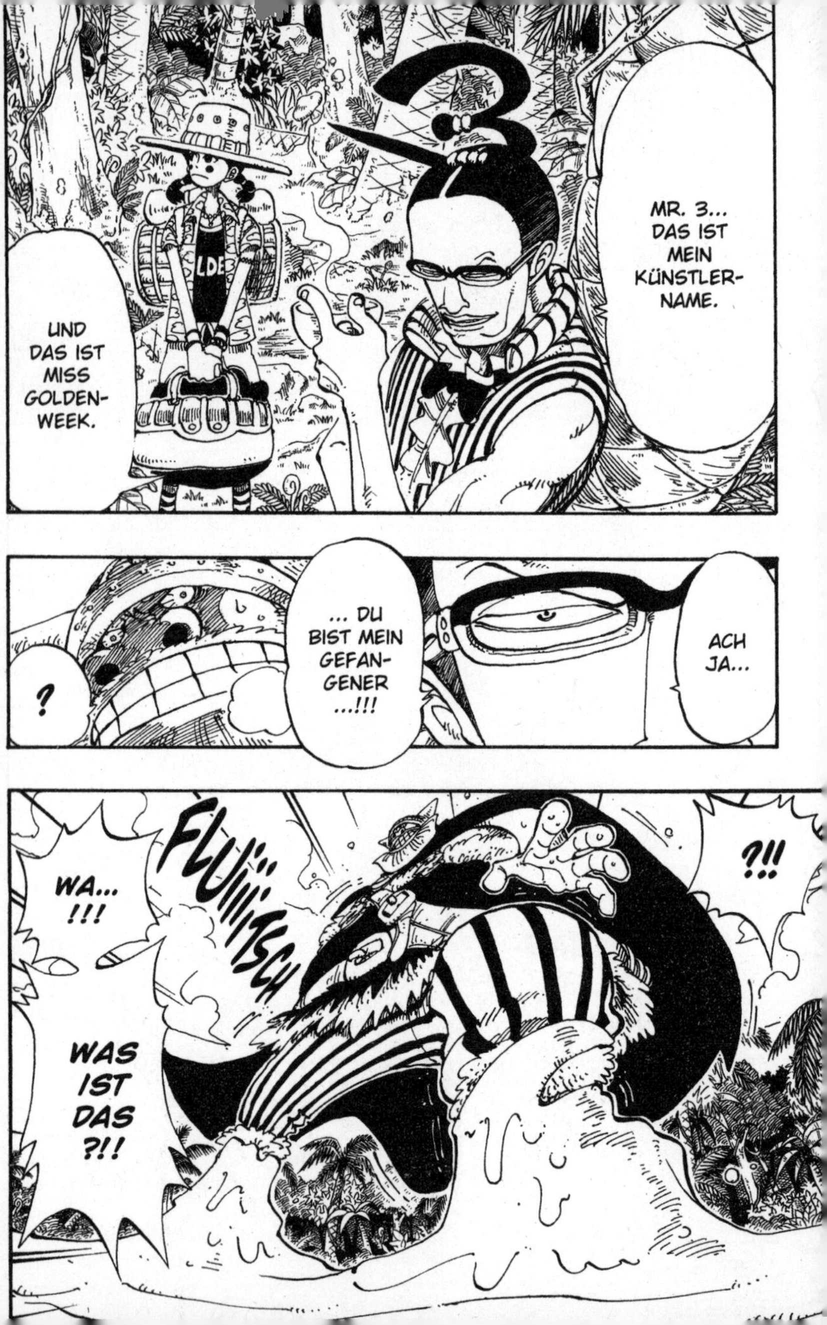
MR. 3... DAS IST MEIN KÜNSTLERNAME.
UND DAS IST MISS GOLDENWEEK.
ACH JA...
... DU BIST MEIN GEFANGENER ...!!!
?
?!!
FLUIIIIISCH
WA... !!!
WAS IST DAS ?!!

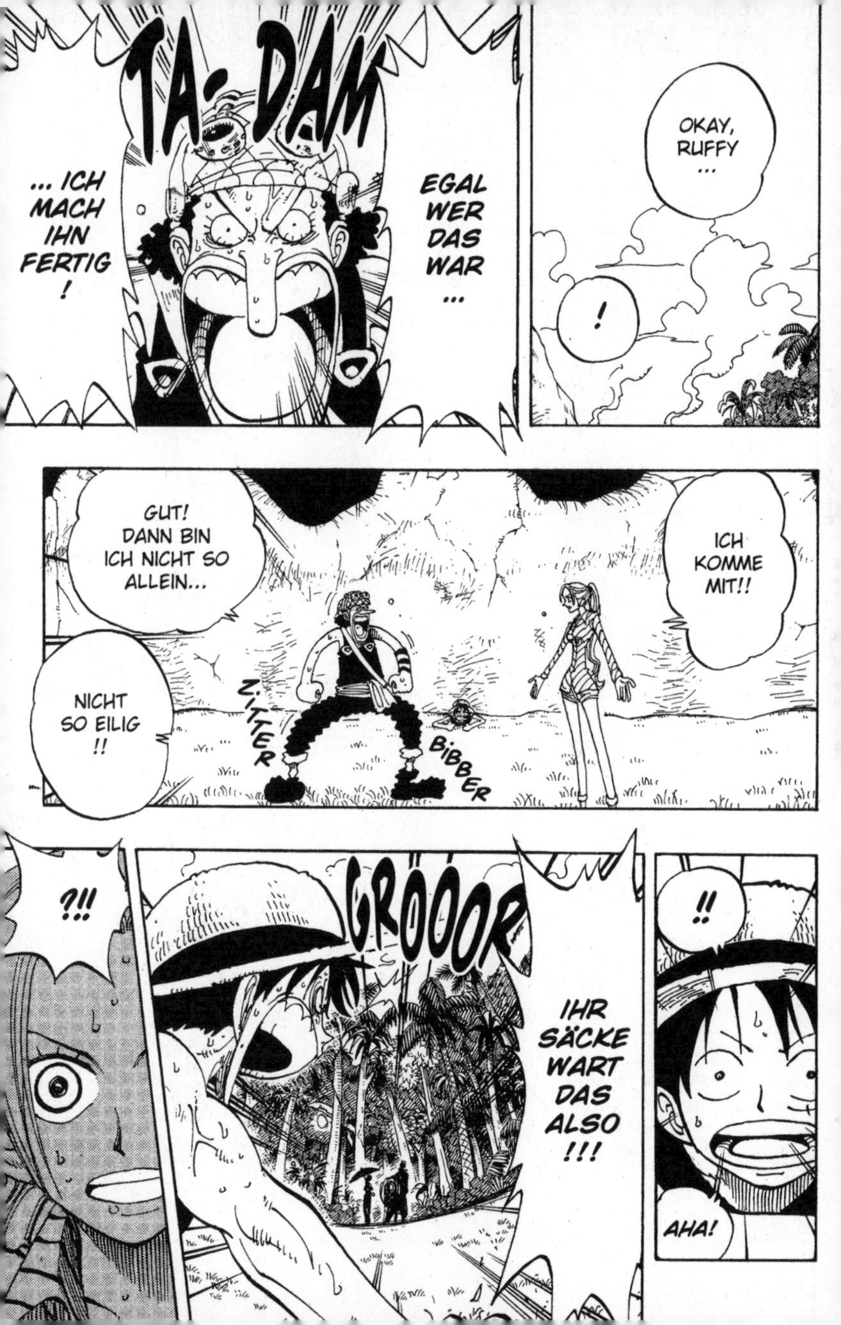

OKAY, RUFFY ...
!
EGAL WER DAS WAR ...
TA-DAM
... ICH MACH IHN FERTIG !
ICH KOMME MIT!!
GUT! DANN BIN ICH NICHT SO ALLEIN...
NICHT SO EILIG !!
ZITTER
BIBBER
!!
AHA!
IHR SÄCKE WART DAS ALSO !!!
GRÖÖOR
?!!

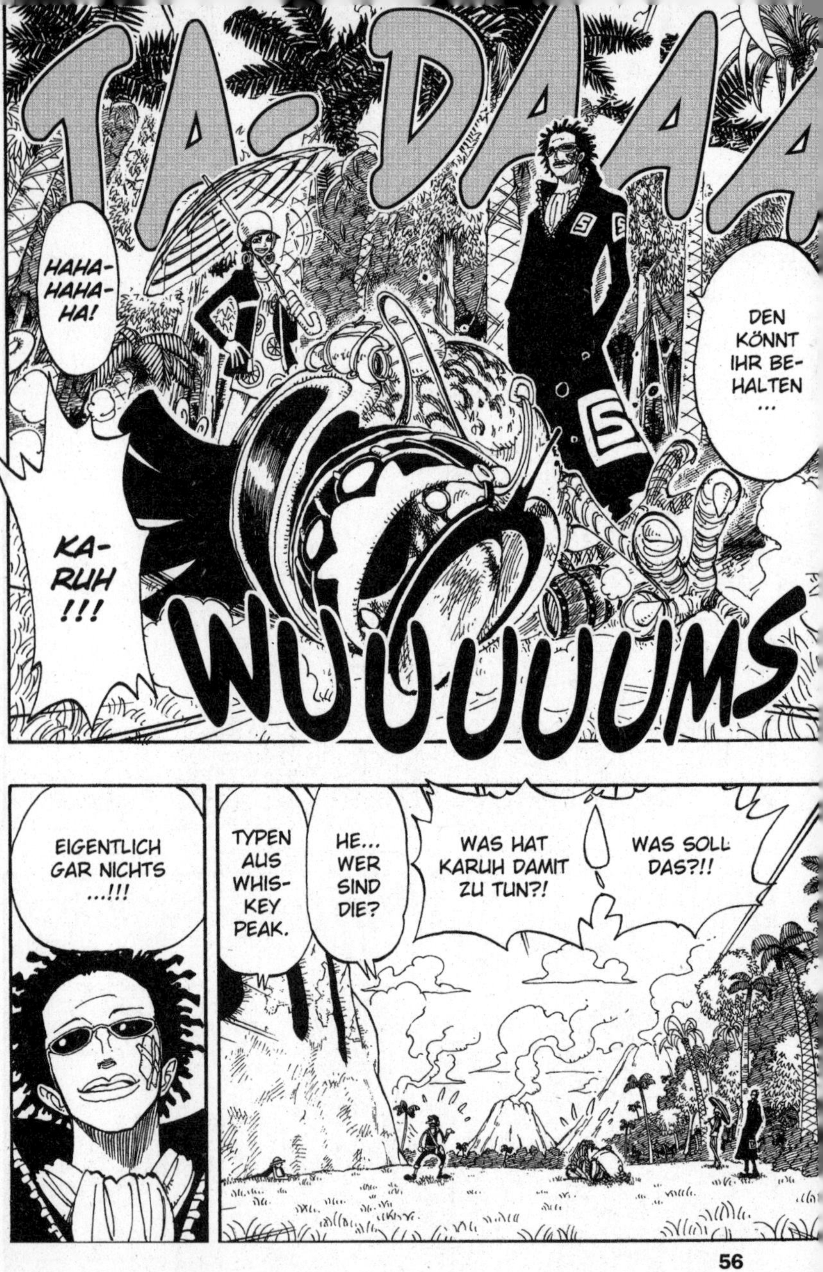
TA-DAAA
DEN KÖNNT IHR BEHALTEN ...
HAHAHAHAHA!
KARUH!!!
WUUUUUMS
WAS SOLL DAS?!!
WAS HAT KARUH DAMIT ZU TUN?!
HE... WER SIND DIE?
TYPEN AUS WHISKEY PEAK.
EIGENTLICH GAR NICHTS ...!!!

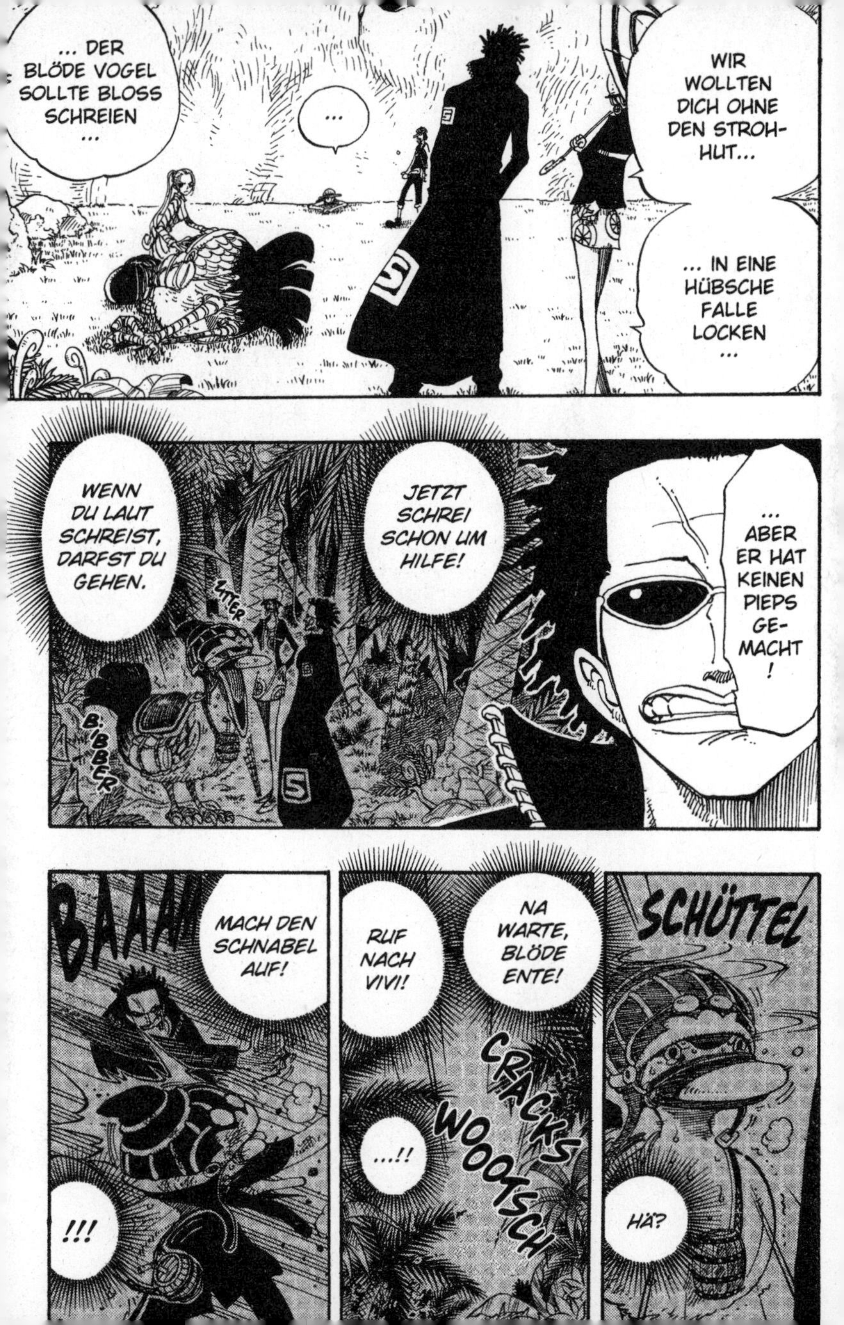
WIR WOLLTEN DICH OHNE DEN STROH-HUT...
... IN EINE HÜBSCHE FALLE LOCKEN ...
...
... DER BLÖDE VOGEL SOLLTE BLOSS SCHREIEN ...
... ABER ER HAT KEINEN PIEPS GE-MACHT!
JETZT SCHREI SCHON UM HILFE!
WENN DU LAUT SCHREIST, DARFST DU GEHEN.
ZITTER
BIBBER
SCHÜTTEL
HÄ?
NA WARTE, BLÖDE ENTE!
RUF NACH VIVI!
CRACKS
WOOOTSCH
...!!
BAAAM
MACH DEN SCHNABEL AUF!
!!!

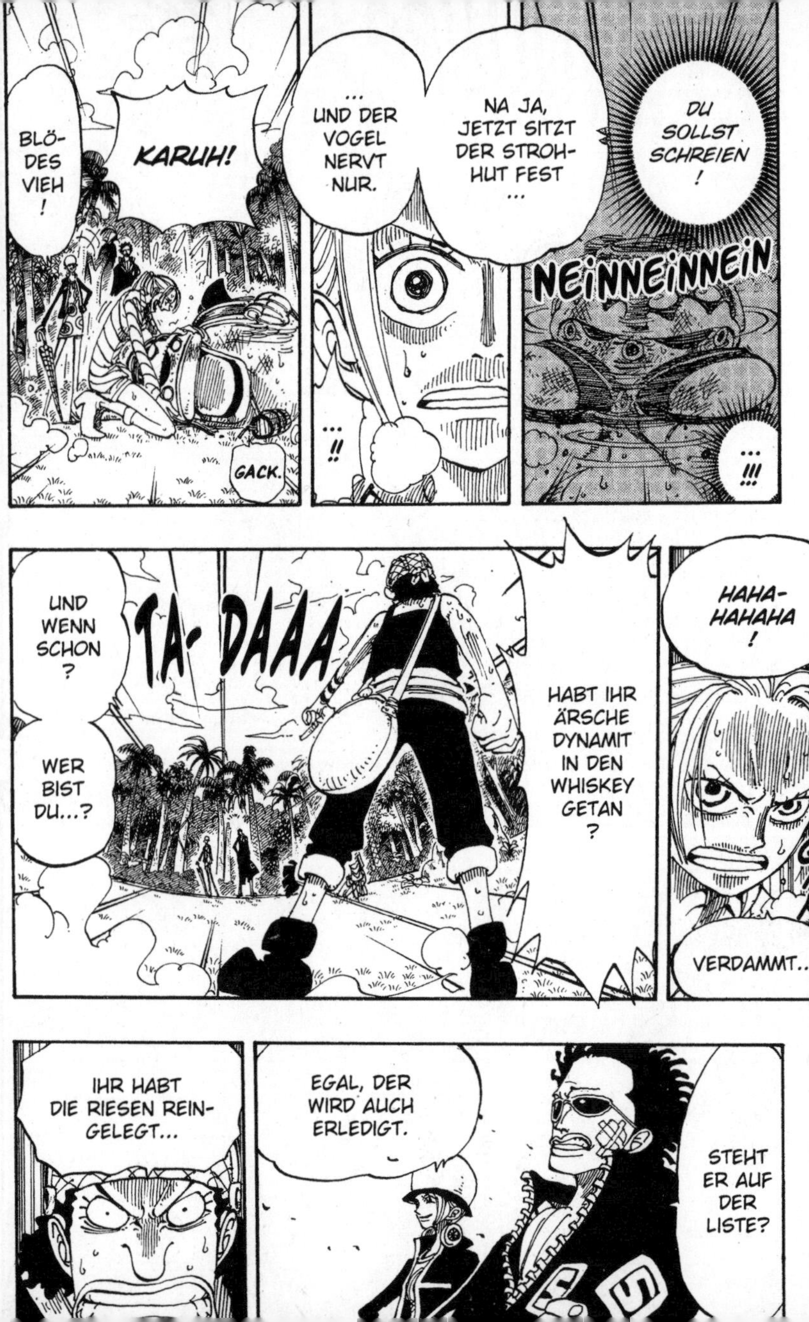
DU SOLLST SCHREIEN!
NEINNEINNEIN
...!!!
NA JA, JETZT SITZT DER STROH-HUT FEST ...
... UND DER VOGEL NERVT NUR.
...!!
KARUH!
BLÖ-DES VIEH!
GACK.
HAHA-HAHAHA!
VERDAMMT...
HABT IHR ÄRSCHE DYNAMIT IN DEN WHISKEY GETAN?
UND WENN SCHON?
TA-DAAA
WER BIST DU...?
STEHT ER AUF DER LISTE?
EGAL, DER WIRD AUCH ERLEDIGT.
IHR HABT DIE RIESEN REIN-GELEGT...

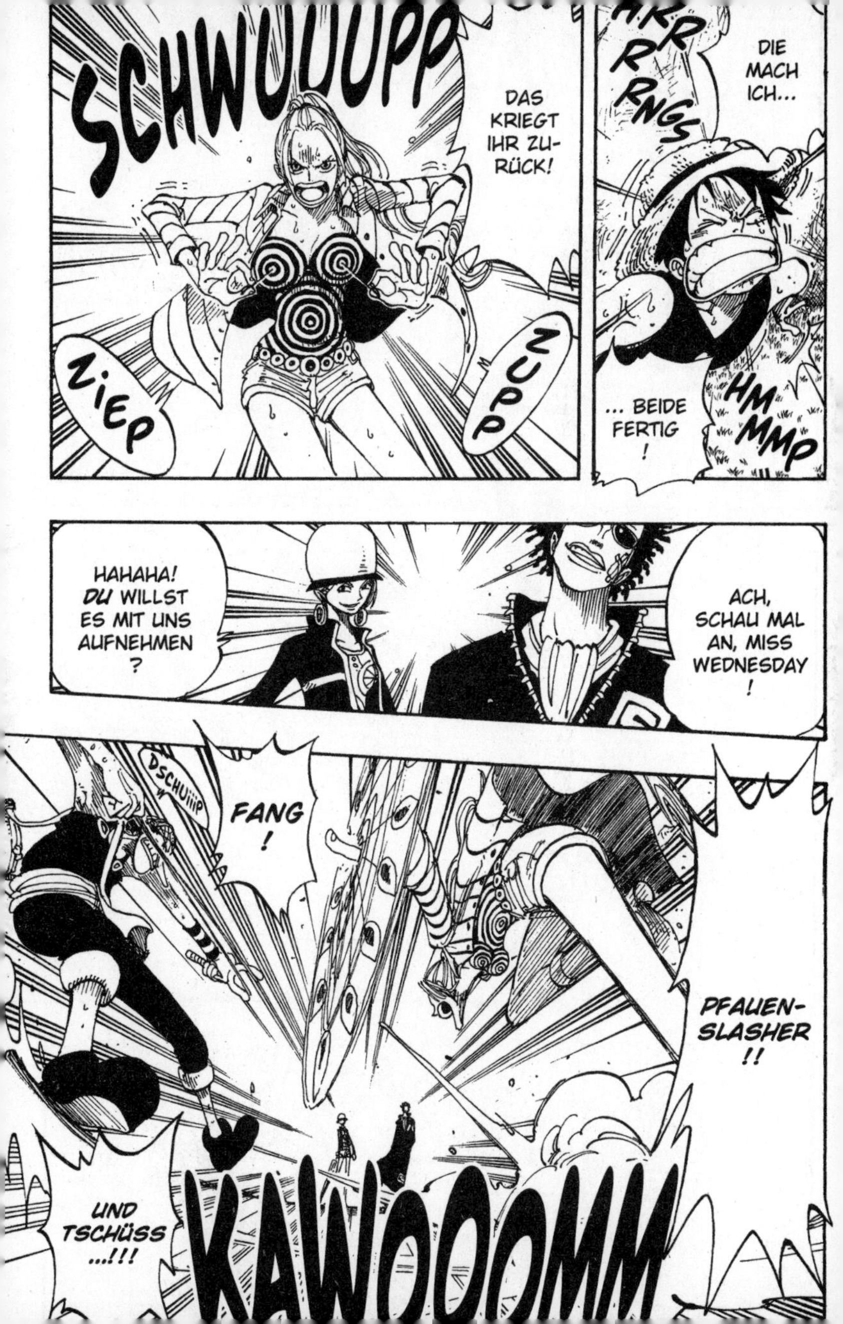
KRRRNGS
DIE MACH ICH…
… BEIDE FERTIG !
HMMMP
SCHWUUUPP
DAS KRIEGT IHR ZURÜCK!
ZUPP
ZIEP
ACH, SCHAU MAL AN, MISS WEDNESDAY !
HAHAHA! DU WILLST ES MIT UNS AUFNEHMEN ?
PFAUEN-SLASHER !!
FANG !
DSCHUiiiP
UND TSCHÜSS ...!!!
KAWOOOMM

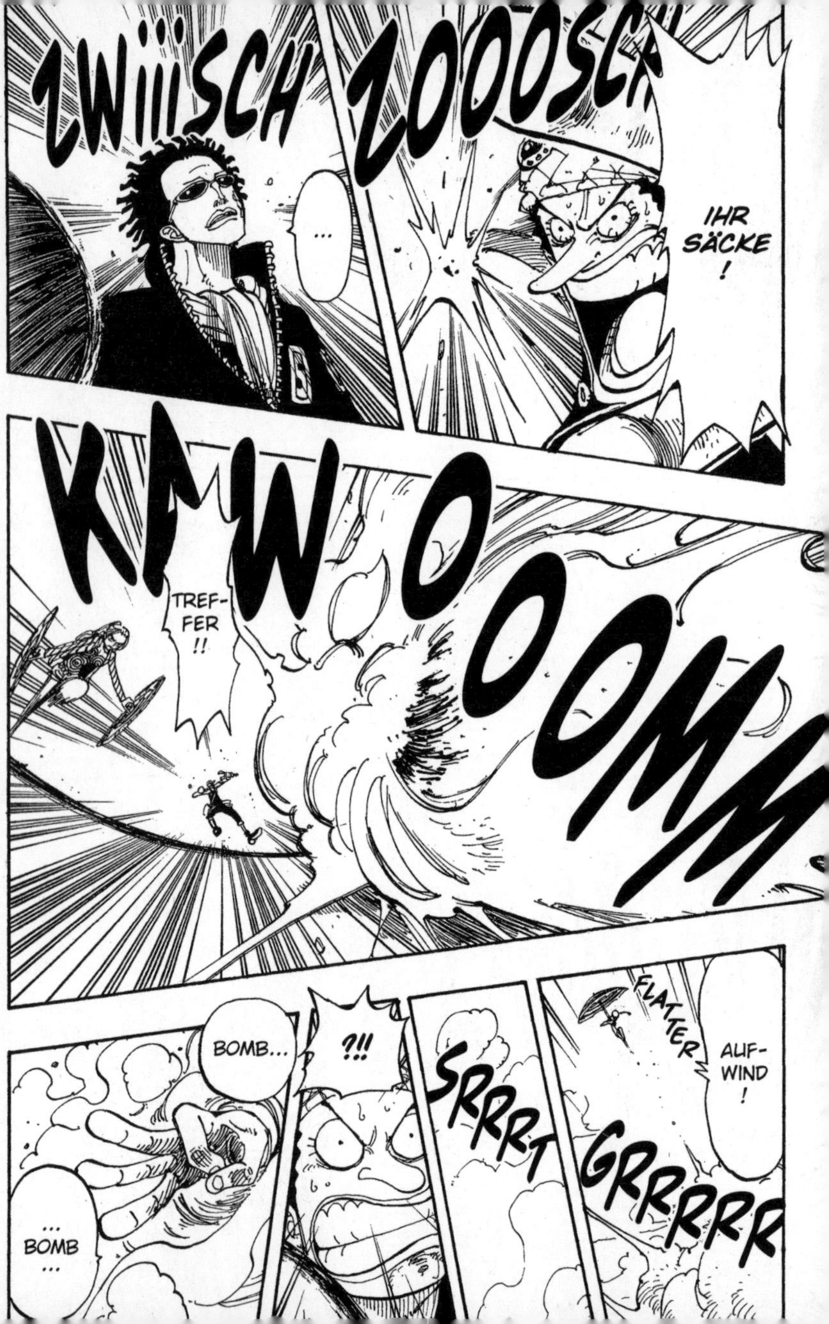
ZOOOSCH
IHR SÄCKE!
ZWIIIISCH
...
KAWOOOMM
TREFFER!!
AUFWIND!
FLATTER
GRRRRRR
SRRRT
?!!
BOMB...
... BOMB ...

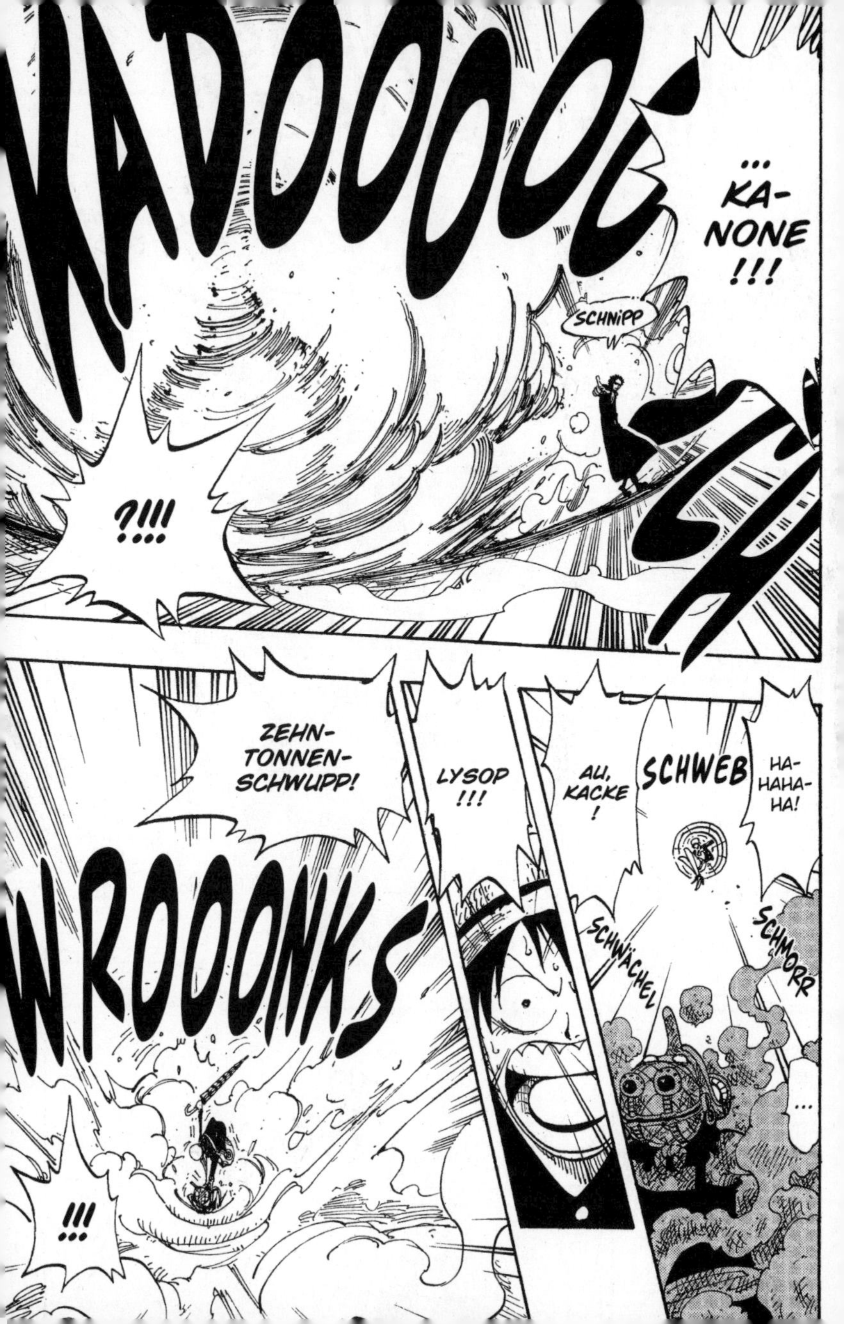

... KÄ-
NONE
!!!
SCHNIPP
?!!!
...
HA-
HAHA-
HA!
SCHWEB
AU,
KACKE
!
LYSOP
!!!
ZEHN-
TONNEN-
SCHWUPP!
SCHMORR
SCHWÄCHEL
...
WROOONKS
!!!
...

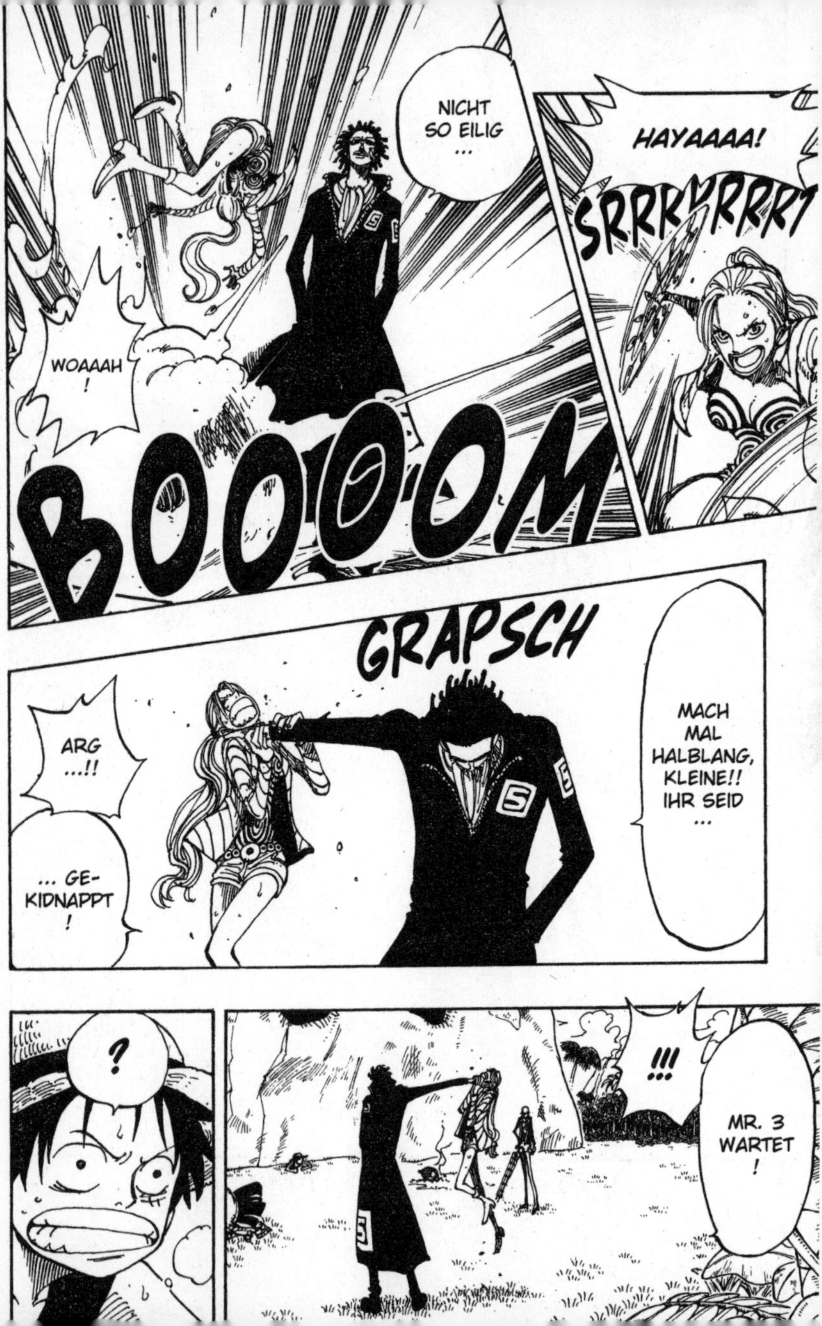
HAYAAAA!
SRRKRRRK
NICHT SO EILIG ...
WOAAAH!
BOOOOOM
GRAPSCH
MACH MAL HALBLANG, KLEINE!! IHR SEID ...
ARG ...!!
... GE-KIDNAPPT!
MR. 3 WARTET!
!!!
?

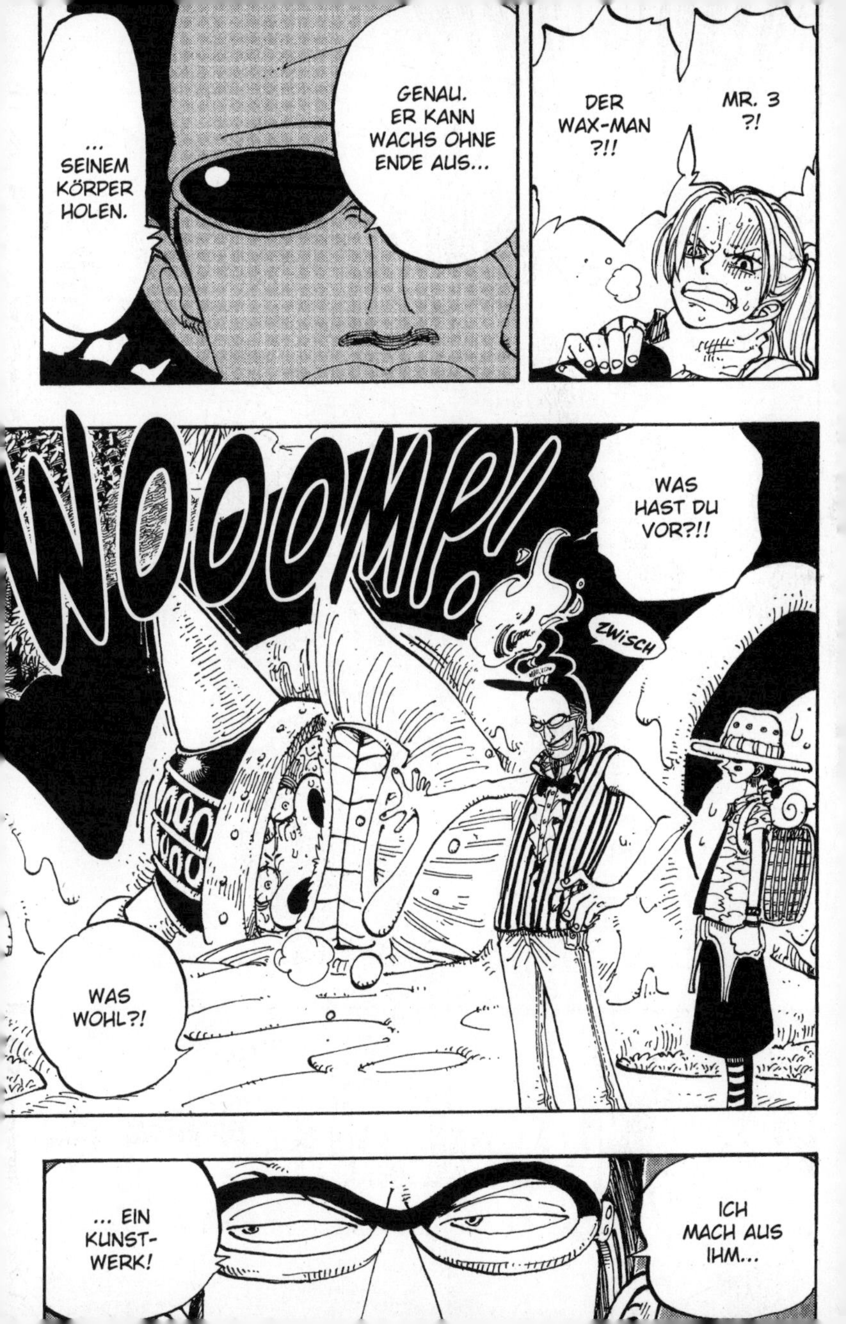
MR. 3 ?!
DER WAX-MAN ?!!
GENAU. ER KANN WACHS OHNE ENDE AUS...
... SEINEM KÖRPER HOLEN.
WOOOMP!
WAS HAST DU VOR?!!
ZWISCH
WAS WOHL?!
ICH MACH AUS IHM...
... EIN KUNST-WERK!

Zum Anmalen!

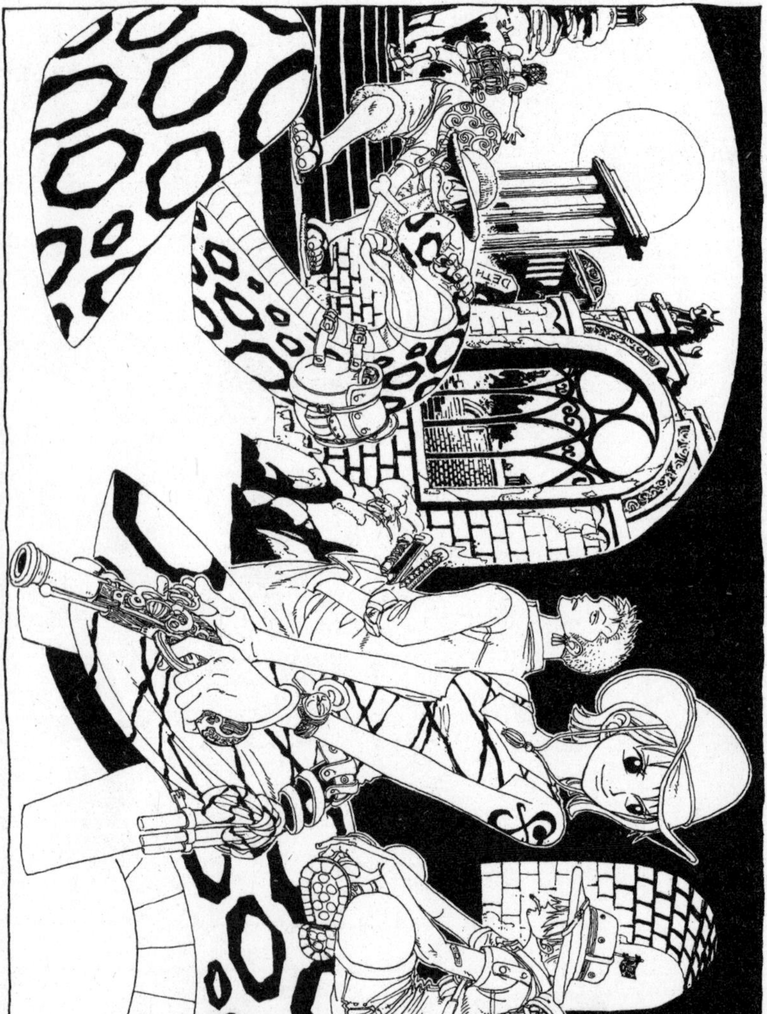

121. Kapitel:
XXL-Kandelaber

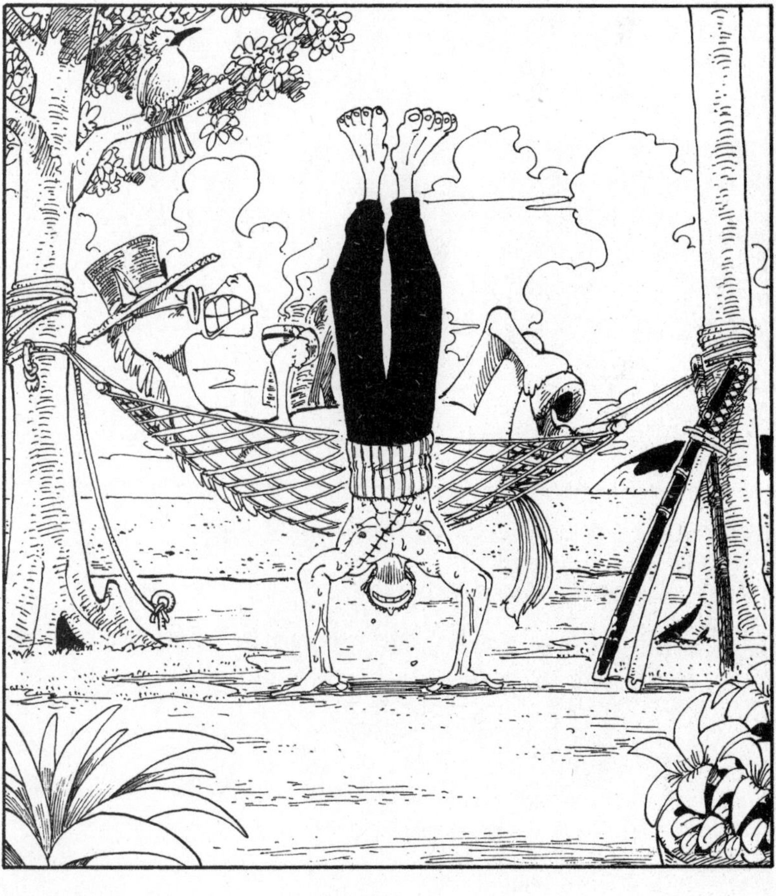

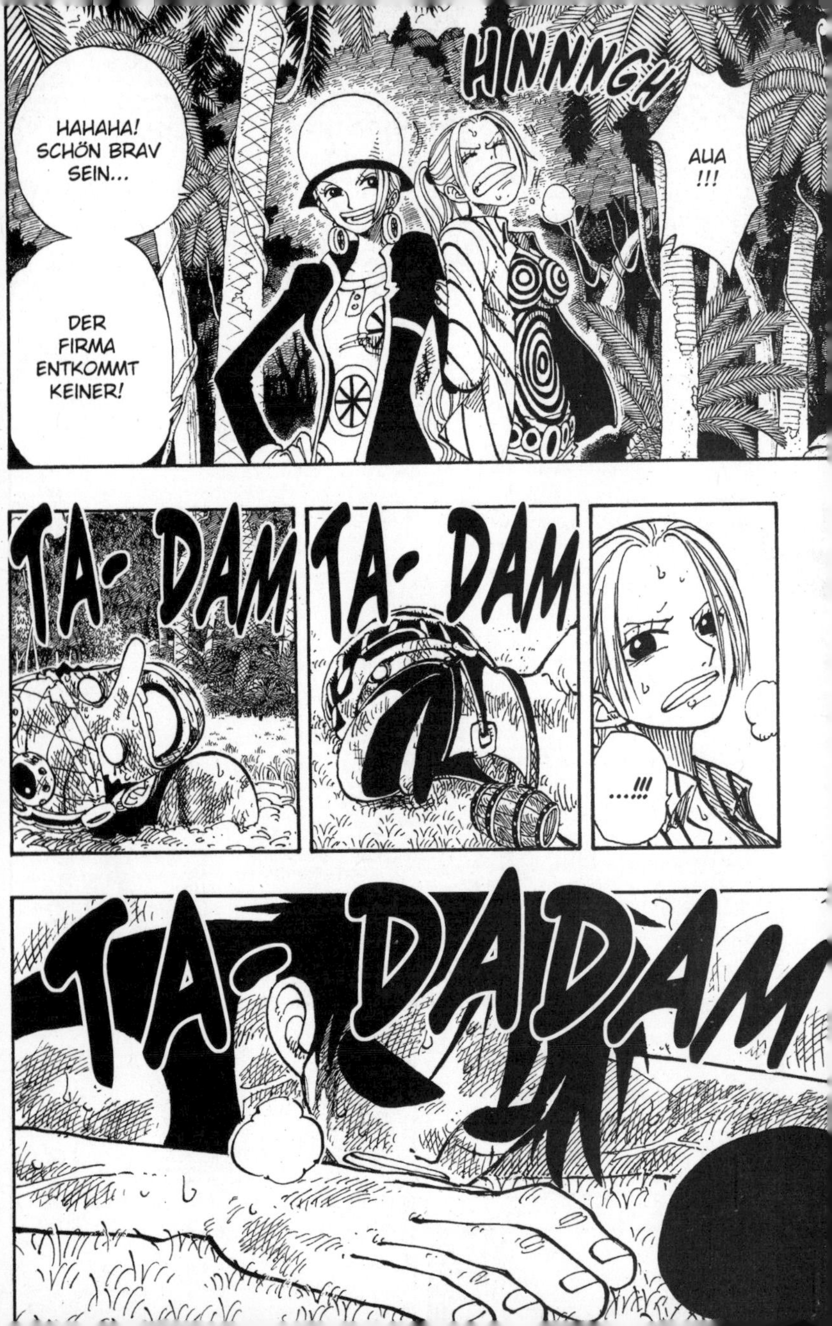
HINNNGH
AUA !!!
HAHAHA! SCHÖN BRAV SEIN...
DER FIRMA ENTKOMMT KEINER!
TA- DAM
TA- DAM
...!!!
TA- DADAM

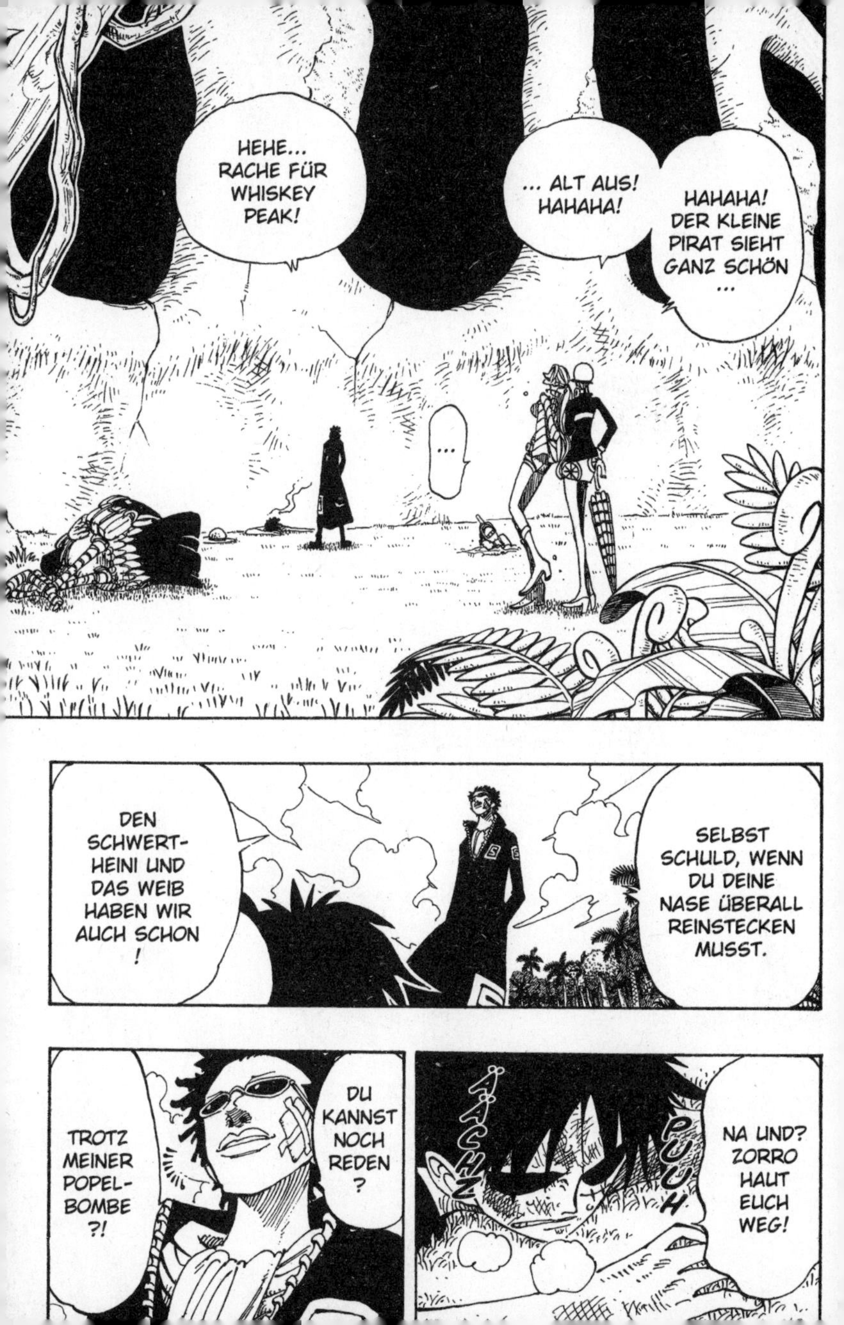
HAHAHA! DER KLEINE PIRAT SIEHT GANZ SCHÖN ...
... ALT AUS! HAHAHA!
HEHE... RACHE FÜR WHISKEY PEAK!
...
SELBST SCHULD, WENN DU DEINE NASE ÜBERALL REINSTECKEN MUSST.
DEN SCHWERT-HEINI UND DAS WEIB HABEN WIR AUCH SCHON!
NA UND? ZORRO HAUT EUCH WEG!
PUUH
ÄÄCHZ
DU KANNST NOCH REDEN?
TROTZ MEINER POPEL-BOMBE?!

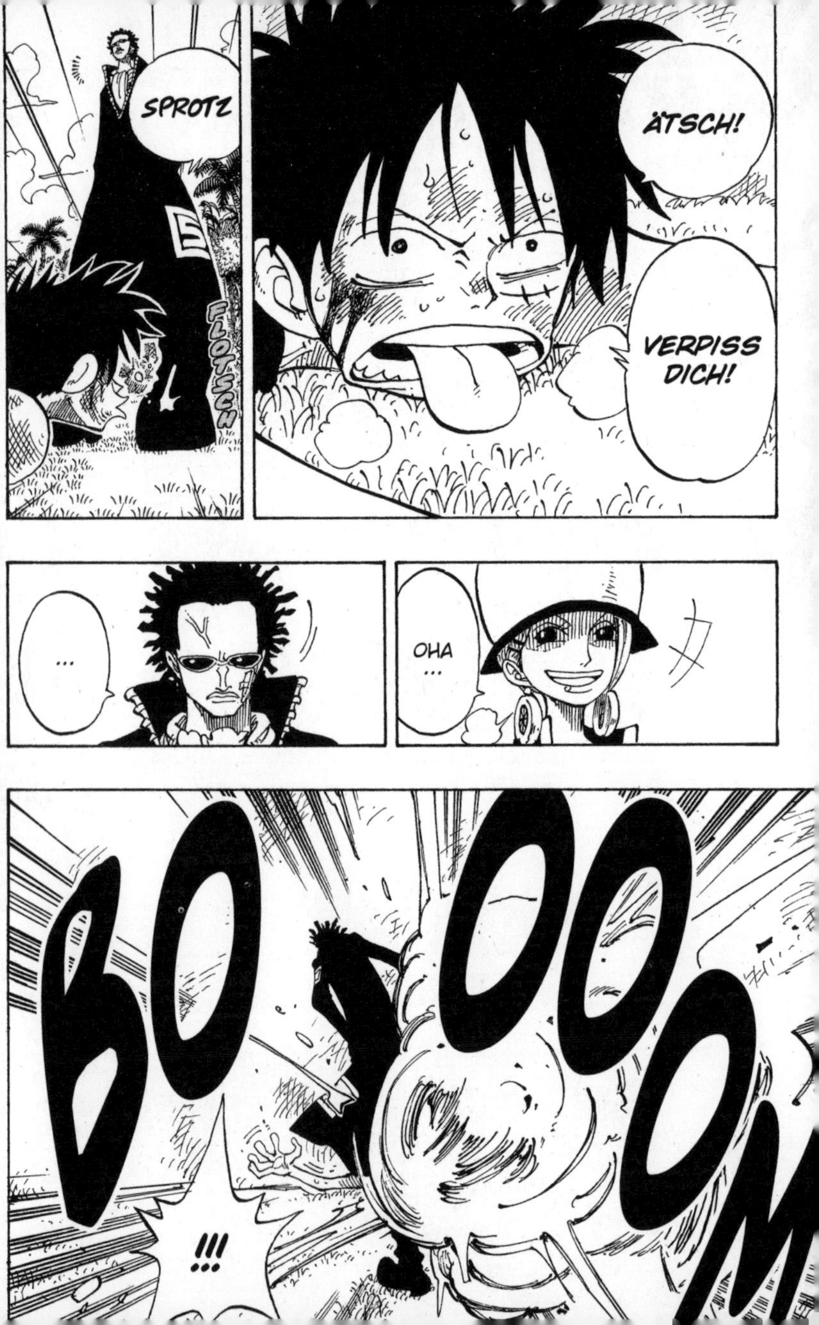

ÄTSCH!
VERPISS DICH!
SPROTZ
FLOTSCH
OHA …
…
BOOOOM
!!!

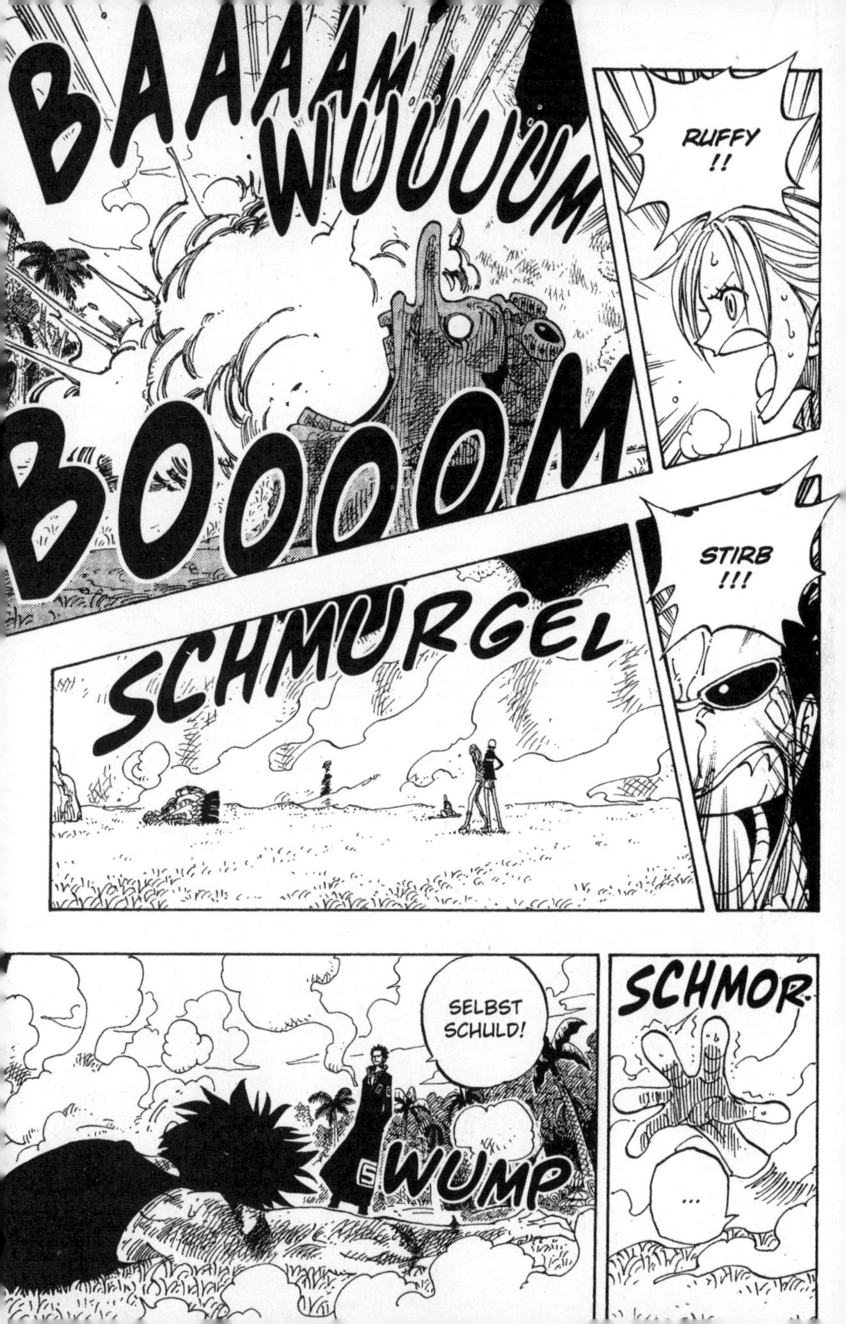
RUFFY !!
BAAAAM
WUUUUM
BOOOOM
STIRB !!!
SCHMURGEL
SCHMOR
...
SELBST SCHULD!
WUMP

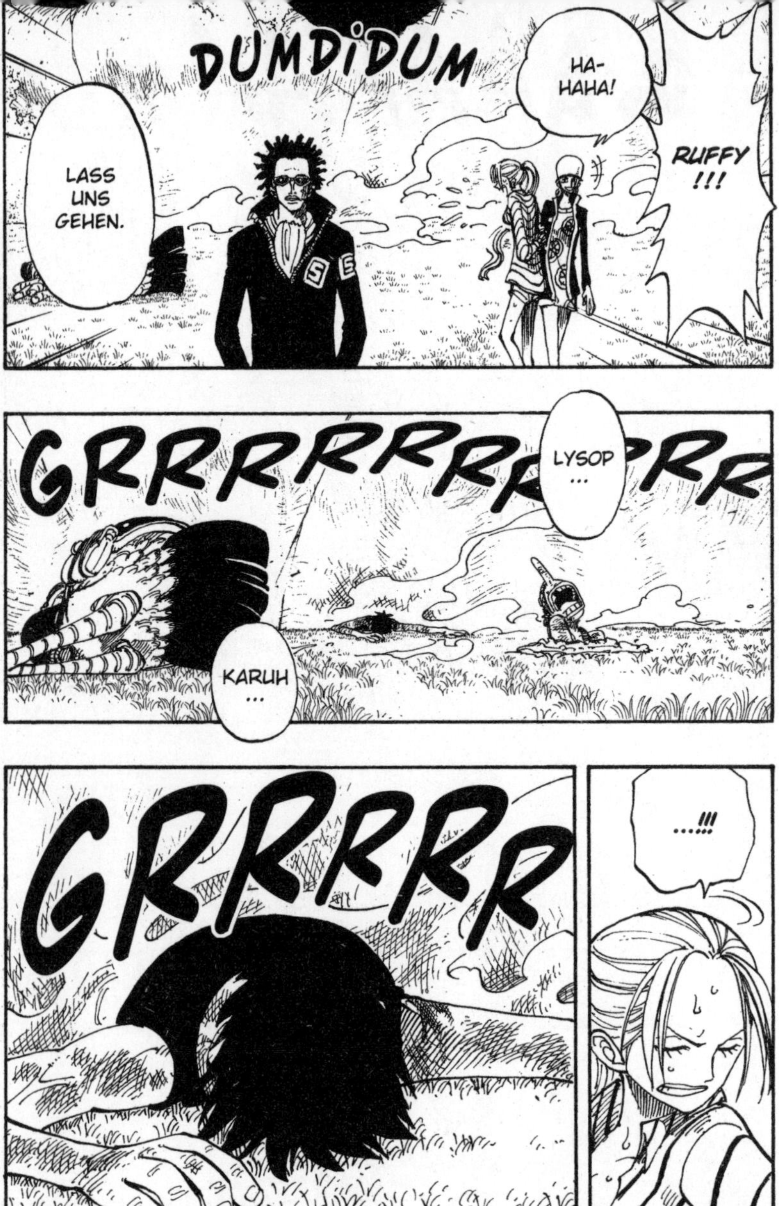
DUMDIDUM
RUFFY !!!
HA-HAHA!
LASS UNS GEHEN.
GRRRRRRRRRR
LYSOP ...
KARUH ...
...!!!
GRRRRRR

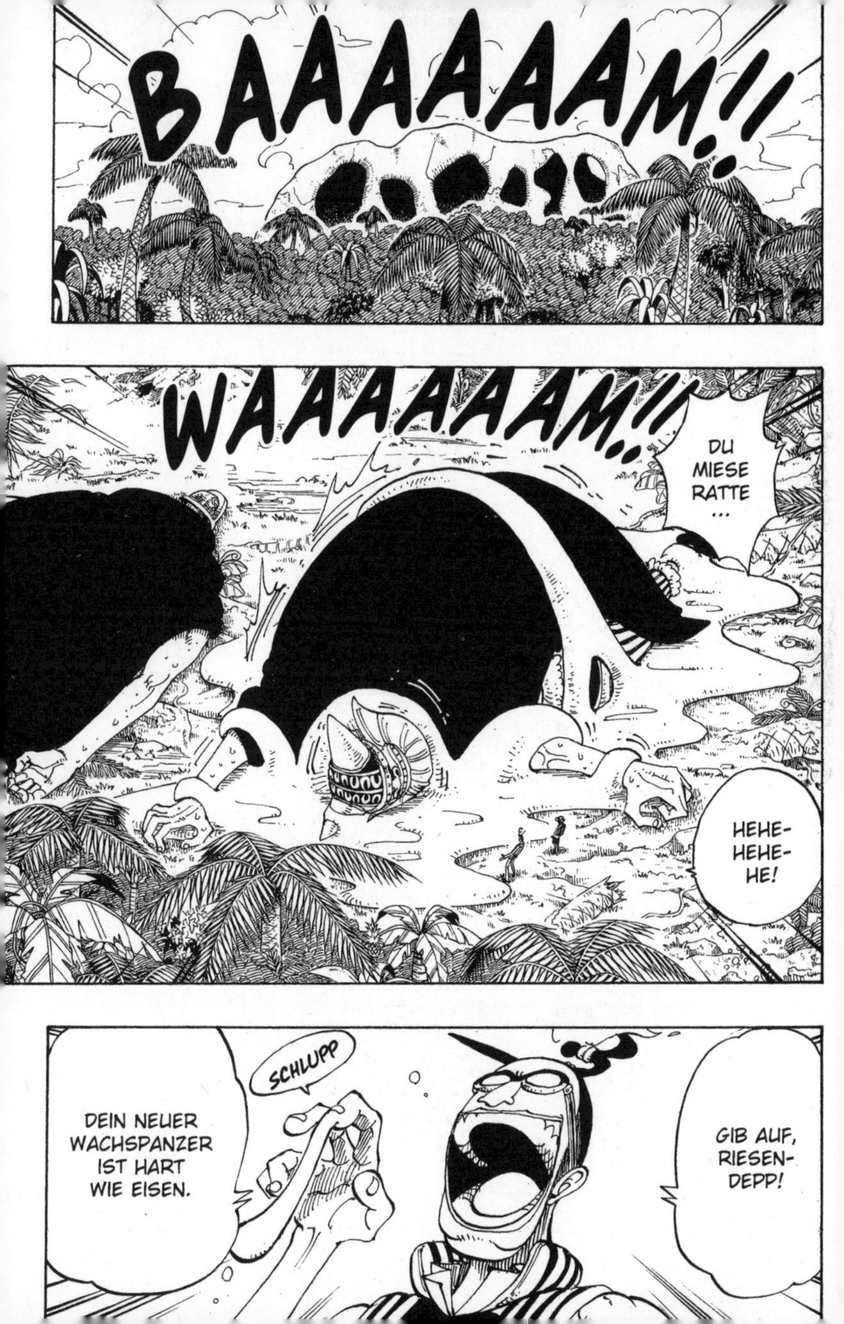
BAAAAAAM!!
WAAAAAAAM!!
DU MIESE RATTE ...
HEHEHEHEHE!
GIB AUF, RIESEN-DEPP!
SCHLUPP
DEIN NEUER WACHSPANZER IST HART WIE EISEN.

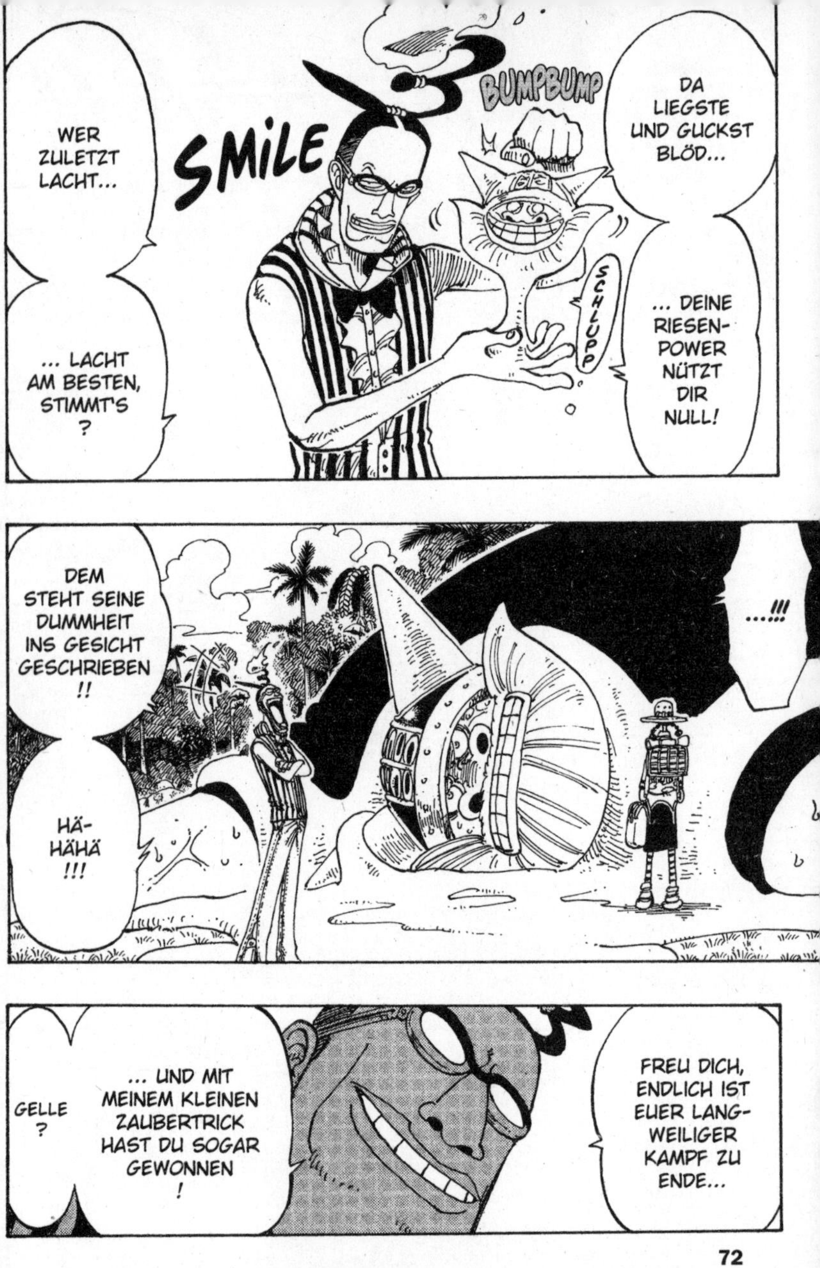
BUMPBUMP
DA LIEGSTE UND GUCKST BLÖD...
... DEINE RIESEN-POWER NÜTZT DIR NULL!
SCHLUPP
SMILE
WER ZULETZT LACHT...
... LACHT AM BESTEN, STIMMT'S ?
...!!!
DEM STEHT SEINE DUMMHEIT INS GESICHT GESCHRIEBEN !!
HÄ-HÄHÄ !!!
FREU DICH, ENDLICH IST EUER LANG-WEILIGER KAMPF ZU ENDE...
... UND MIT MEINEM KLEINEN ZAUBERTRICK HAST DU SOGAR GEWONNEN !
GELLE ?

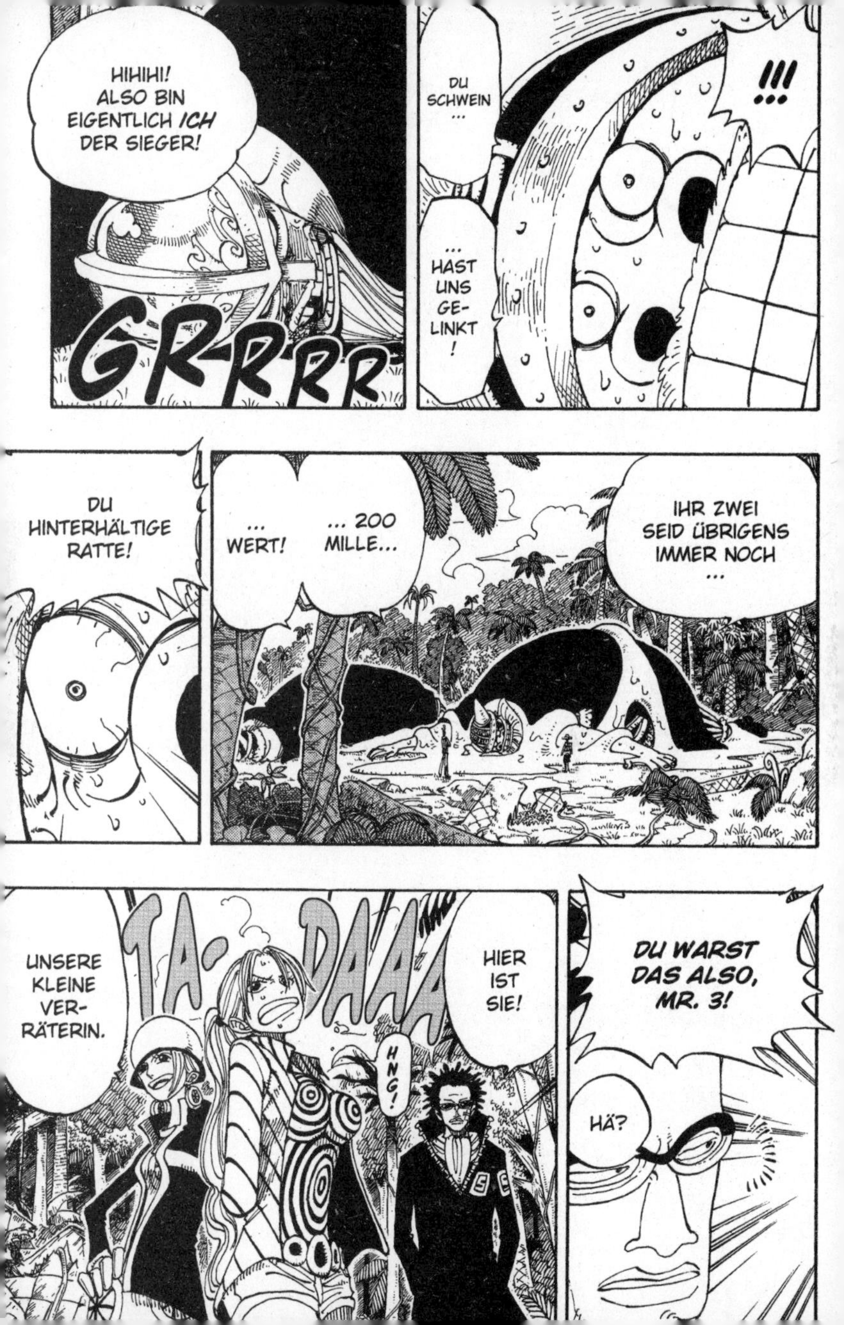
HIHIHI! ALSO BIN EIGENTLICH ICH DER SIEGER!
GR-R-R-R-R
DU SCHWEIN ...
... HAST UNS GE-LINKT!
!!!
DU HINTERHÄLTIGE RATTE!
... WERT!
... 200 MILLE...
IHR ZWEI SEID ÜBRIGENS IMMER NOCH ...
UNSERE KLEINE VER-RÄTERIN.
TA-DAAA
HNG!
HIER IST SIE!
DU WARST DAS ALSO, MR. 3!
HÄ?

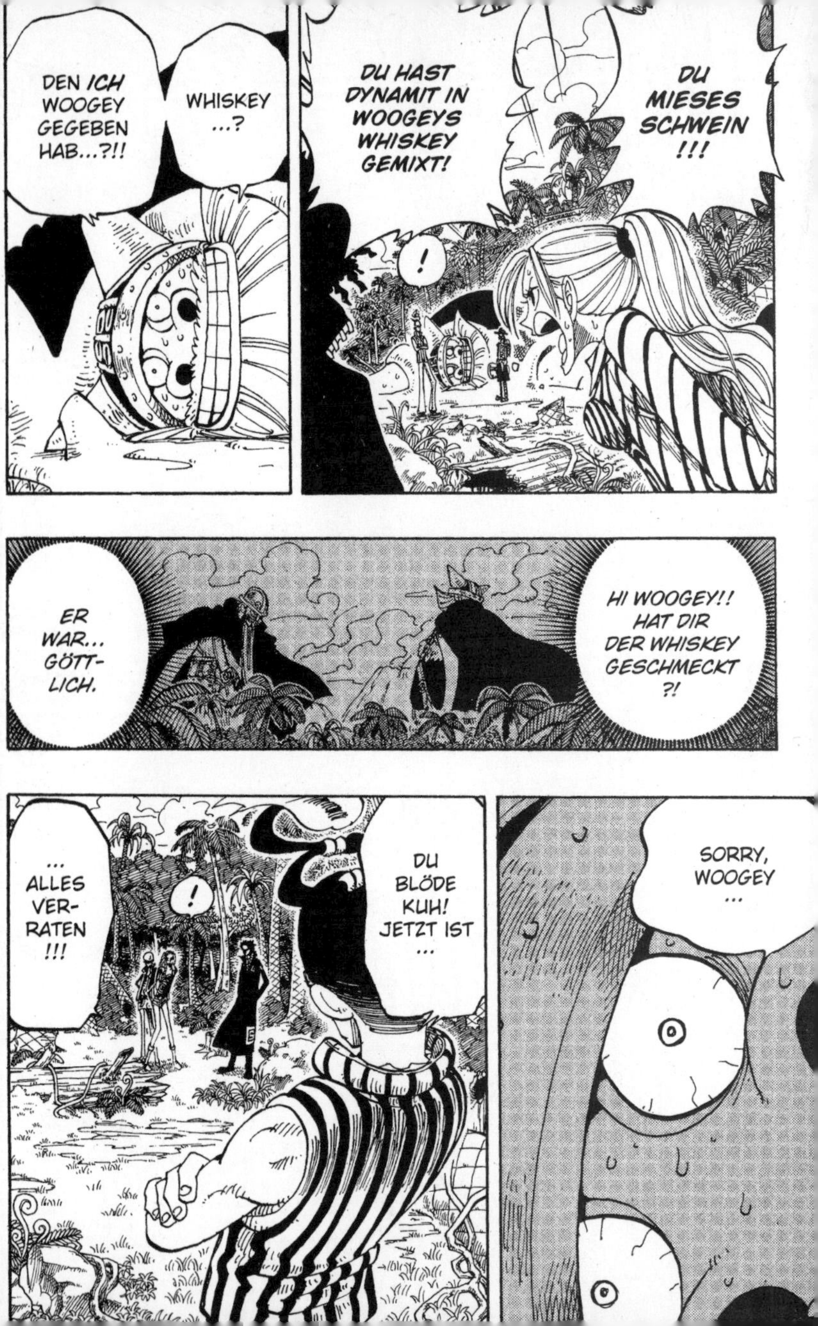
DU MIESES SCHWEIN!!!
DU HAST DYNAMIT IN WOOGEYS WHISKEY GEMIXT!
!
WHISKEY ...?
DEN *ICH* WOOGEY GEGEBEN HAB...?!!
HI WOOGEY!! HAT DIR DER WHISKEY GESCHMECKT?!
ER WAR... GÖTT-LICH.
SORRY, WOOGEY ...
DU BLÖDE KUH! JETZT IST ...
... ALLES VER-RATEN !!!
!

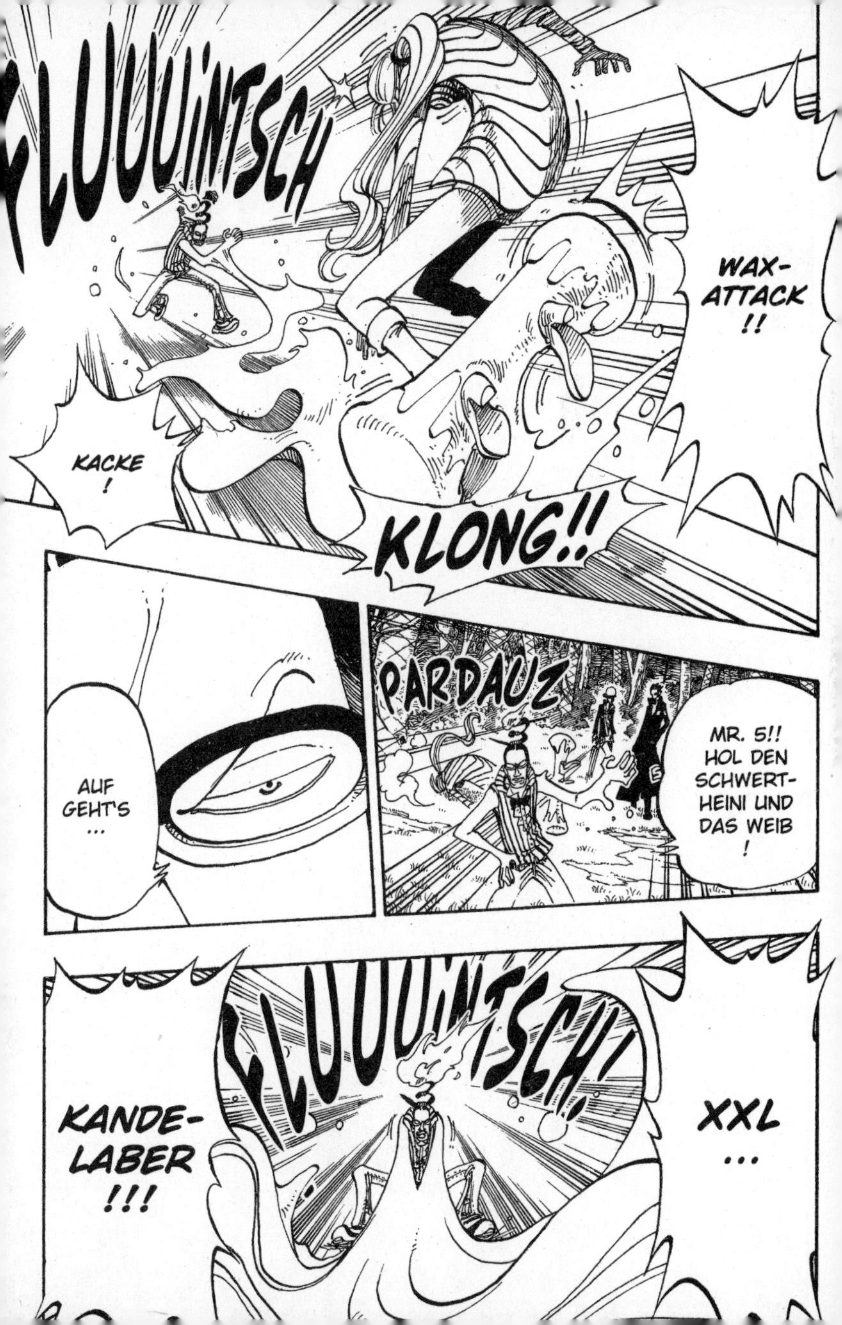
WAX-ATTACK!!
FLUUUINTSCH
KACKE!
KLONG!!
PARDAUZ
MR. 5!! HOL DEN SCHWERT-HEINI UND DAS WEIB!
AUF GEHT'S ...
XXL ...
FLUUUINTSCH!
KANDE-LABER!!!

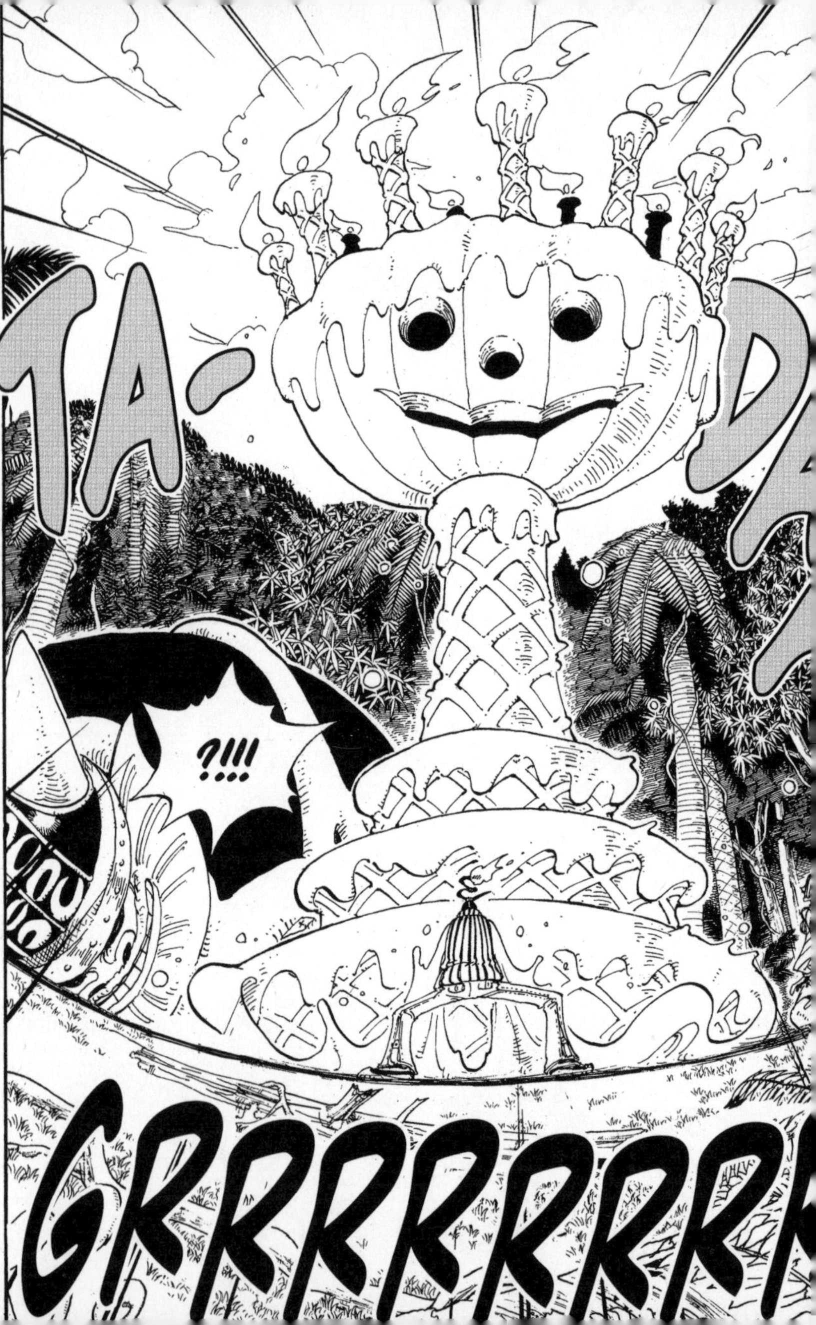
TA-
?!!!
GRRRRRRRR

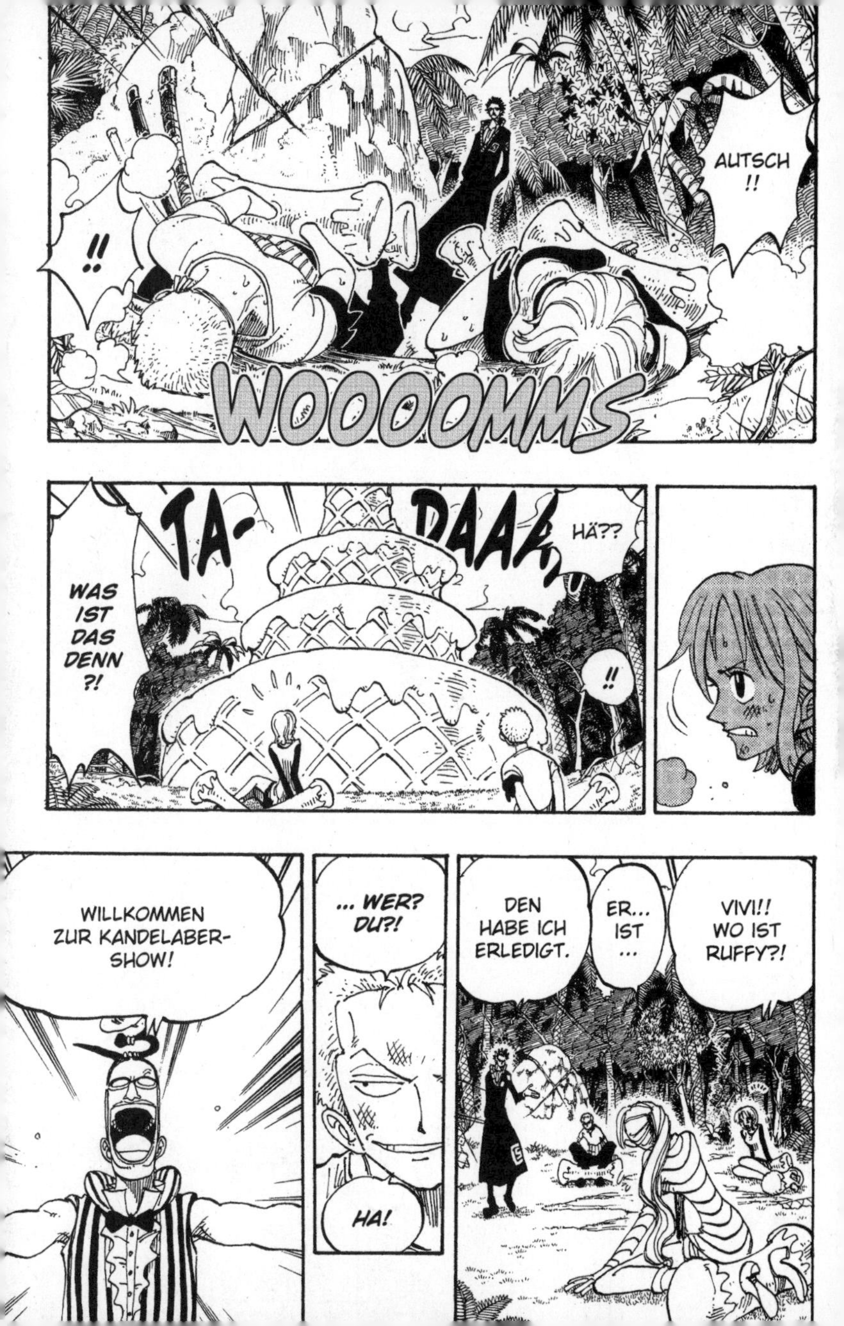
AUTSCH !!
!!
WOOOOMMS
HÄ??
TA- DAAA
WAS IST DAS DENN ?!
!!
WILLKOMMEN ZUR KANDELABER-SHOW!
... WER? DU?!
HA!
VIVI!! WO IST RUFFY?!
ER... IST ...
DEN HABE ICH ERLEDIGT.

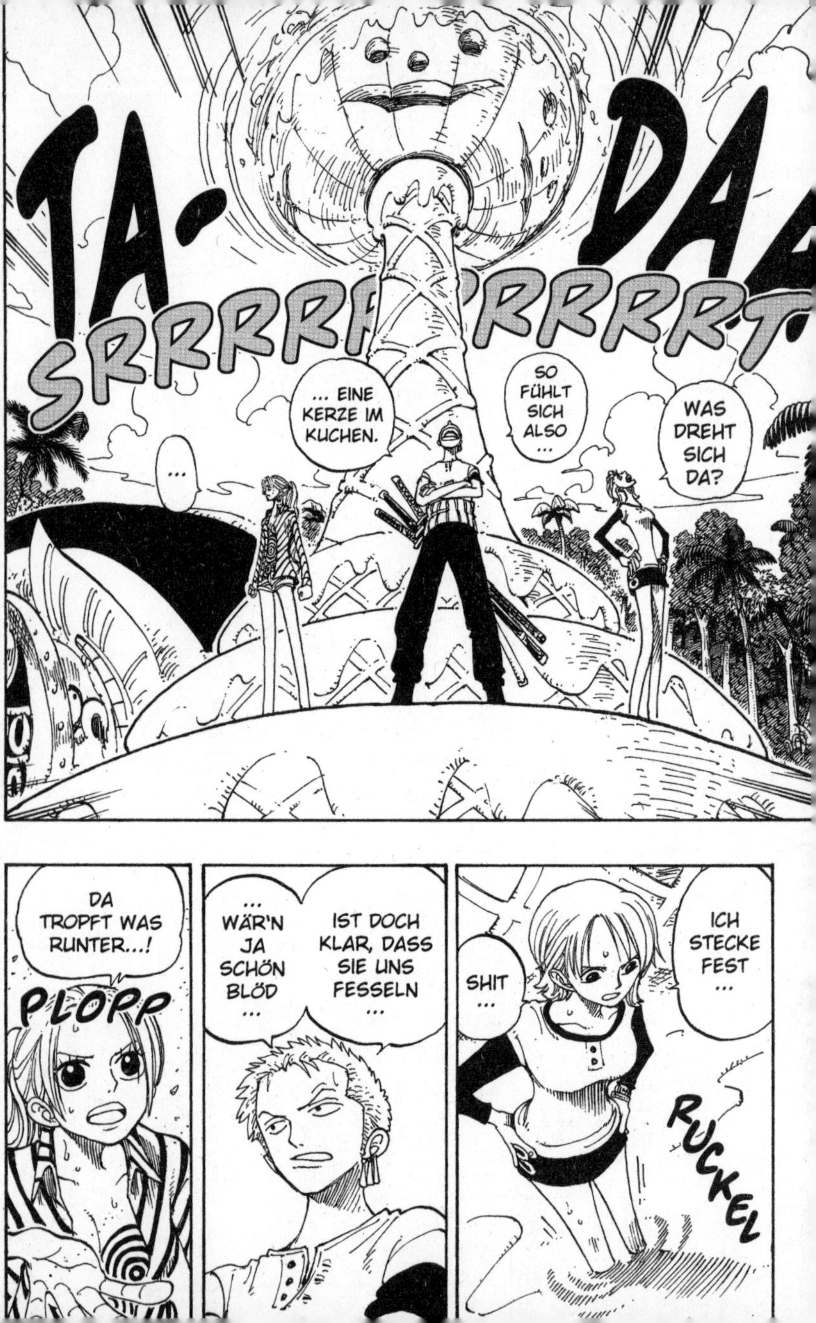
TA-DAA
SRRRRRRRRRRRT
WAS DREHT SICH DA?
SO FÜHLT SICH ALSO ...
... EINE KERZE IM KUCHEN.
...
ICH STECKE FEST ...
SHIT ...
RUCKEL
IST DOCH KLAR, DASS SIE UNS FESSELN ...
... WÄR'N JA SCHÖN BLÖD ...
DA TROPFT WAS RUNTER...!
PLOPP

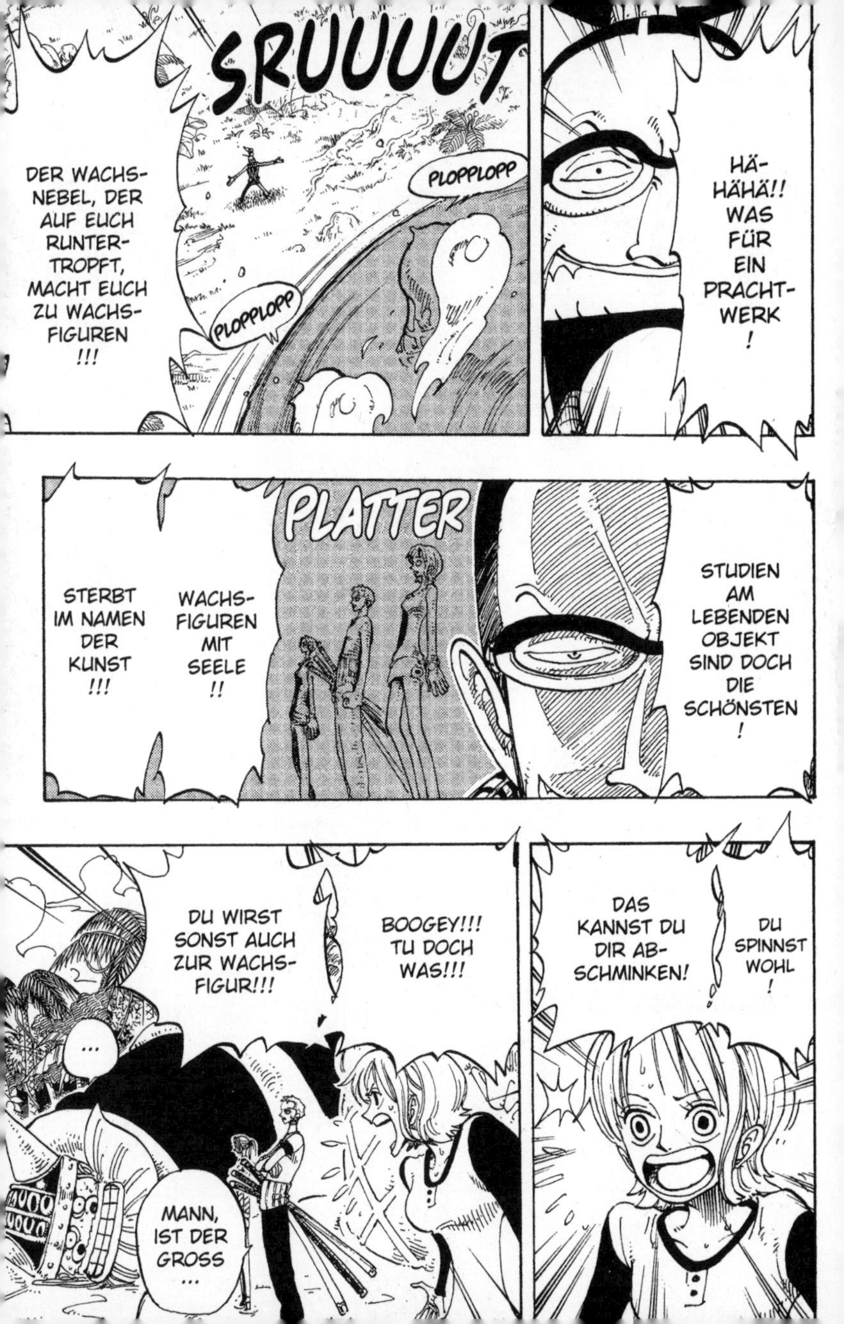
HÄ-HÄHÄ!! WAS FÜR EIN PRACHT-WERK!
SRUUUUT
PLOPPLOPP
PLOPPLOPP
DER WACHS-NEBEL, DER AUF EUCH RUNTER-TROPFT, MACHT EUCH ZU WACHS-FIGUREN!!!
STUDIEN AM LEBENDEN OBJEKT SIND DOCH DIE SCHÖNSTEN!
PLATTER
WACHS-FIGUREN MIT SEELE!!
STERBT IM NAMEN DER KUNST!!!
DU SPINNST WOHL!
DAS KANNST DU DIR AB-SCHMINKEN!
BOOGEY!!! TU DOCH WAS!!!
DU WIRST SONST AUCH ZUR WACHS-FIGUR!!!
...
MANN, IST DER GROSS ...

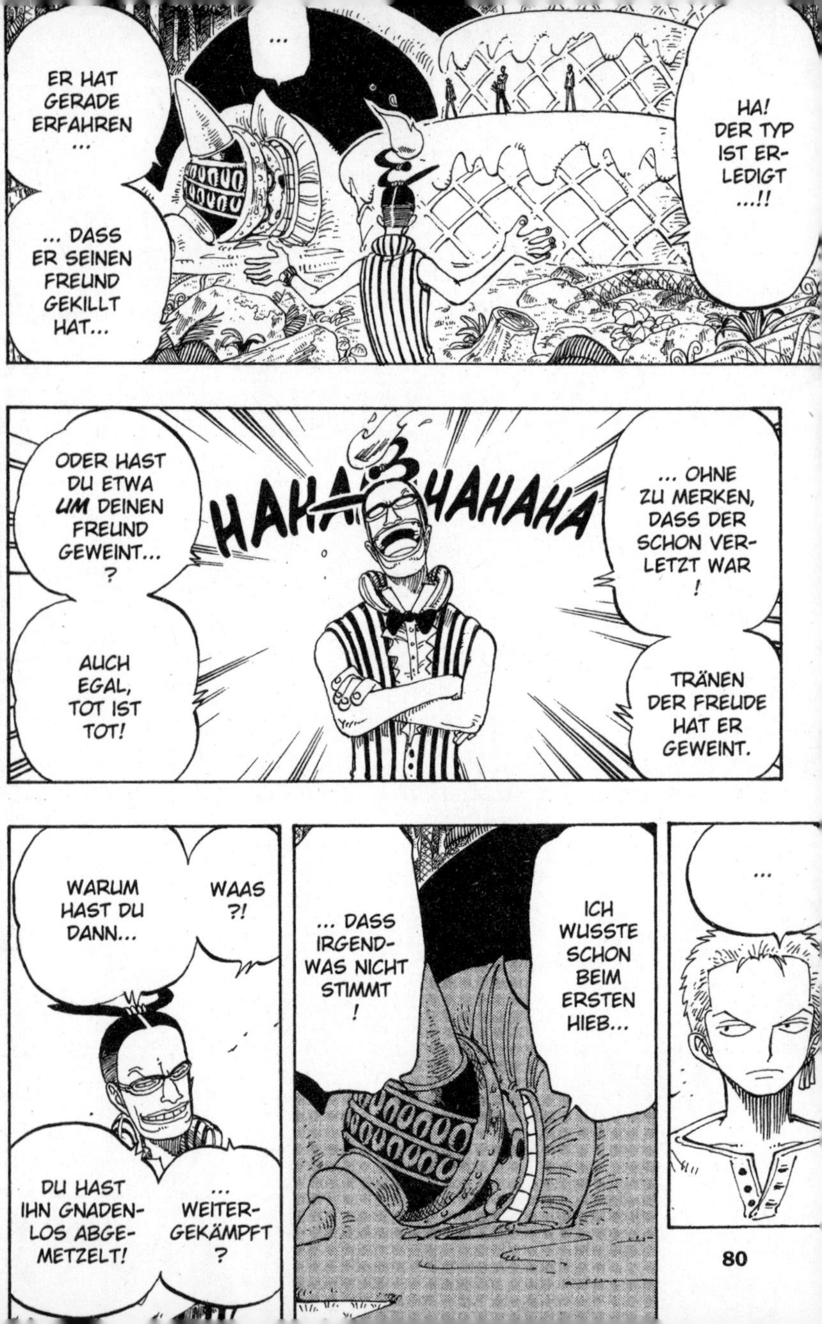
HA! DER TYP IST ERLEDIGT ...!!
...
ER HAT GERADE ERFAHREN ...
... DASS ER SEINEN FREUND GEKILLT HAT...
... OHNE ZU MERKEN, DASS DER SCHON VERLETZT WAR!
TRÄNEN DER FREUDE HAT ER GEWEINT.
HAHAHAHAHAHA
ODER HAST DU ETWA *UM* DEINEN FREUND GEWEINT...?
AUCH EGAL, TOT IST TOT!
...
ICH WUSSTE SCHON BEIM ERSTEN HIEB...
... DASS IRGENDWAS NICHT STIMMT!
WAAS?!
WARUM HAST DU DANN...
... WEITERGEKÄMPFT?
DU HAST IHN GNADENLOS ABGEMETZELT!

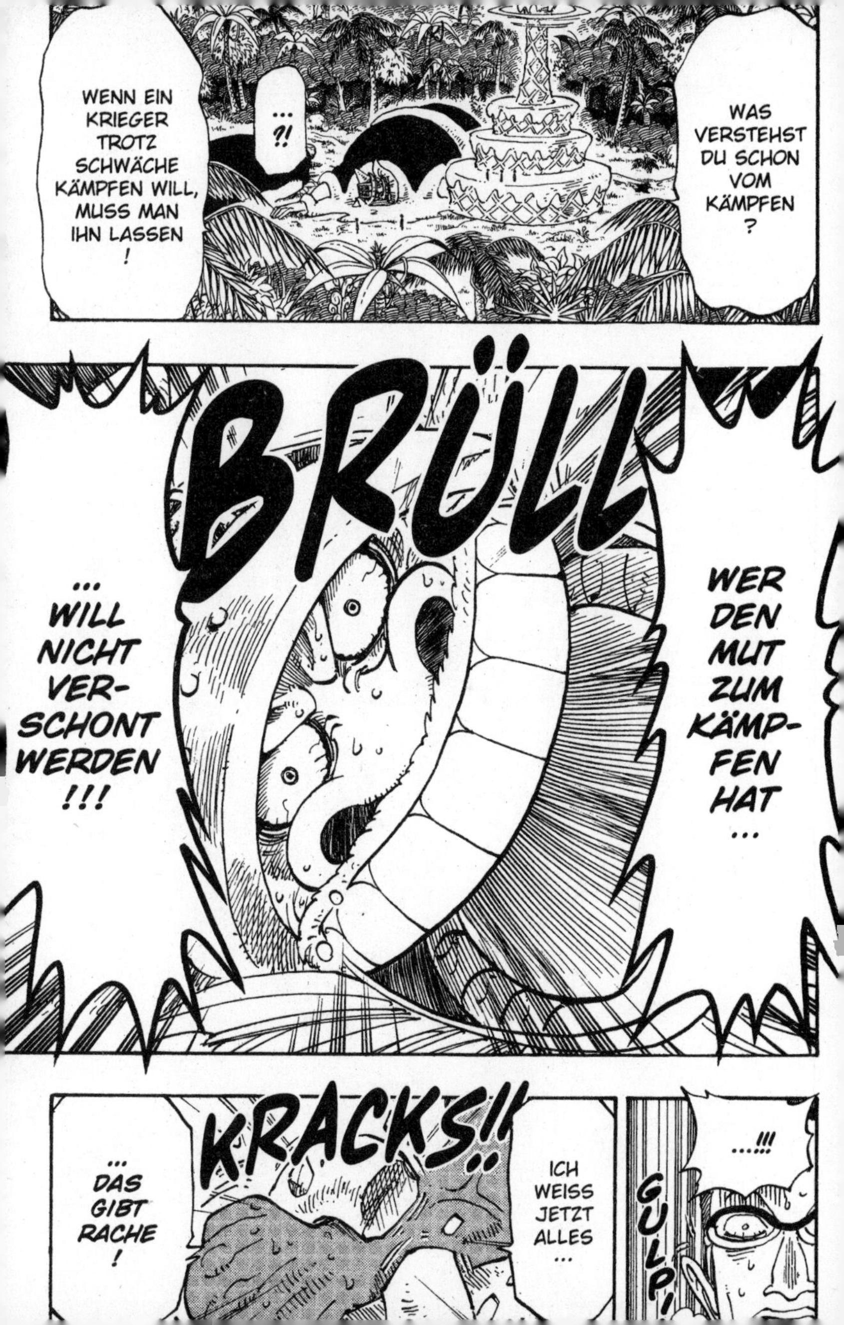
WAS VERSTEHST DU SCHON VOM KÄMPFEN?
...?!
WENN EIN KRIEGER TROTZ SCHWÄCHE KÄMPFEN WILL, MUSS MAN IHN LASSEN!
BRÜLL
WER DEN MUT ZUM KÄMPFEN HAT ...
... WILL NICHT VERSCHONT WERDEN!!!
...!!!
GULP!
ICH WEISS JETZT ALLES ...
KRACKS!!
... DAS GIBT RACHE!

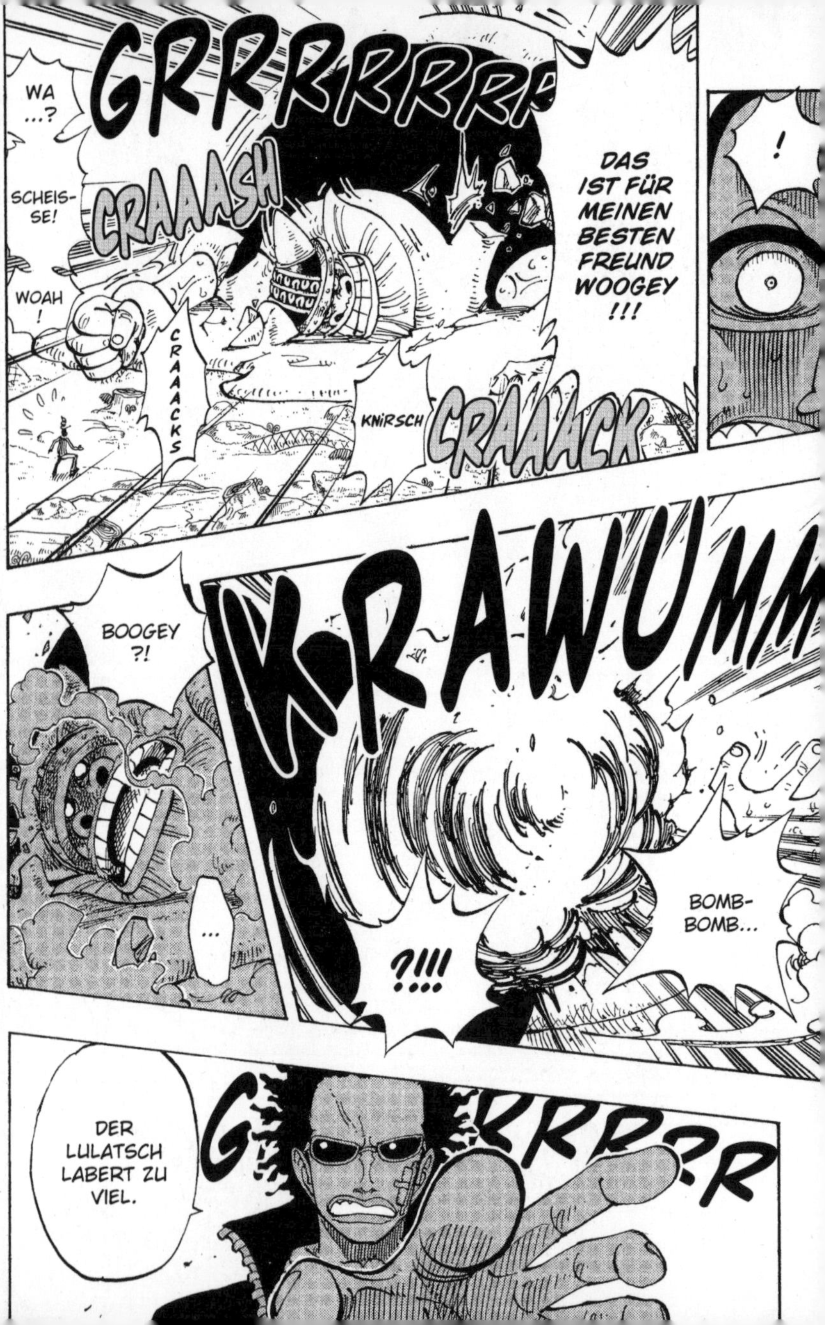
!
GRRRRRRR
DAS IST FÜR MEINEN BESTEN FREUND WOOGEY!!!
CRAAASH
WA ...?
SCHEISSE!
WOAH!
CRAAACKS
KNIRSCH
CRAAACK
KRAWUMM
BOMB-BOMB...
?!!!
BOOGEY ?!
...
GRRRRRR
DER LULATSCH LABERT ZU VIEL.

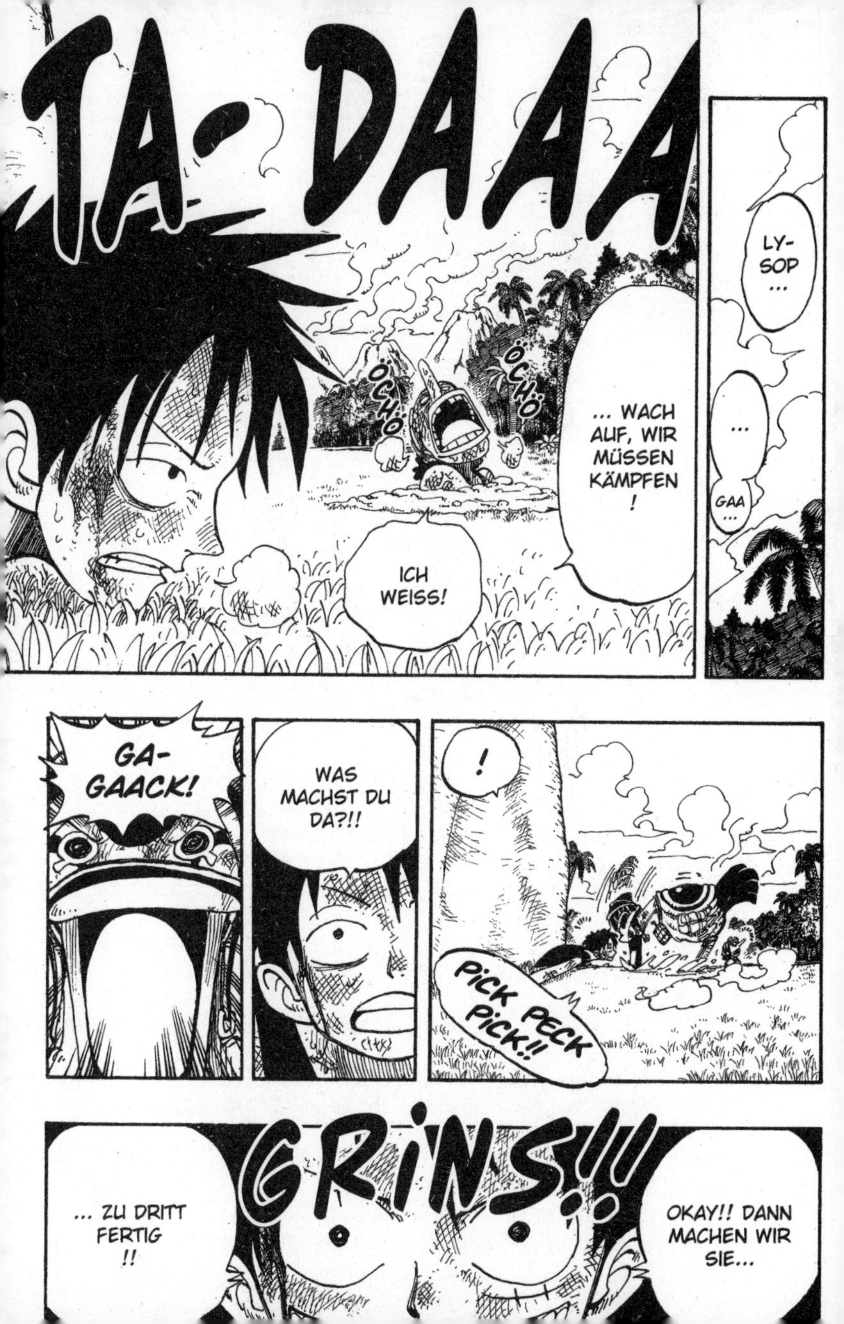
LY-SOP ...
...
GAA ...
TA-DAAA
ÖCHÖ
ÖCHÖ
... WACH AUF, WIR MÜSSEN KÄMPFEN !
ICH WEISS!
!
PICK PECK PICK!!
WAS MACHST DU DA?!!
GA-GAACK!
OKAY!! DANN MACHEN WIR SIE...
GRINS!!!
... ZU DRITT FERTIG !!

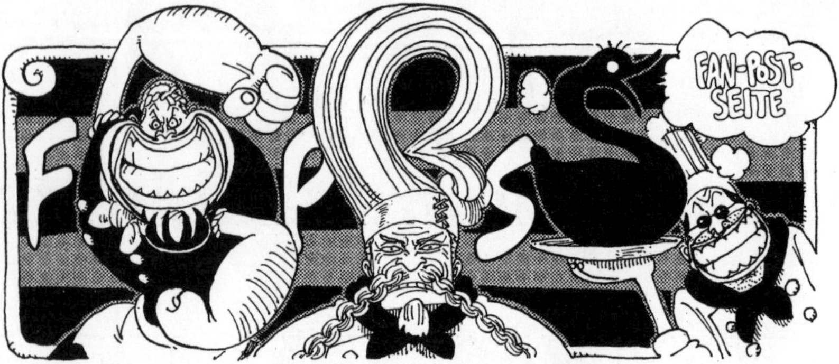

L: HALLO! ICH HEISSE SAYAKA! IN BAND 11, SEITE 77, 4. PANEL GANZ RECHTS, IST EIN BETRUNKENER ZU SEHEN! WARUM? WAS HAT DER DA ZU SUCHEN?

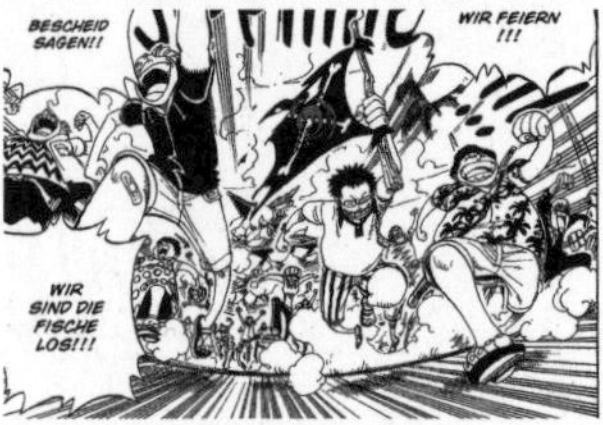

DAS IST DIE SZENE...

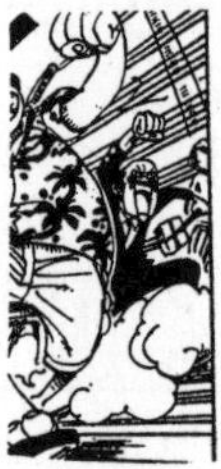

... DER DA?

O: DU HAST JA ADLERAUGEN. KOMPLIMENT! ALSO, DAS WAR SO: DER TYP HEISST SAM UND WAR BETRUNKEN. ER HAT SICH EINSAM GEFÜHLT, WEIL SEINE ÄLTESTE TOCHTER GERADE GEHEIRATET HAT. TJA, UND ALS ER NACH DEM ERSTEN HEFTIGEN RAUSCH WIEDER ZU SICH KAM, FAND ER SICH IM ARLONG-PARK WIEDER. DA WAR 'NE MENGE LOS, TOTALE PARTY ANGESAGT. UND WEIL UNSER GUTER SAM SICH NICHT LUMPEN LÄSST, HAT ER EINFACH MITGEMISCHT. SO IST SAM NUN MAL.

L: WAS GENAU IST SCHINKEN MIT MELONE, DAS RUFFY IN BAND 12 UNBEDINGT ESSEN WILL?

O: DAS IST EINE ITALIENISCHE VORSPEISE. EINE LECKERE KOMBINATION AUS EINER DÜNNEN SCHEIBE SCHINKEN UND EINEM STÜCK GALIA-MELONE.

L: WO KANN MAN FISCH-KARATE LERNEN?

O: AUF DER FISCHMENSCHEN-INSEL. SIE LIEGT AUF HALBEM WEG ZUR GRAND LINE. DIE KOMMT NOCH. HAB GEDULD.

122. Kapitel:
Wachsfigurenkabinett

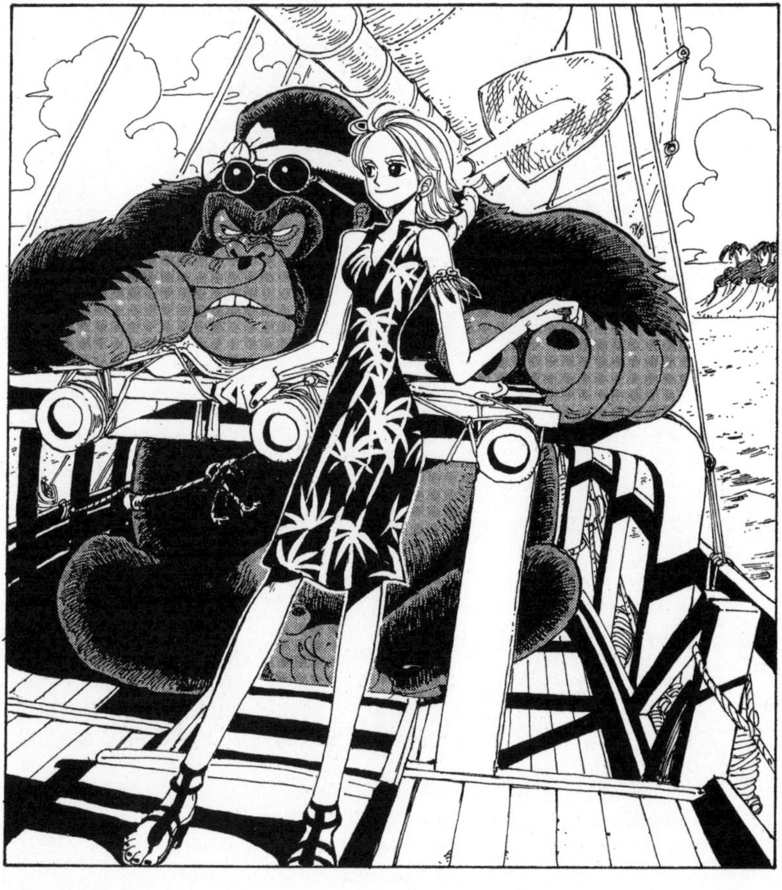

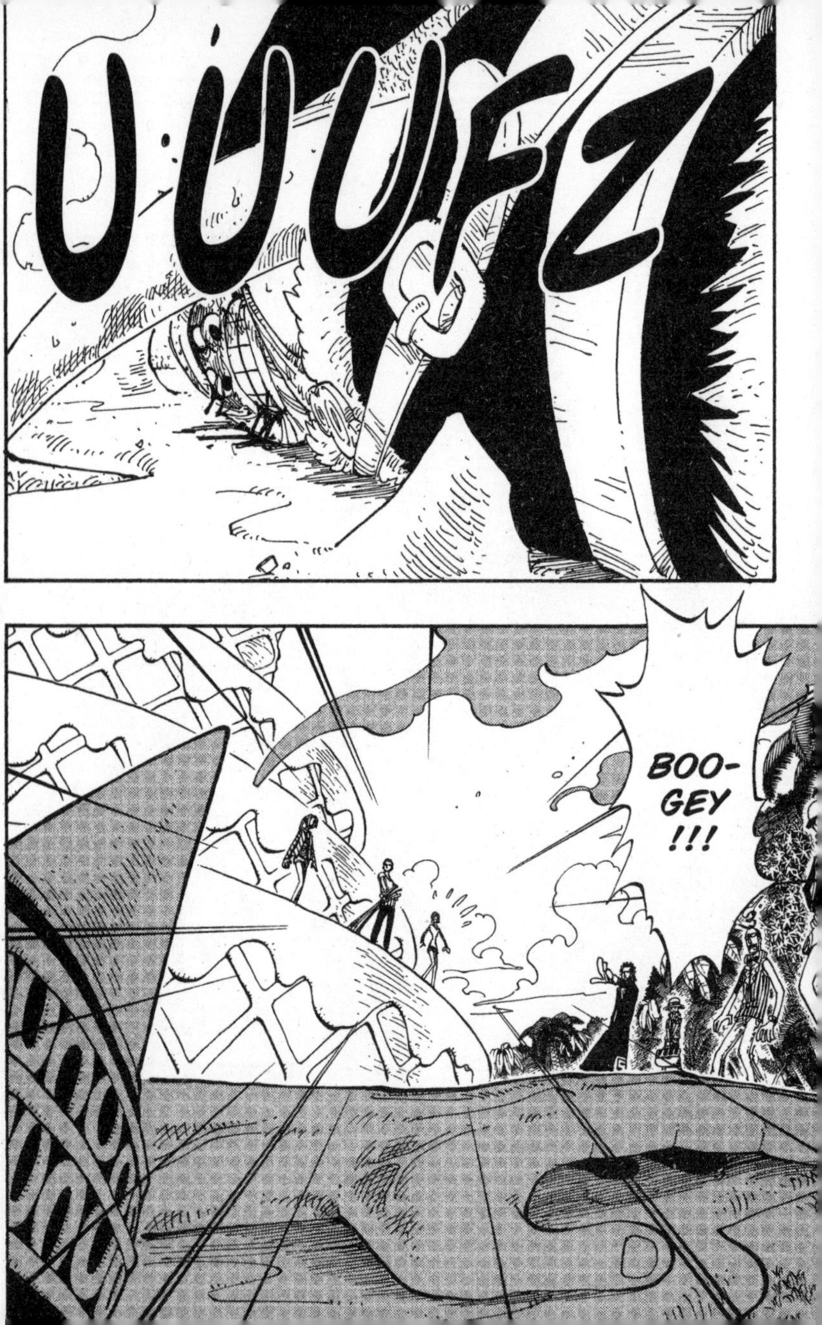
BOO-
GEY
!!!

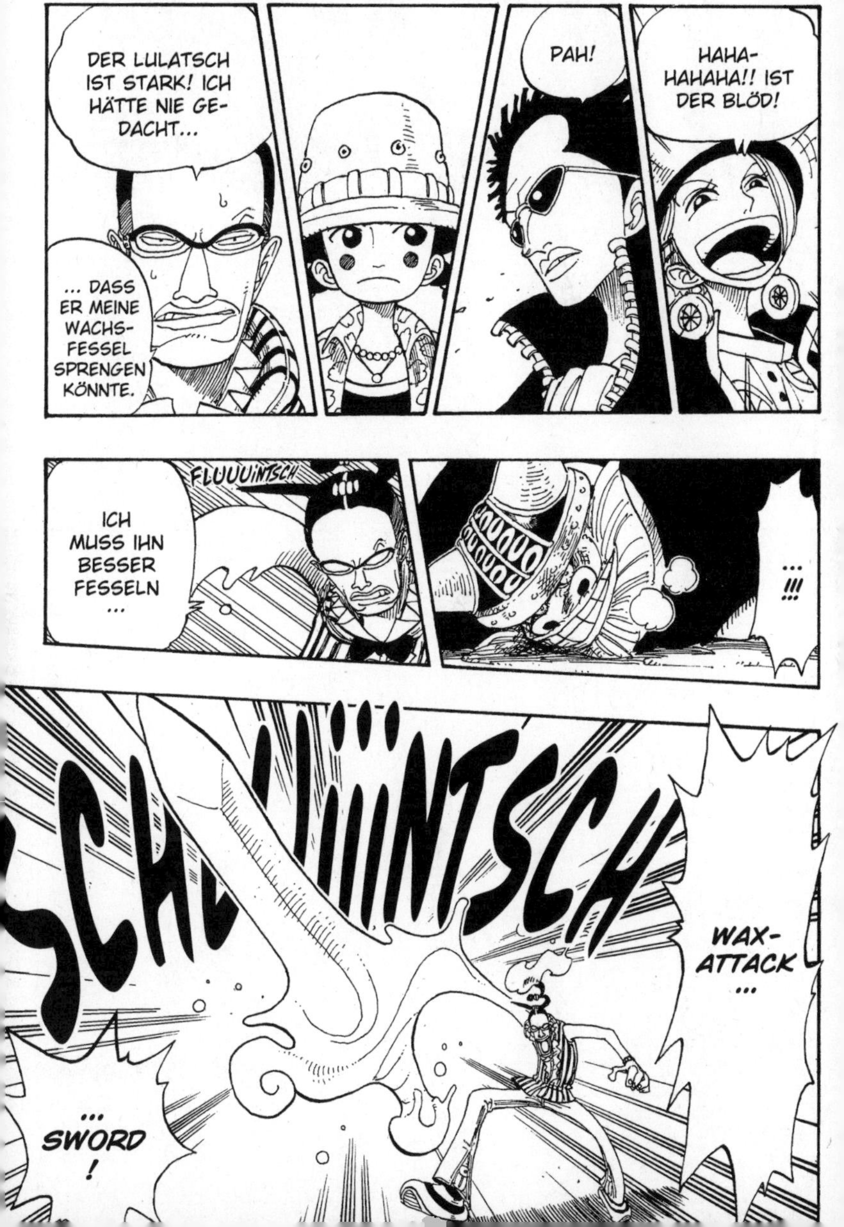
HAHA-HAHAHA!! IST DER BLÖD!
PAH!
DER LULATSCH IST STARK! ICH HÄTTE NIE GE-DACHT...
... DASS ER MEINE WACHS-FESSEL SPRENGEN KÖNNTE.
...!!!
FLUUUINTSCH
ICH MUSS IHN BESSER FESSELN ...
WAX-ATTACK ...
... SWORD !

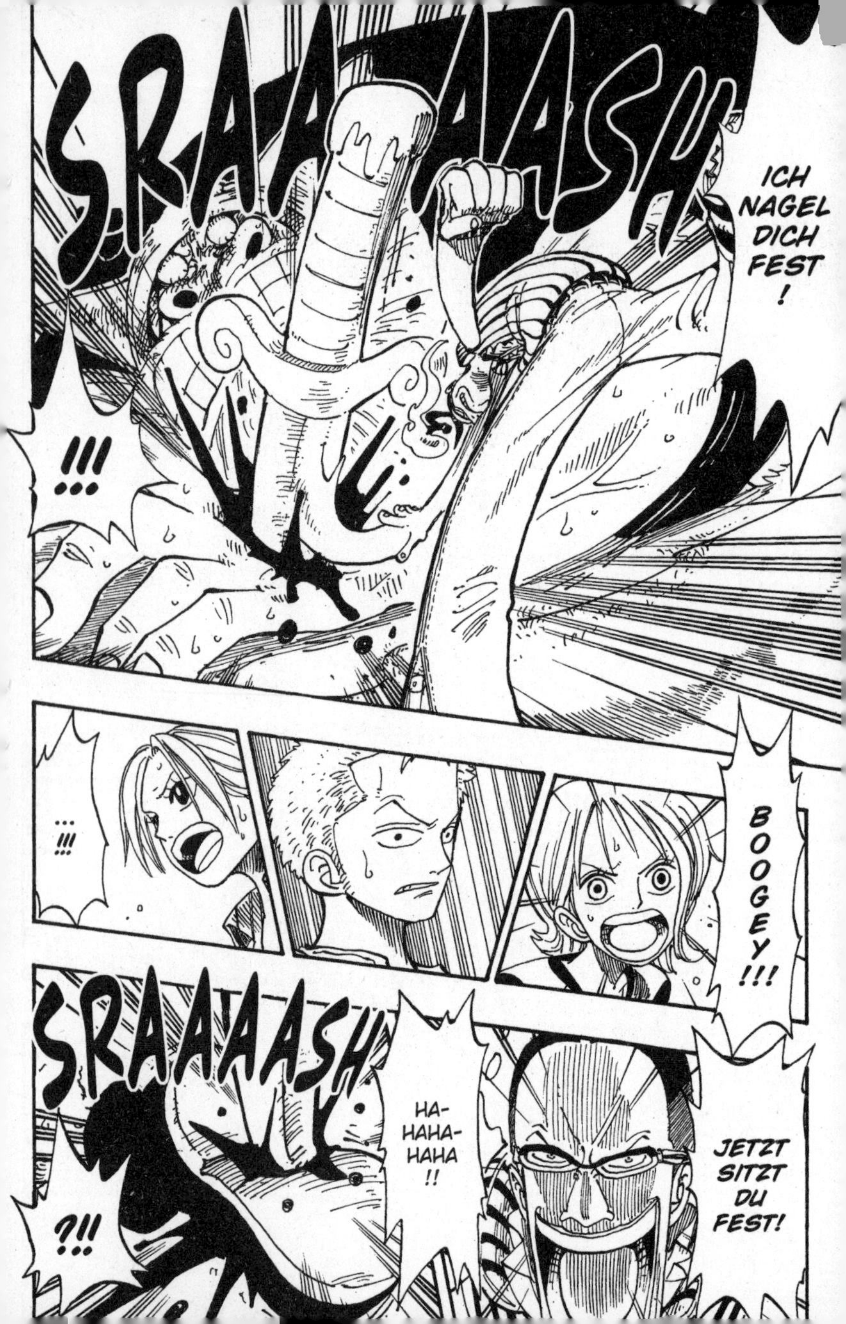
SRAAAAASH
ICH NAGEL DICH FEST!
!!!...
...!!!
BOOGEY!!!
SRAAAASH
HA-HAHA-HAHA!!
JETZT SITZT DU FEST!
?!!...

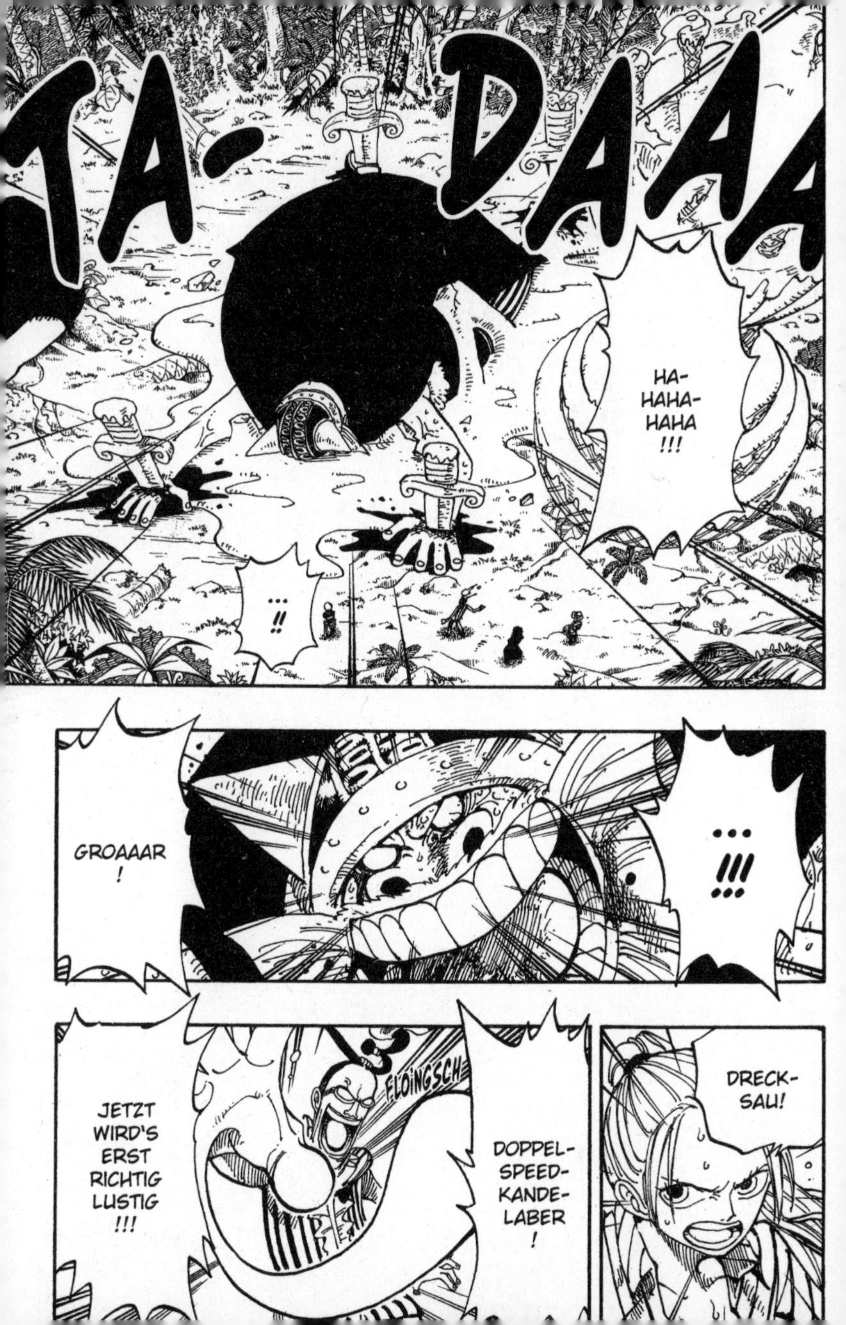
TA-DAAA
HA-HAHA-HAHA!!!
...!!
...!!!...
GROAAAR!
DRECK-SAU!
DOPPEL-SPEED-KANDE-LABER!
FLOINGSCH
JETZT WIRD'S ERST RICHTIG LUSTIG!!!

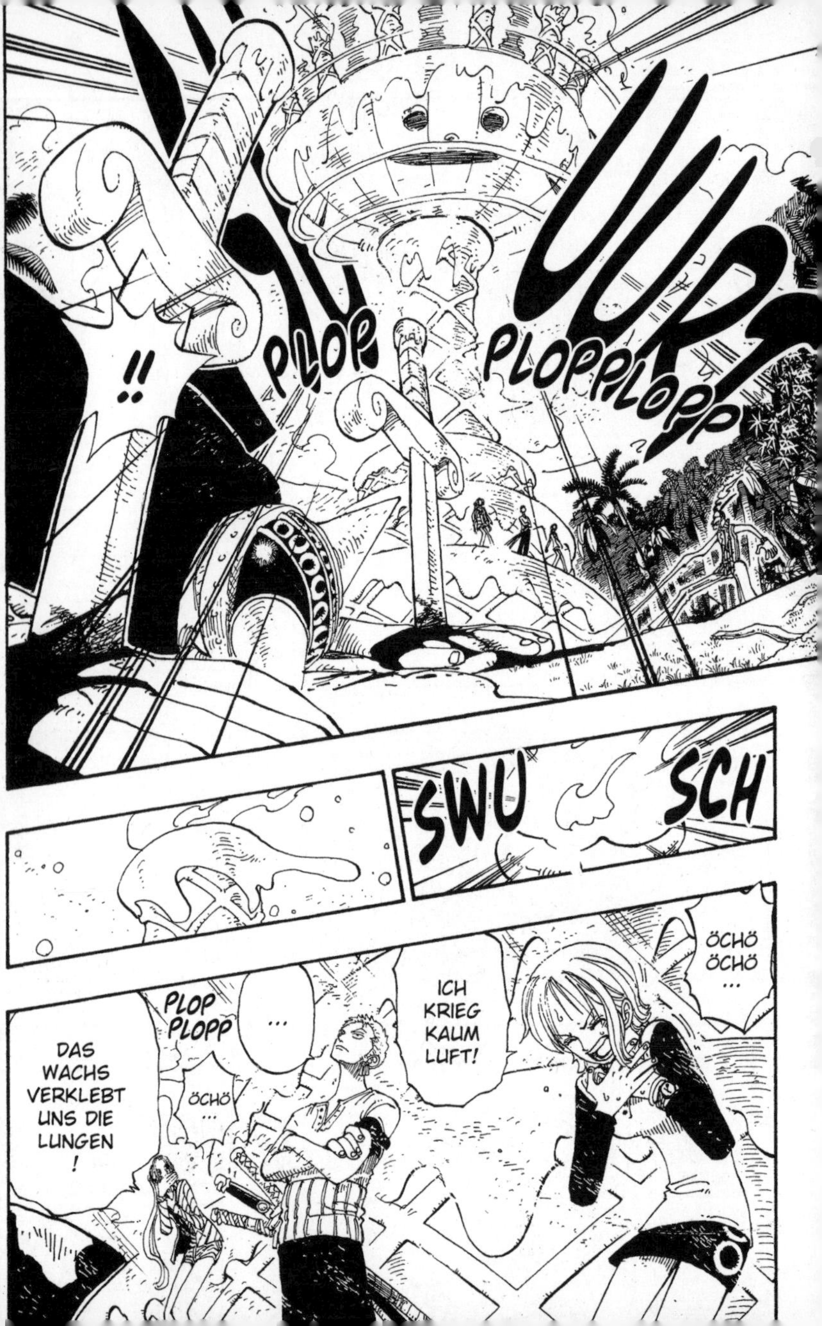

PLOPPLOPP
PLOP
!!
SWU SCH
ÖCHÖ ÖCHÖ ...
ICH KRIEG KAUM LUFT!
...
PLOP PLOPP
ÖCHÖ ...
DAS WACHS VERKLEBT UNS DIE LUNGEN!

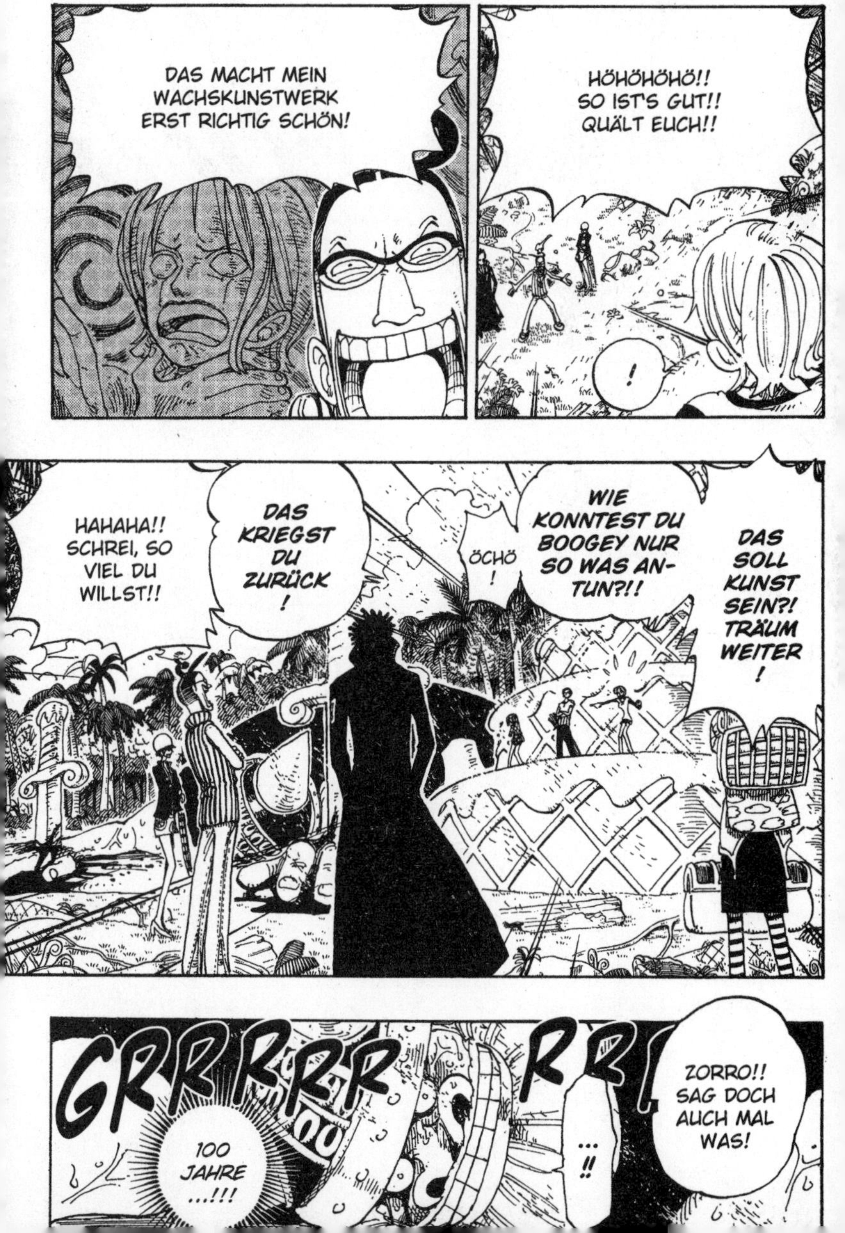
HÖHÖHÖHÖ!!
SO IST'S GUT!!
QUÄLT EUCH!!
!
DAS MACHT MEIN WACHSKUNSTWERK ERST RICHTIG SCHÖN!
DAS SOLL KUNST SEIN?! TRÄUM WEITER!
WIE KONNTEST DU BOOGEY NUR SO WAS ANTUN?!!
ÖCHÖ!
DAS KRIEGST DU ZURÜCK!
HAHAHA!! SCHREI, SO VIEL DU WILLST!!
ZORRO!! SAG DOCH AUCH MAL WAS!
RRR
...!!
GRRRRRR
100 JAHRE ...!!!

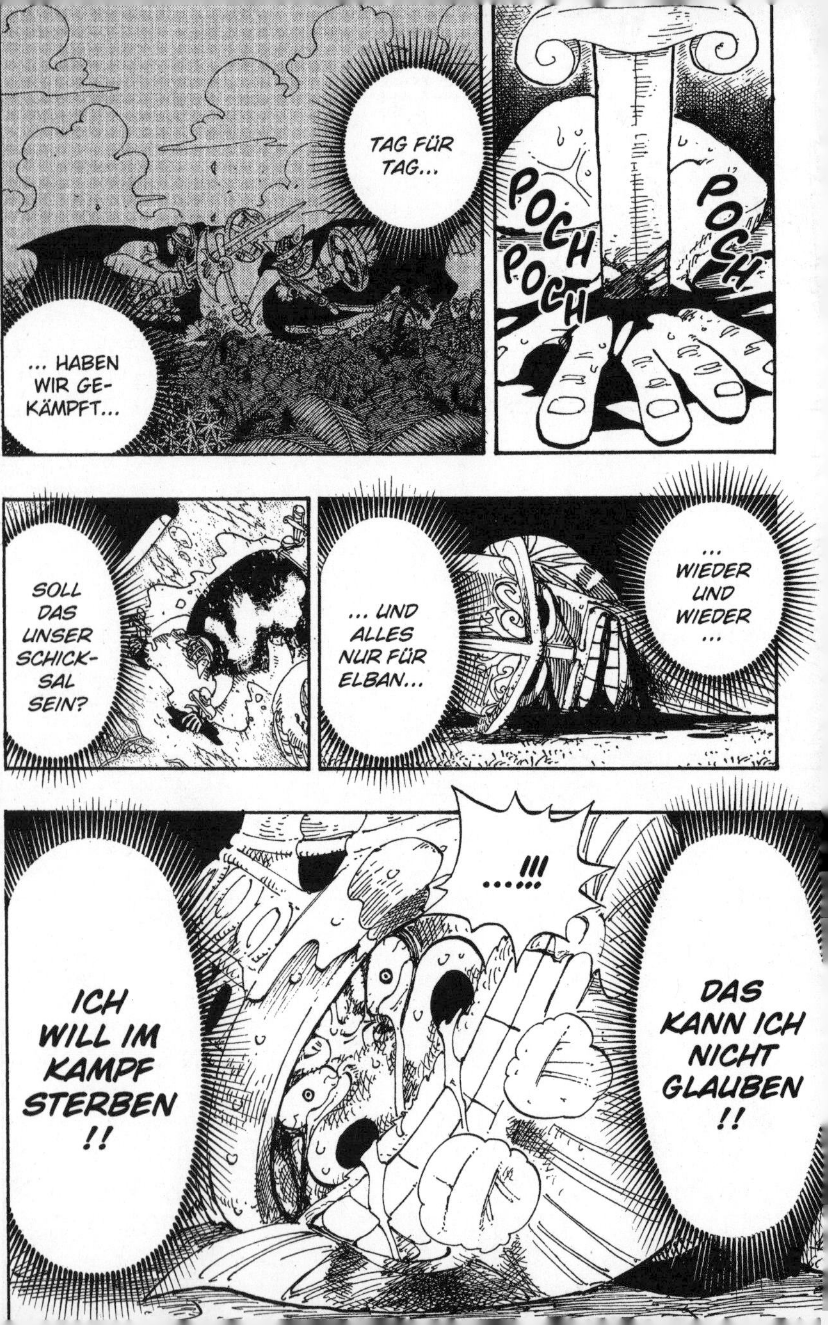
POCH POCH POCH POCH
TAG FÜR TAG...
... HABEN WIR GE-KÄMPFT...
... WIEDER UND WIEDER ...
... UND ALLES NUR FÜR ELBAN...
SOLL DAS UNSER SCHICK-SAL SEIN?
DAS KANN ICH NICHT GLAUBEN !!
...!!!
ICH WILL IM KAMPF STERBEN !!

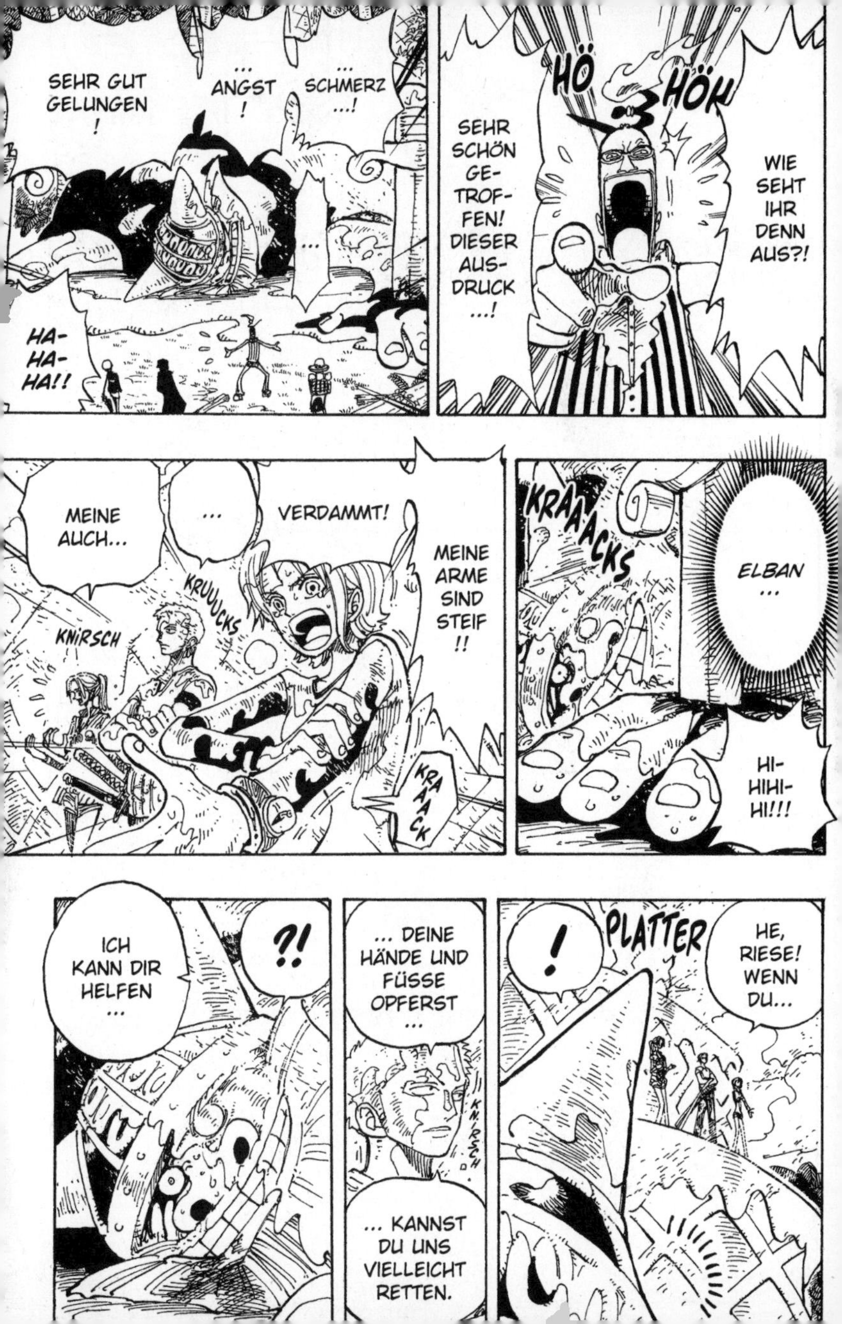
HÖ HÖK
WIE SEHT IHR DENN AUS?!
SEHR SCHÖN GETROFFEN! DIESER AUSDRUCK ...!
... SCHMERZ ...!
... ANGST !
SEHR GUT GELUNGEN !
...
HAHAHA!!
KRAAAACKS
ELBAN ...
HIHIHI!!!
VERDAMMT!
MEINE ARME SIND STEIF !!
...
MEINE AUCH...
KRUUUCKS
KNIRSCH
KRAAACK
PLATTER
HE, RIESE! WENN DU...
!
... DEINE HÄNDE UND FÜSSE OPFERST ...
KNIRSCH
... KANNST DU UNS VIELLEICHT RETTEN.
?!
ICH KANN DIR HELFEN ...

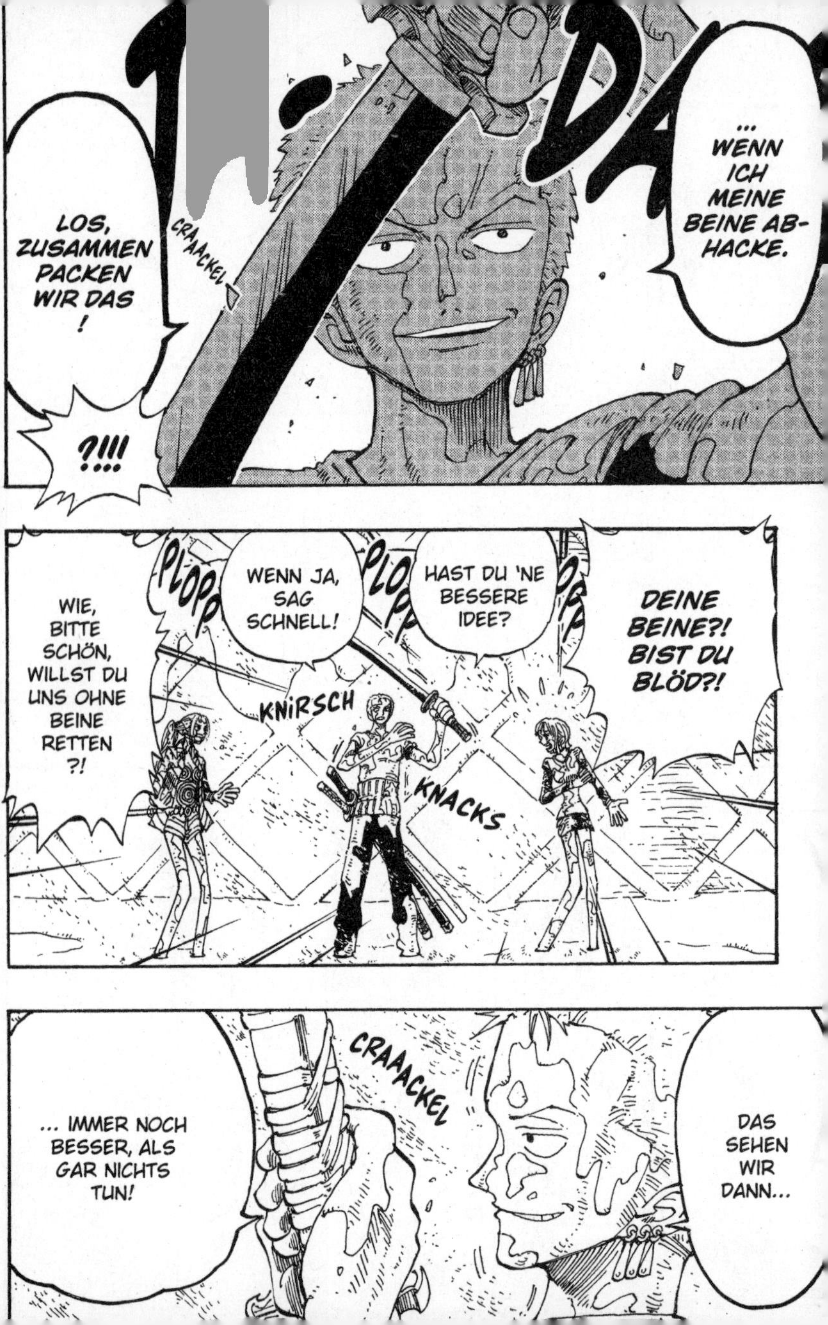
... WENN ICH MEINE BEINE AB-HACKE.
CRAACKEL
LOS, ZUSAMMEN PACKEN WIR DAS!
?!!!
DEINE BEINE?! BIST DU BLÖD?!
HAST DU 'NE BESSERE IDEE?
WENN JA, SAG SCHNELL!
WIE, BITTE SCHÖN, WILLST DU UNS OHNE BEINE RETTEN?!
PLOPP
PLOPP
KNIRSCH
KNACKS
DAS SEHEN WIR DANN...
CRAAACKEL
... IMMER NOCH BESSER, ALS GAR NICHTS TUN!

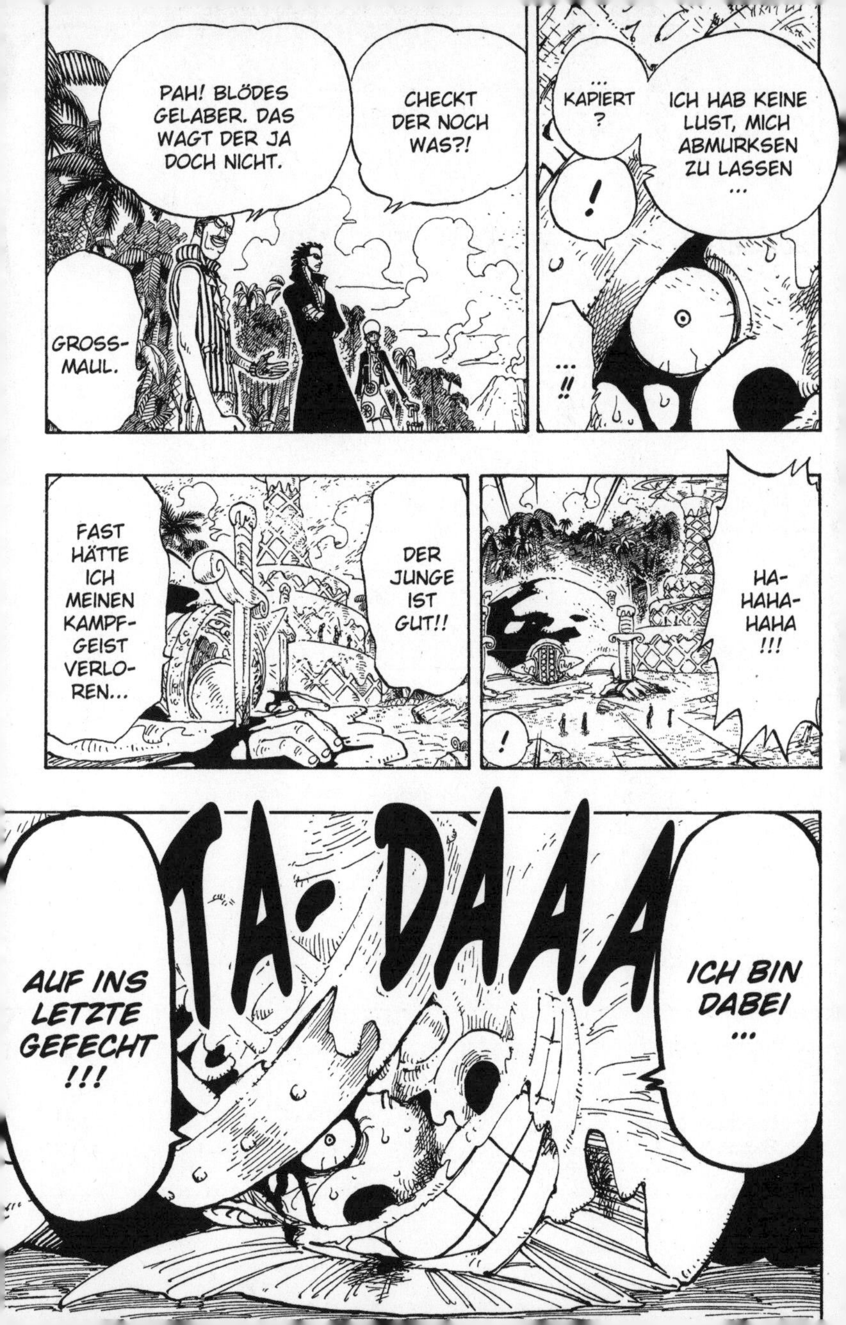
GROSS-MAUL.
PAH! BLÖDES GELABER. DAS WAGT DER JA DOCH NICHT.
CHECKT DER NOCH WAS?!
!
...!!
... KAPIERT?
ICH HAB KEINE LUST, MICH ABMURKSEN ZU LASSEN ...
FAST HÄTTE ICH MEINEN KAMPF-GEIST VERLO-REN...
DER JUNGE IST GUT!!
!
HA-HAHA-HAHA!!!
TA-DAAA
AUF INS LETZTE GEFECHT!!!
ICH BIN DABEI ...

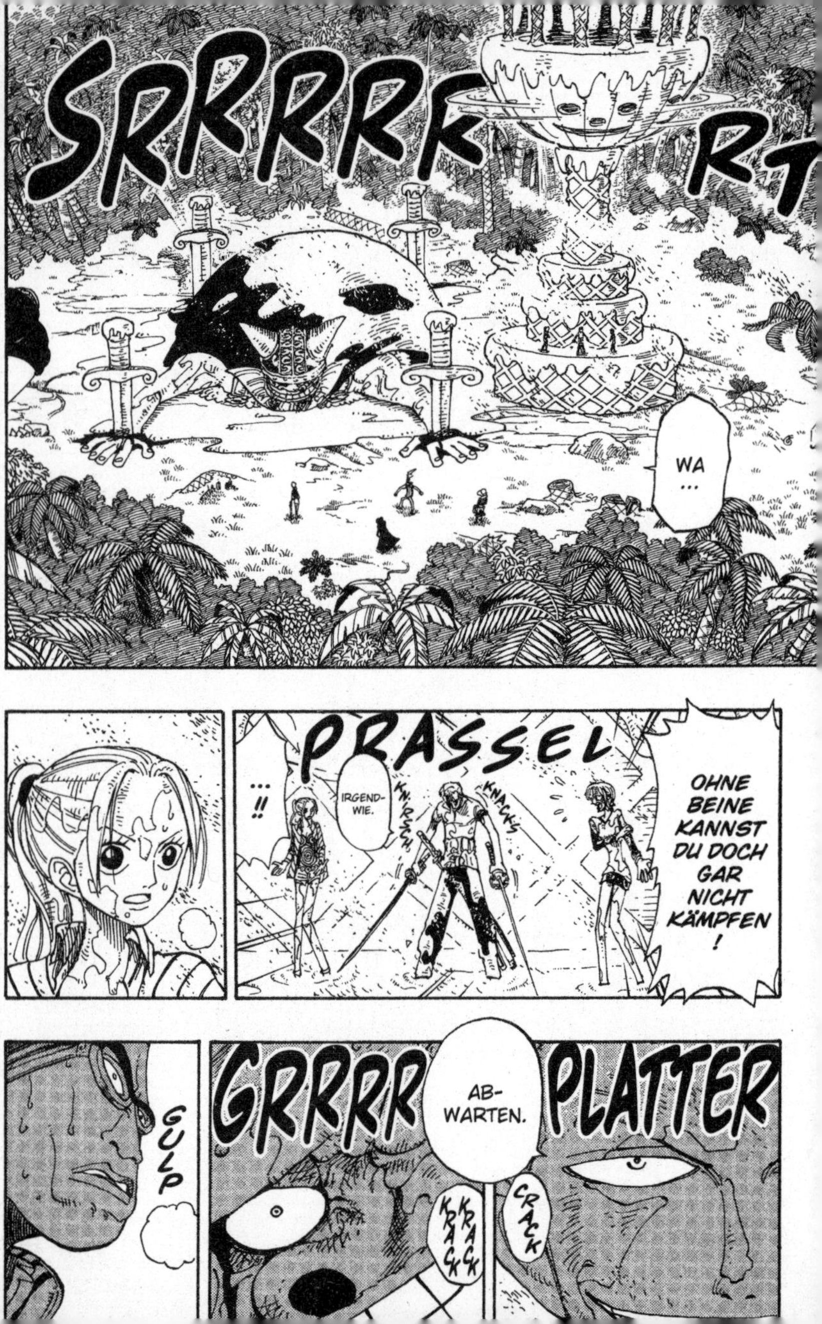

SRRRRK RT
WA ...
PRASSEL
OHNE BEINE KANNST DU DOCH GAR NICHT KÄMPFEN!
KNACKS
IRGENDWIE.
KNIRSCH
... !!
PLATTER
GRRRR
AB-WARTEN.
CRACK
KRACK KRACK
GULP

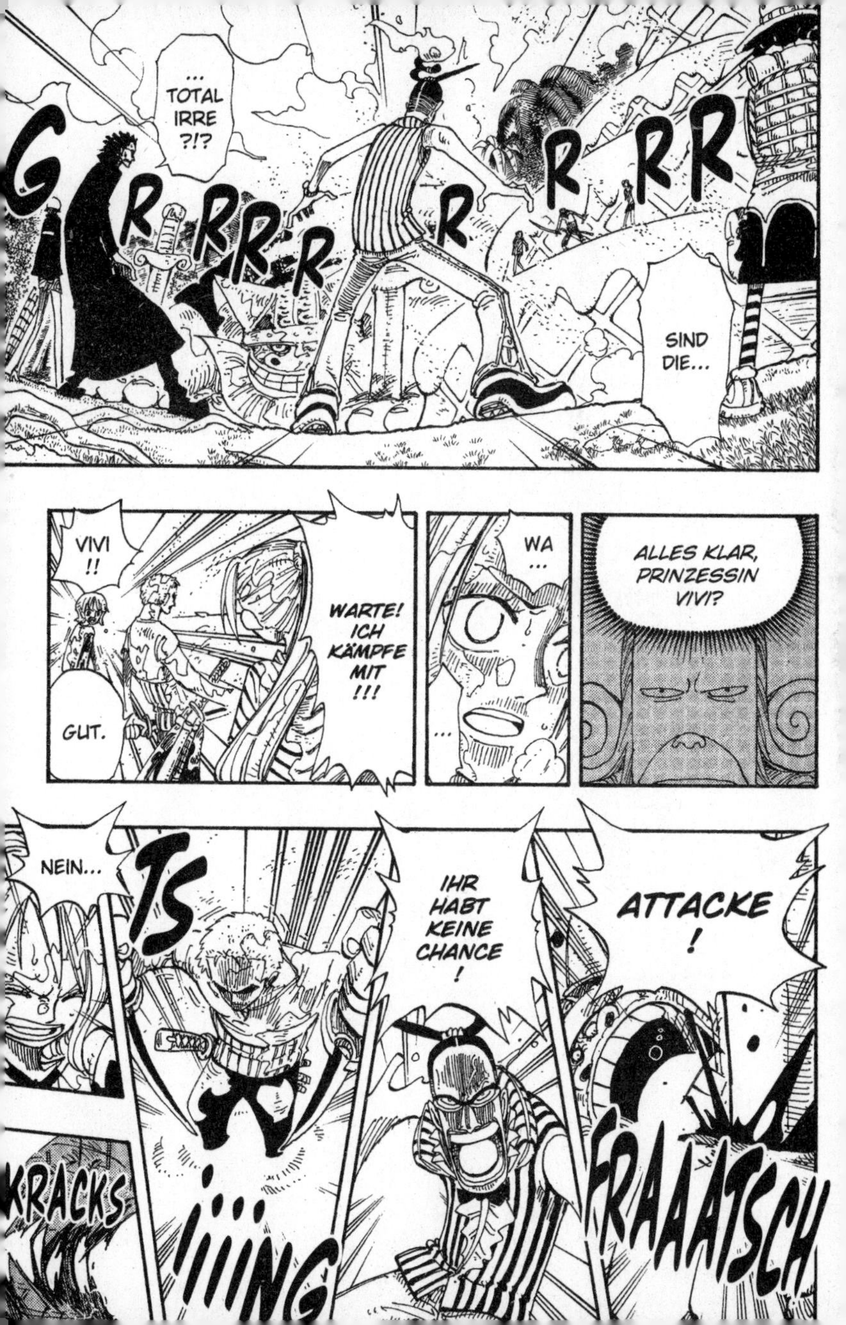
SIND DIE...
... TOTAL IRRE ?!?
GRRRRRRRRRRR
ALLES KLAR, PRINZESSIN VIVI?
WA ... ...
WARTE! ICH KÄMPFE MIT !!!
VIVI !!
GUT.
ATTACKE !
IHR HABT KEINE CHANCE !
TS
NEIN...
FRAAATSCH
IIIING
KRACKS

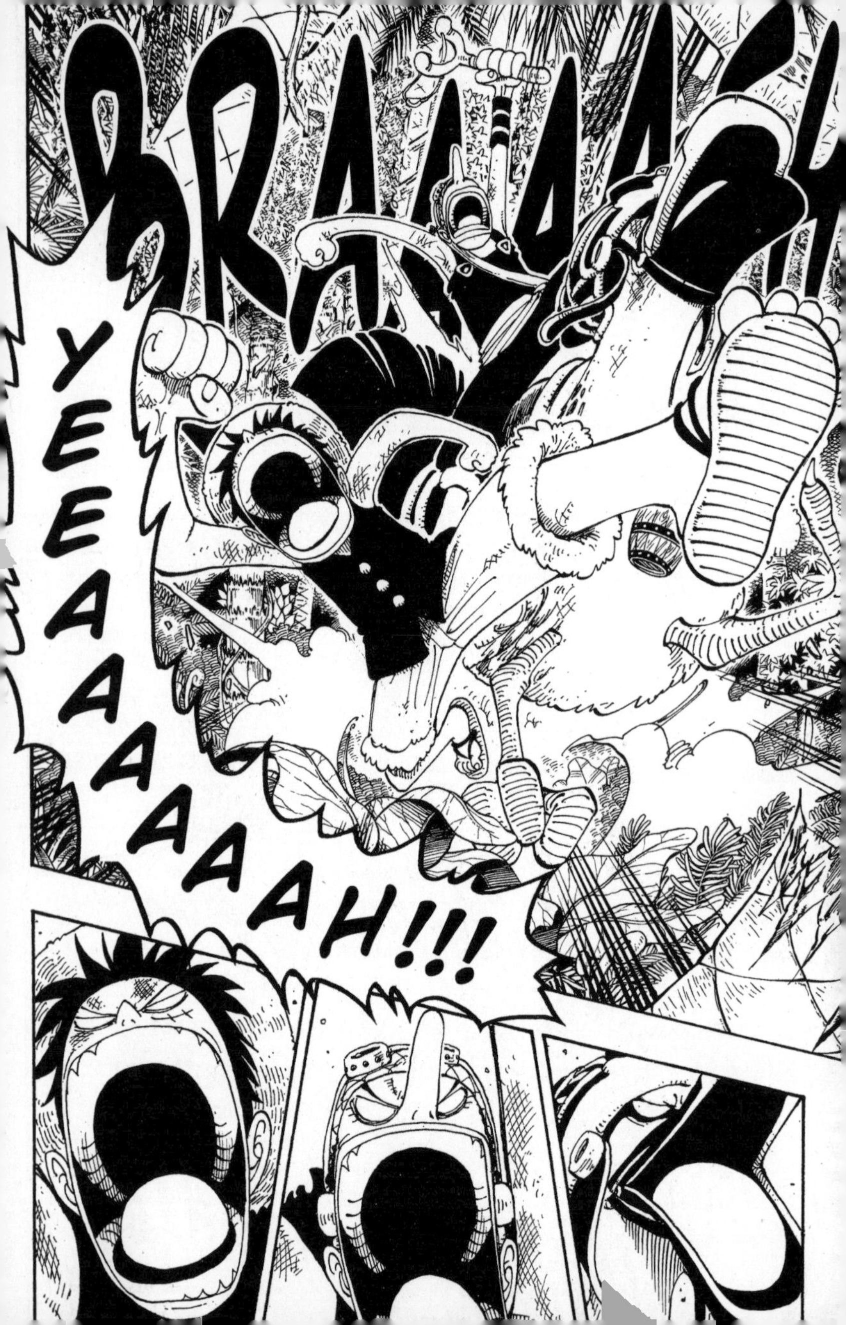
YEEAAAAAAH!!!

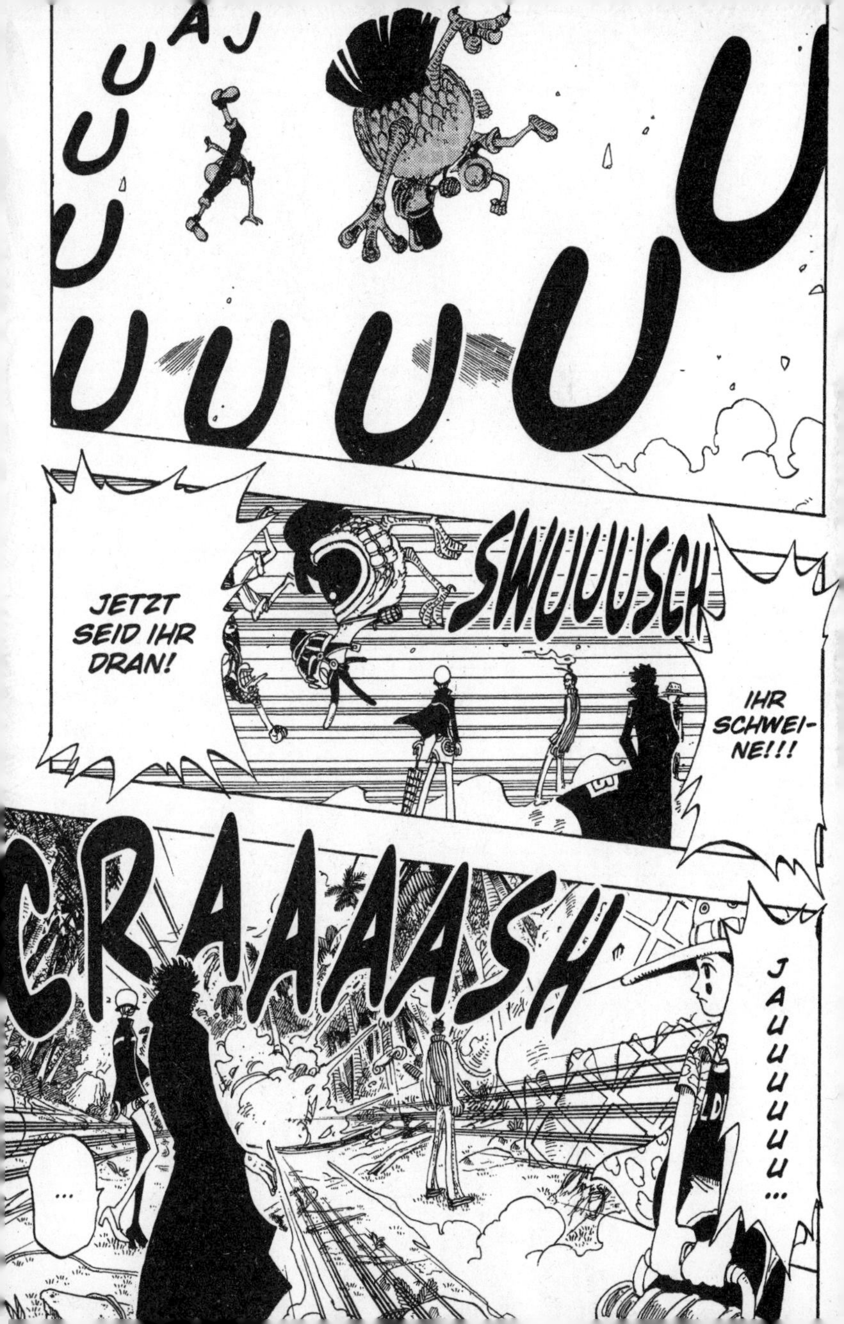
JUAUUUUUUUU
SWUUUSCH
JETZT SEID IHR DRAN!
IHR SCHWEI-NE!!!
CRAAAASH
JAUUUUUU..
...

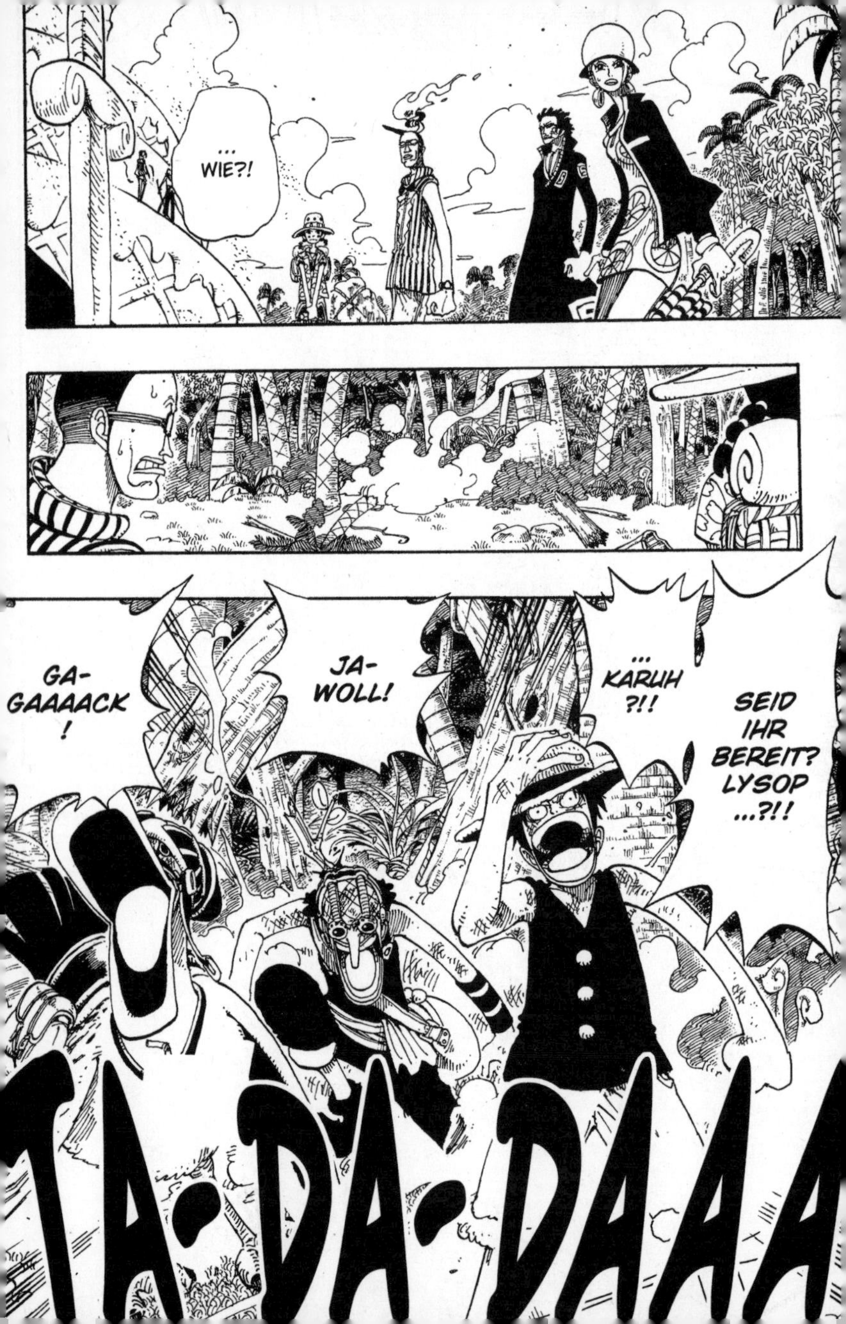
... WIE?!
SEID IHR BEREIT? LYSOP ...?!!
... KARUH ?!!
JA-WOLL!
GA-GAAAACK !
TA-DA-DAAA

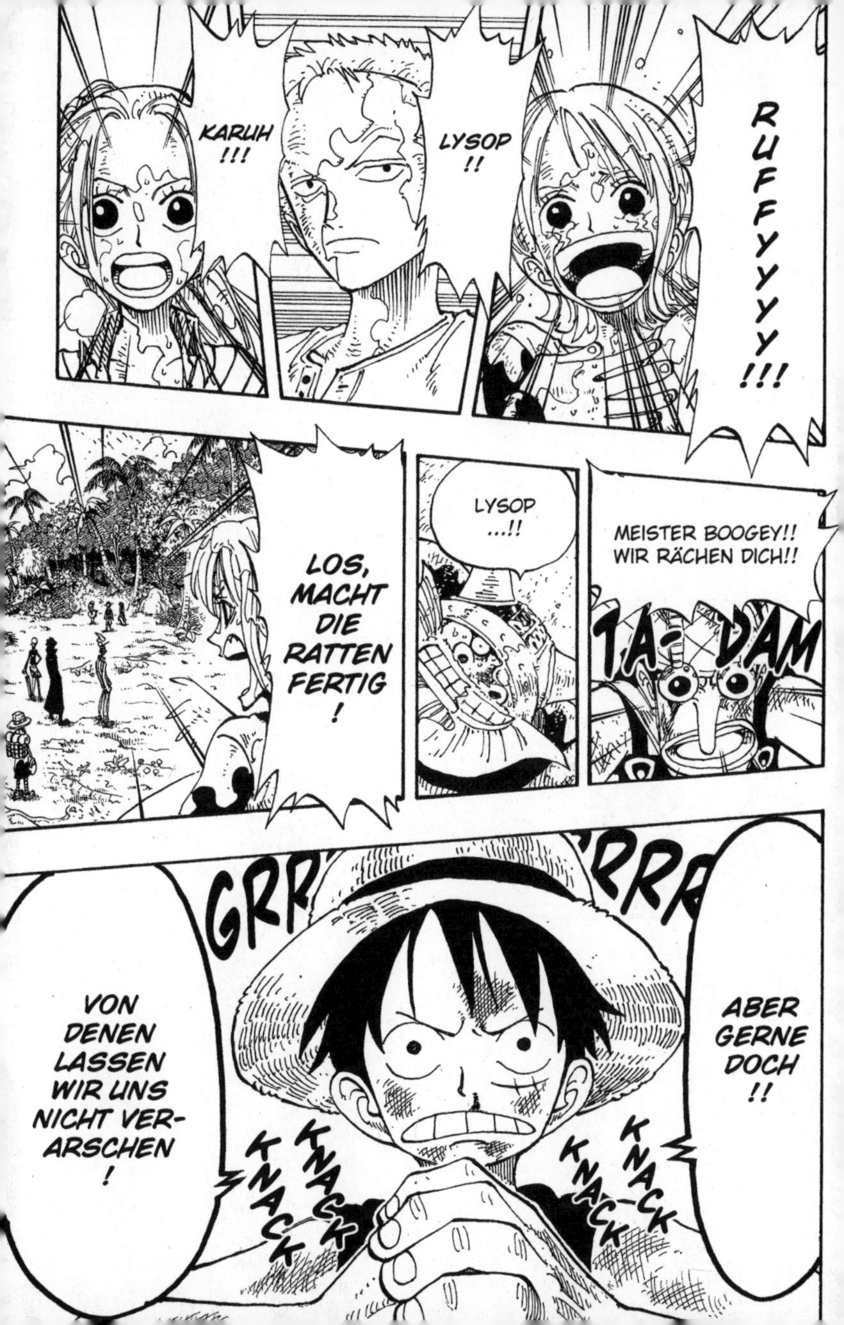
RUFFYYYY!!!
LYSOP !!
KARUH !!!
MEISTER BOOGEY!! WIR RÄCHEN DICH!!
TA-DAM
LYSOP ...!!
LOS, MACHT DIE RATTEN FERTIG!
GRRRRR
ABER GERNE DOCH!!
KNACK KNACK
VON DENEN LASSEN WIR UNS NICHT VER-ARSCHEN!
KNACK KNACK

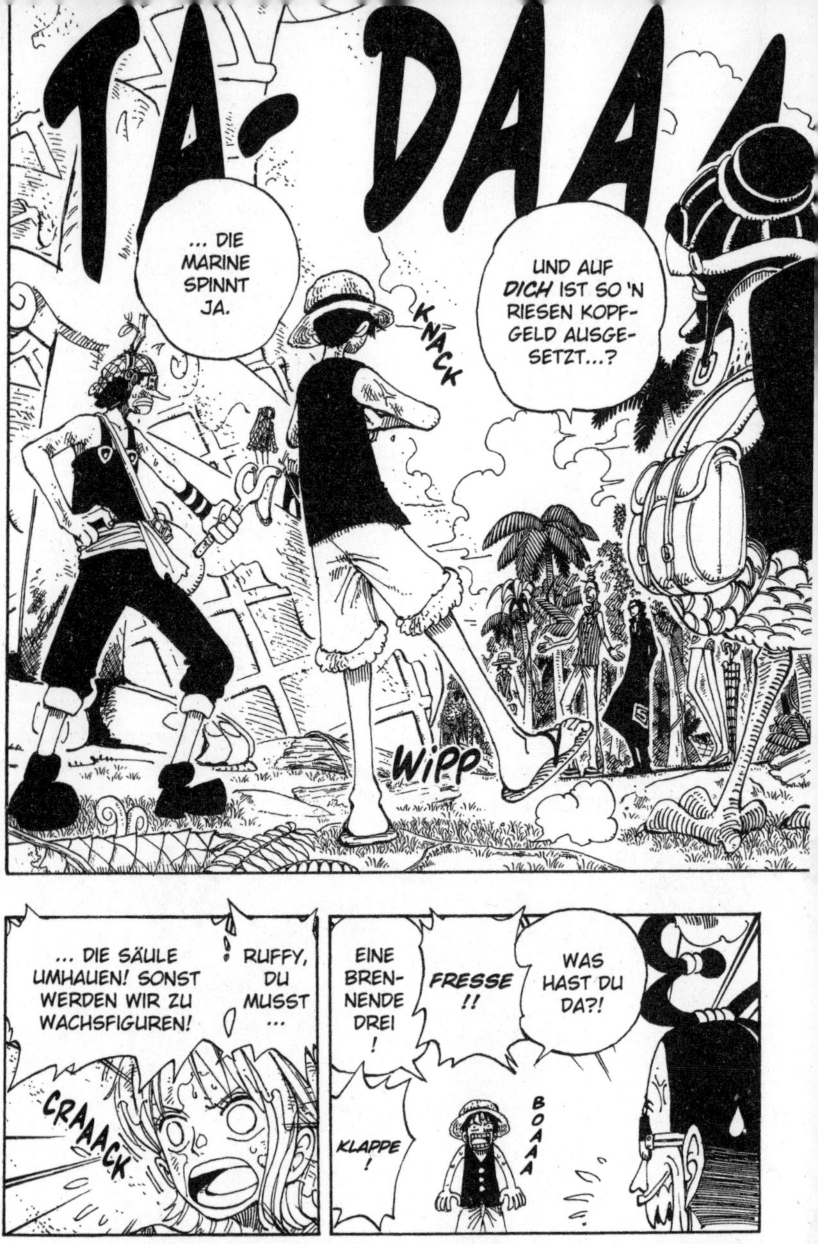
TA-DAAA
... DIE MARINE SPINNT JA.
KNACK
UND AUF DICH IST SO 'N RIESEN KOPFGELD AUSGESETZT...?
WIPP
RUFFY, DU MUSST ...
... DIE SÄULE UMHAUEN! SONST WERDEN WIR ZU WACHSFIGUREN!
CRAAACK
WAS HAST DU DA?!
FRESSE !!
EINE BRENNENDE DREI !
KLAPPE !
BOAAA

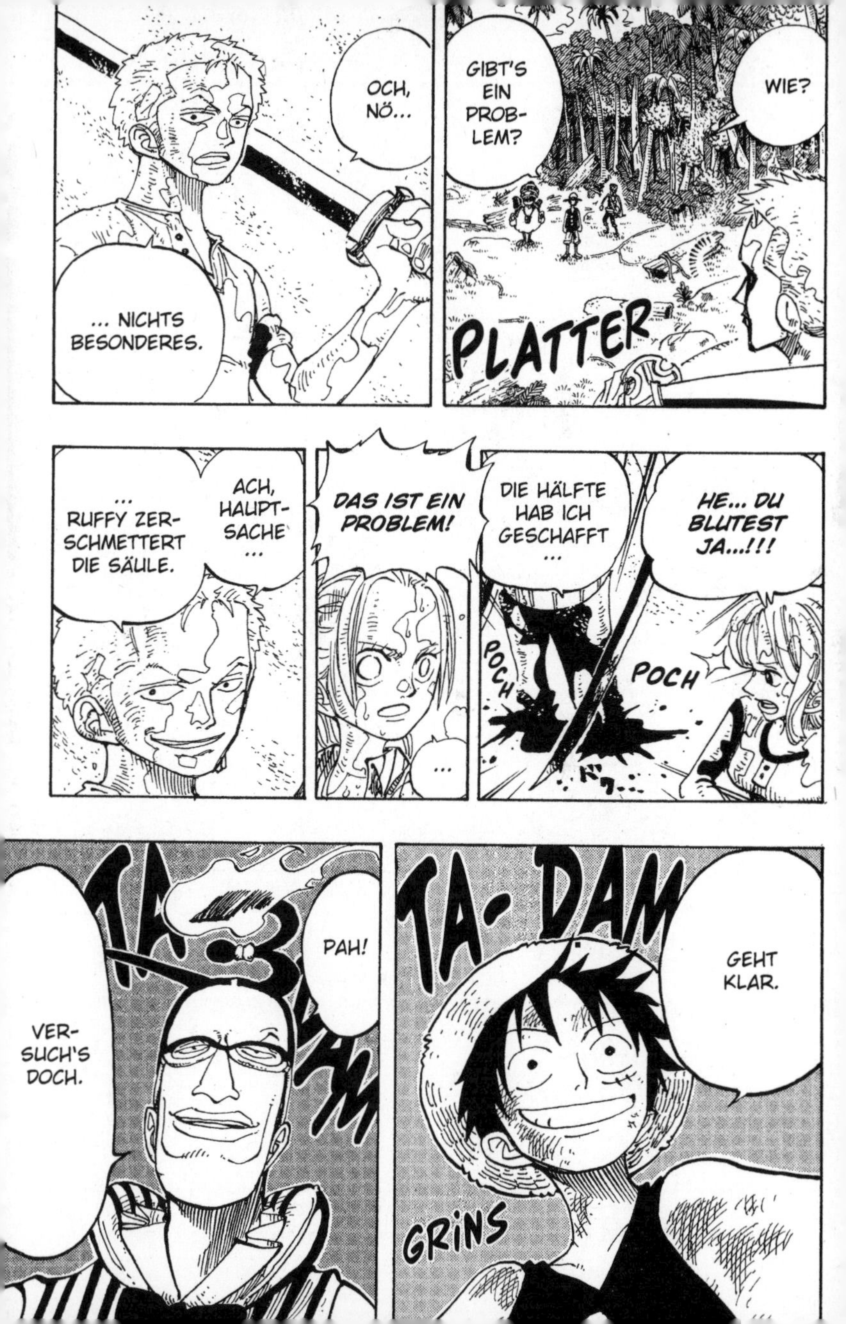
WIE?
GIBT'S EIN PROBLEM?
PLATTER
OCH, NÖ...
... NICHTS BESONDERES.
HE... DU BLUTEST JA...!!!
DIE HÄLFTE HAB ICH GESCHAFFT ...
POCH
POCH
DAS IST EIN PROBLEM!
...
ACH, HAUPTSACHE ...
... RUFFY ZERSCHMETTERT DIE SÄULE.
TA-DAM
GEHT KLAR.
GRINS
PAH!
VERSUCH'S DOCH.

Layoutskizze Nr. 15

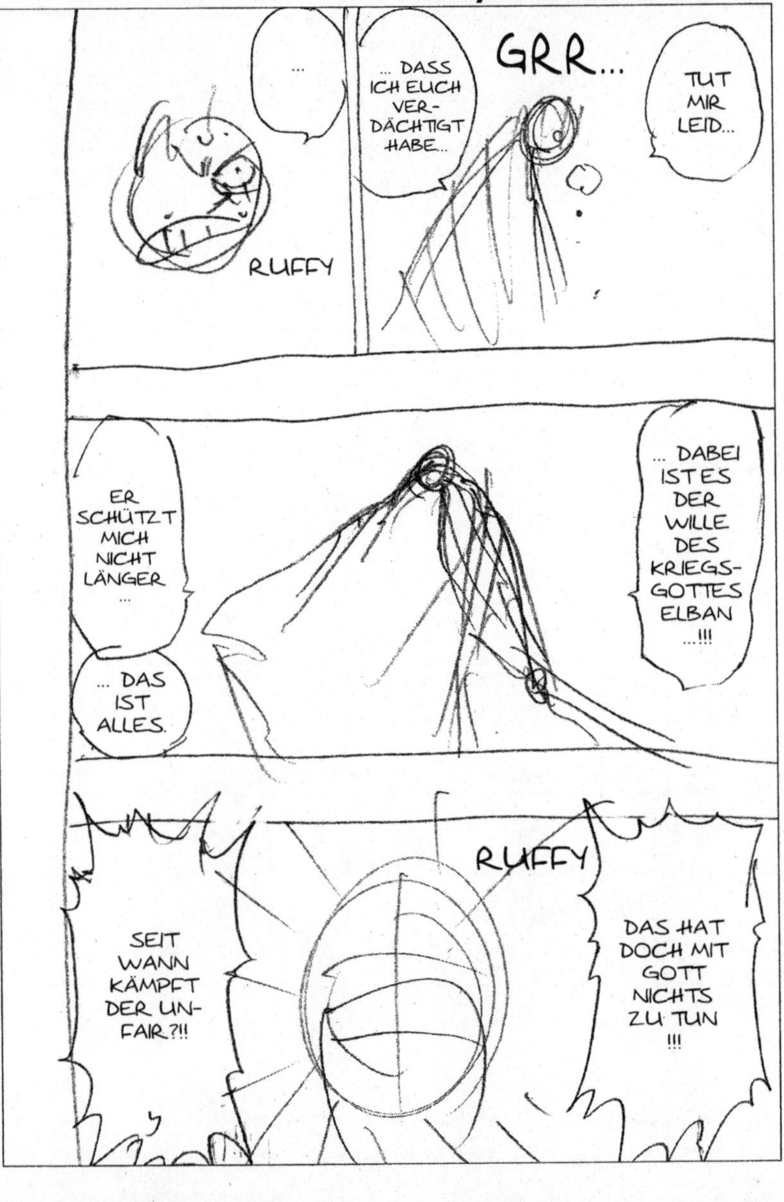

123. Kapitel:
Ruffy versus Mr. 3

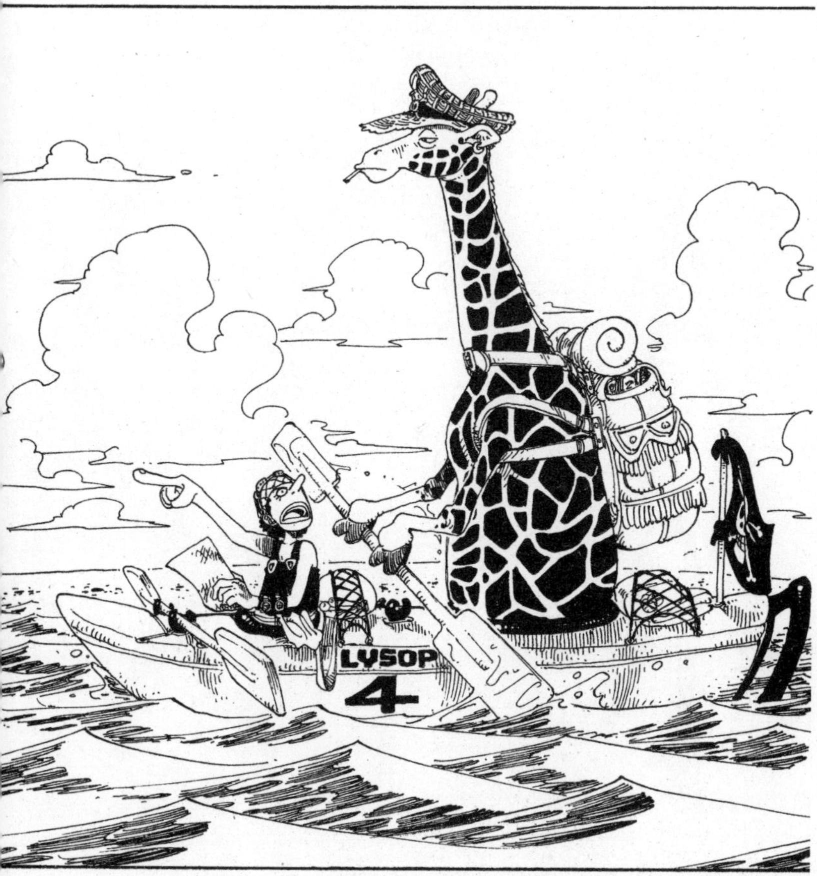

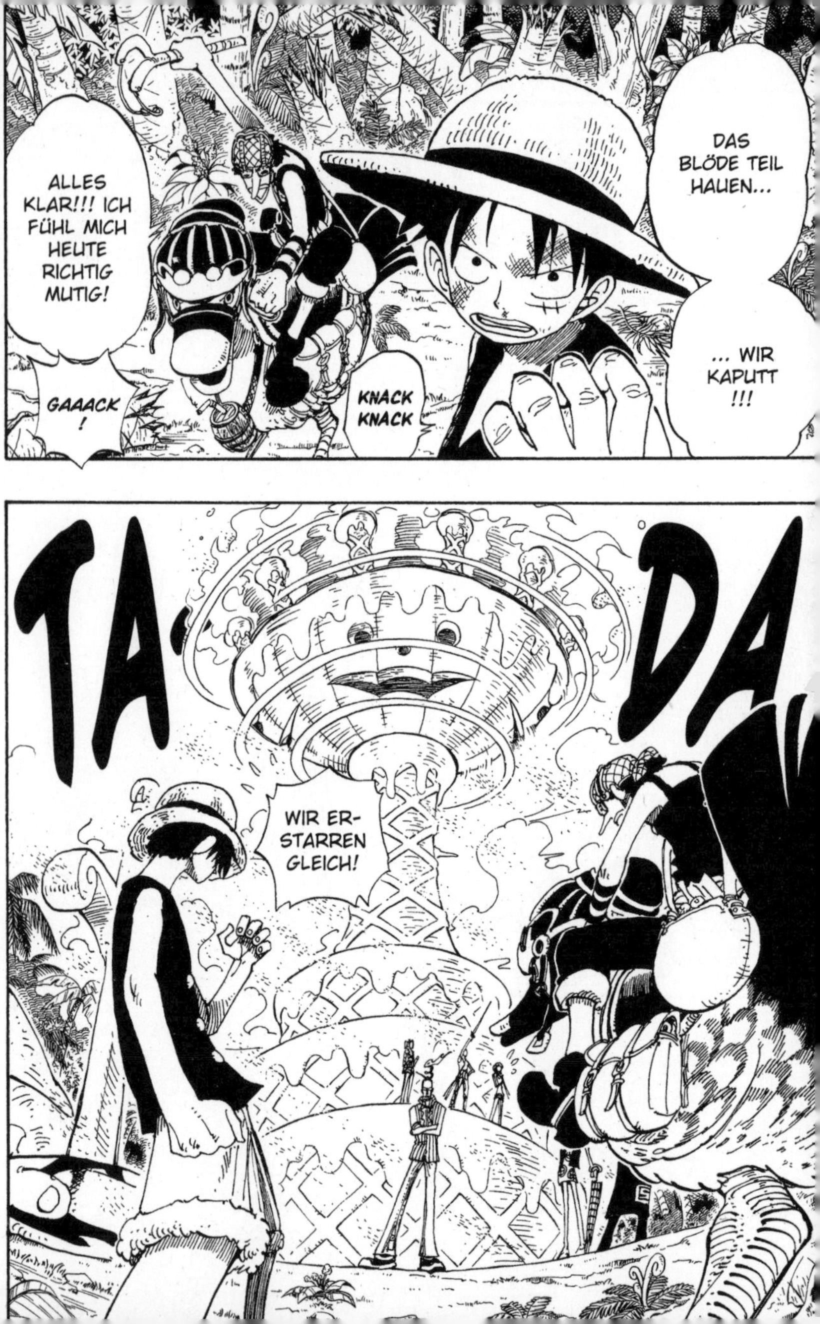
DAS BLÖDE TEIL HAUEN...
... WIR KAPUTT !!!
KNACK KNACK
ALLES KLAR!!! ICH FÜHL MICH HEUTE RICHTIG MUTIG!
GAAACK!
TA-DA
WIR ER-STARREN GLEICH!

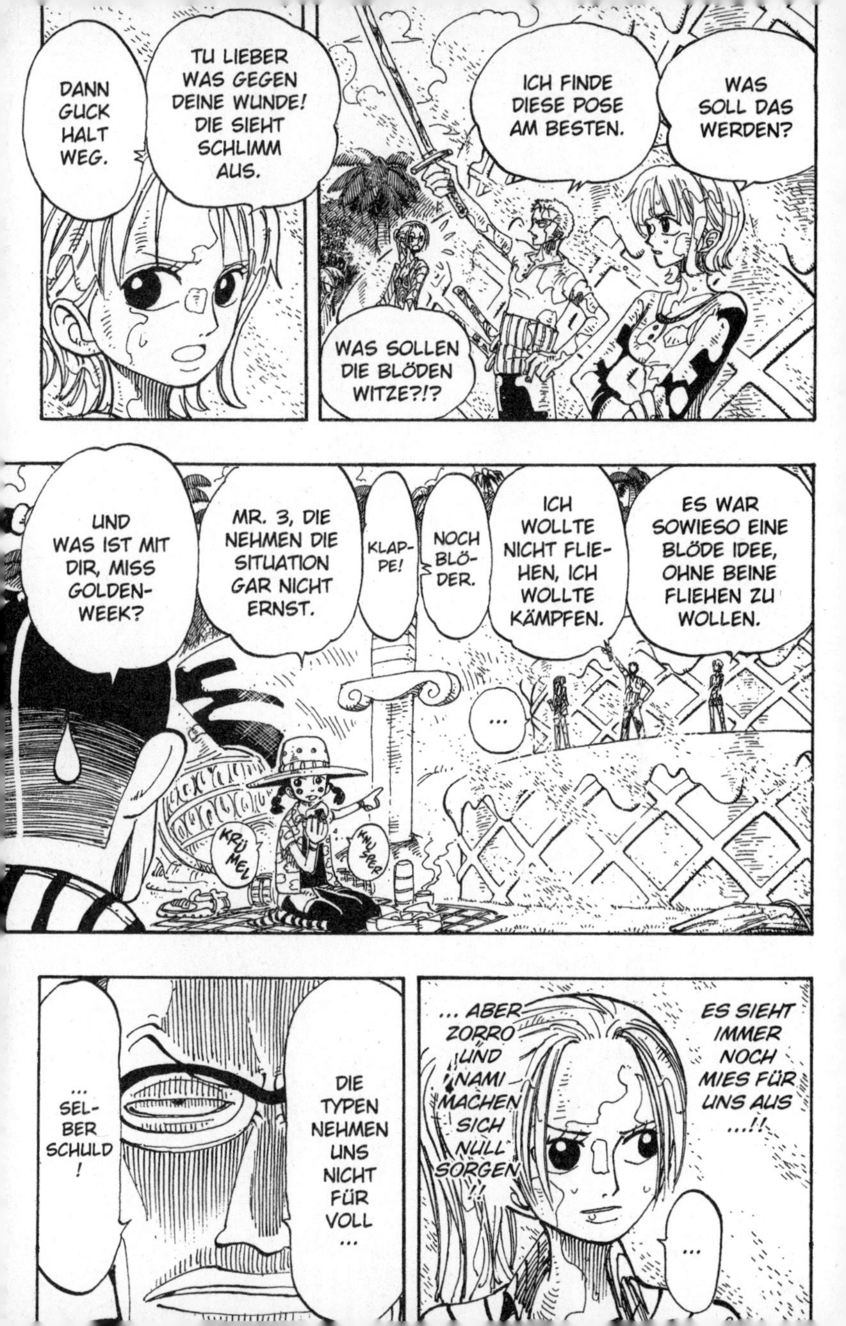
WAS SOLL DAS WERDEN?
ICH FINDE DIESE POSE AM BESTEN.
WAS SOLLEN DIE BLÖDEN WITZE?!?
TU LIEBER WAS GEGEN DEINE WUNDE! DIE SIEHT SCHLIMM AUS.
DANN GUCK HALT WEG.
ES WAR SOWIESO EINE BLÖDE IDEE, OHNE BEINE FLIEHEN ZU WOLLEN.
ICH WOLLTE NICHT FLIEHEN, ICH WOLLTE KÄMPFEN.
NOCH BLÖDER.
KLAPPE!
...
MR. 3, DIE NEHMEN DIE SITUATION GAR NICHT ERNST.
UND WAS IST MIT DIR, MISS GOLDENWEEK?
KNUSPER
KRÜMEL
ES SIEHT IMMER NOCH MIES FÜR UNS AUS ...!!
... ABER ZORRO UND NAMI MACHEN SICH NULL SORGEN!!
...
DIE TYPEN NEHMEN UNS NICHT FÜR VOLL ...
... SELBER SCHULD!

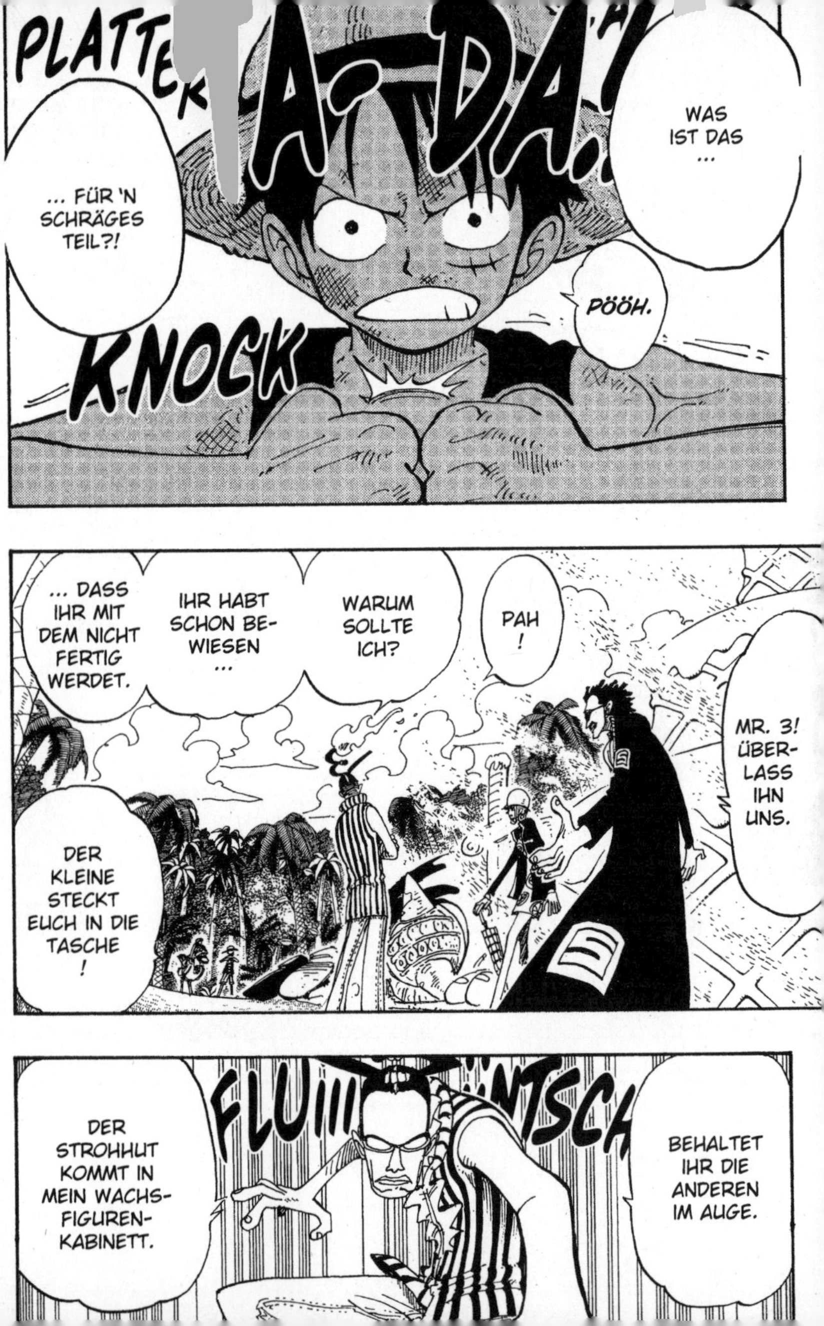
WAS IST DAS ...
PÖÖH.
... FÜR 'N SCHRÄGES TEIL?!
KNOCK
MR. 3! ÜBERLASS IHN UNS.
PAH!
WARUM SOLLTE ICH?
IHR HABT SCHON BEWIESEN ...
... DASS IHR MIT DEM NICHT FERTIG WERDET.
DER KLEINE STECKT EUCH IN DIE TASCHE!
BEHALTET IHR DIE ANDEREN IM AUGE.
DER STROHHUT KOMMT IN MEIN WACHSFIGURENKABINETT.

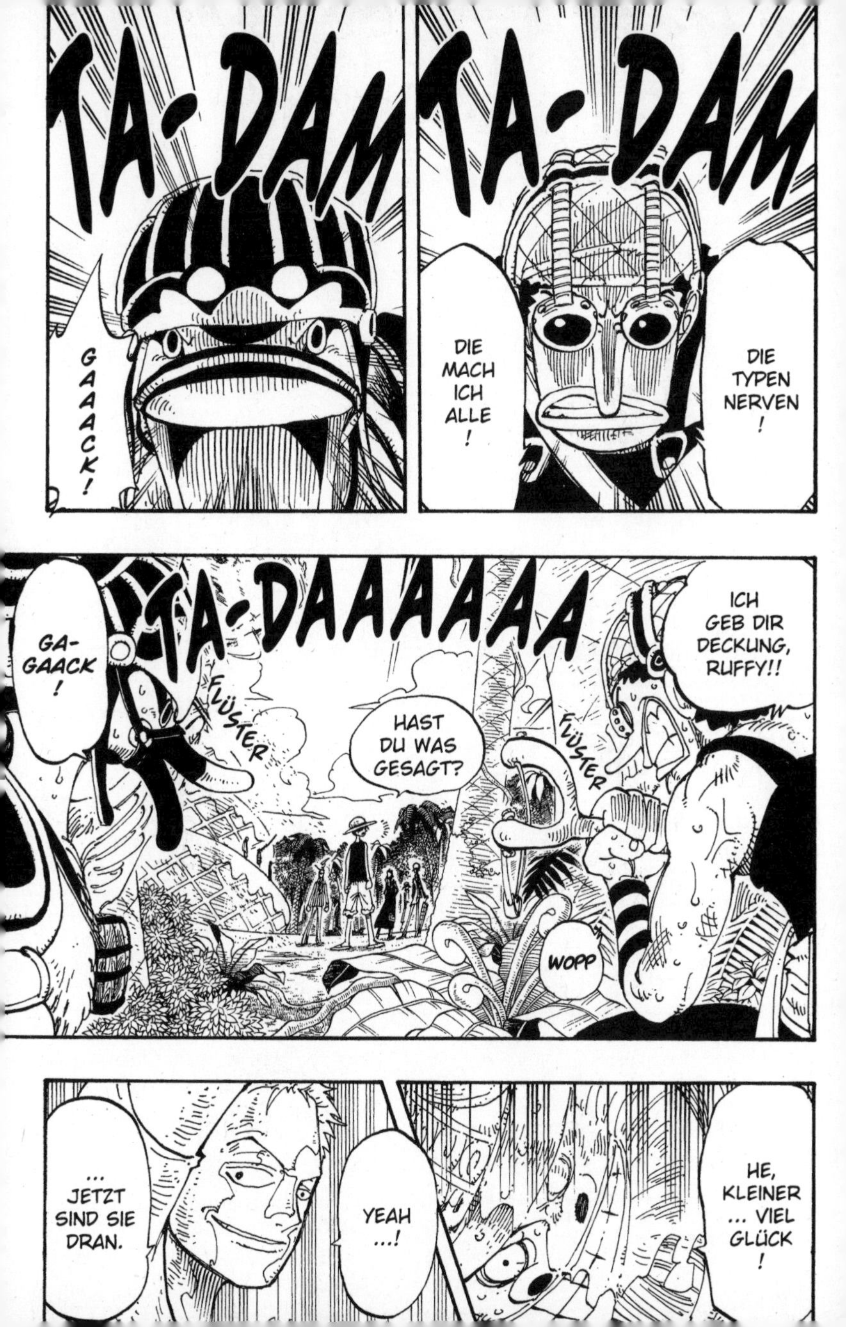
TA-DAM
DIE TYPEN NERVEN!
DIE MACH ICH ALLE!
TA-DAM
GAAAACK!
TA-DAAAAAA
ICH GEB DIR DECKUNG, RUFFY!!
FLÜSTER
HAST DU WAS GESAGT?
FLÜSTER
GA-GAACK!
WOPP
HE, KLEINER ... VIEL GLÜCK!
YEAH ...!
... JETZT SIND SIE DRAN.

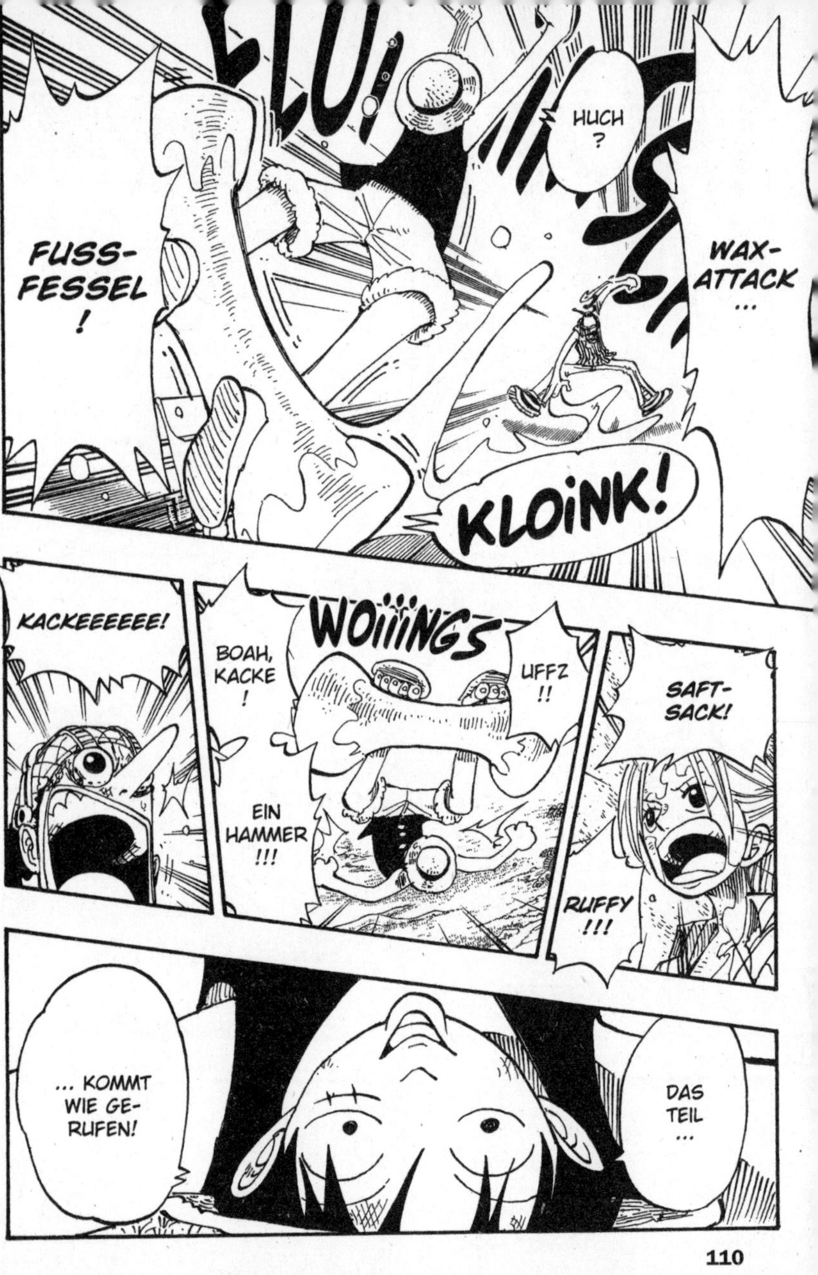
WAX-ATTACK ...
HUCH ?
FUSS-FESSEL !
KLOiNK!
SAFT-SACK!
RUFFY !!!
UFFZ !!
WOiiiNGS
BOAH, KACKE !
EIN HAMMER !!!
KACKEEEEEE!
DAS TEIL ...
... KOMMT WIE GE-RUFEN!

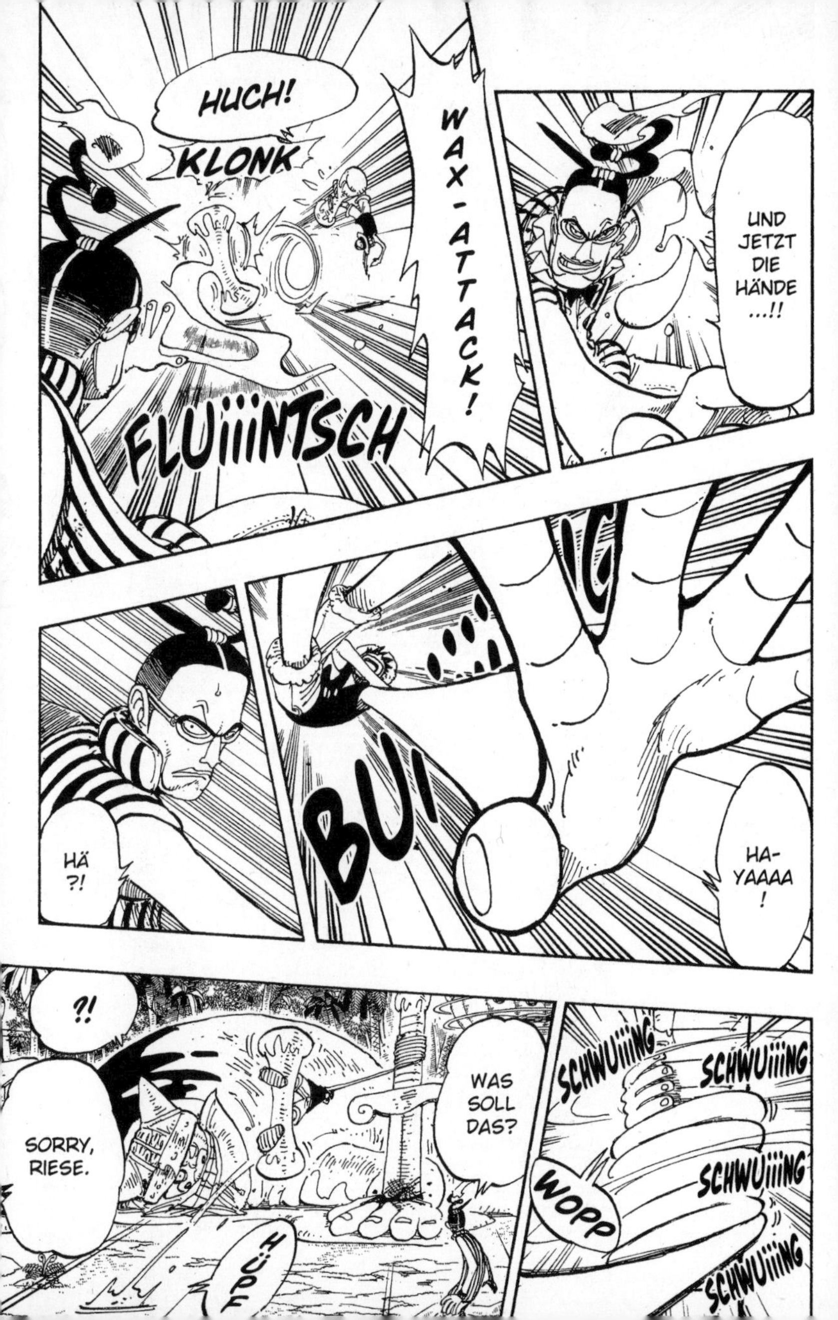
UND JETZT DIE HÄNDE ...!!
WAX-ATTACK!
HUCH!
KLONK
FLUiiiNTSCH
HA-YAAAA!
BU!
HÄ ?!
SCHWUiiiNG
SCHWUiiiNG
WOPP
SCHWUiiiNG
SCHWUiiiNG
WAS SOLL DAS?
?!
SORRY, RIESE.
HÜPF

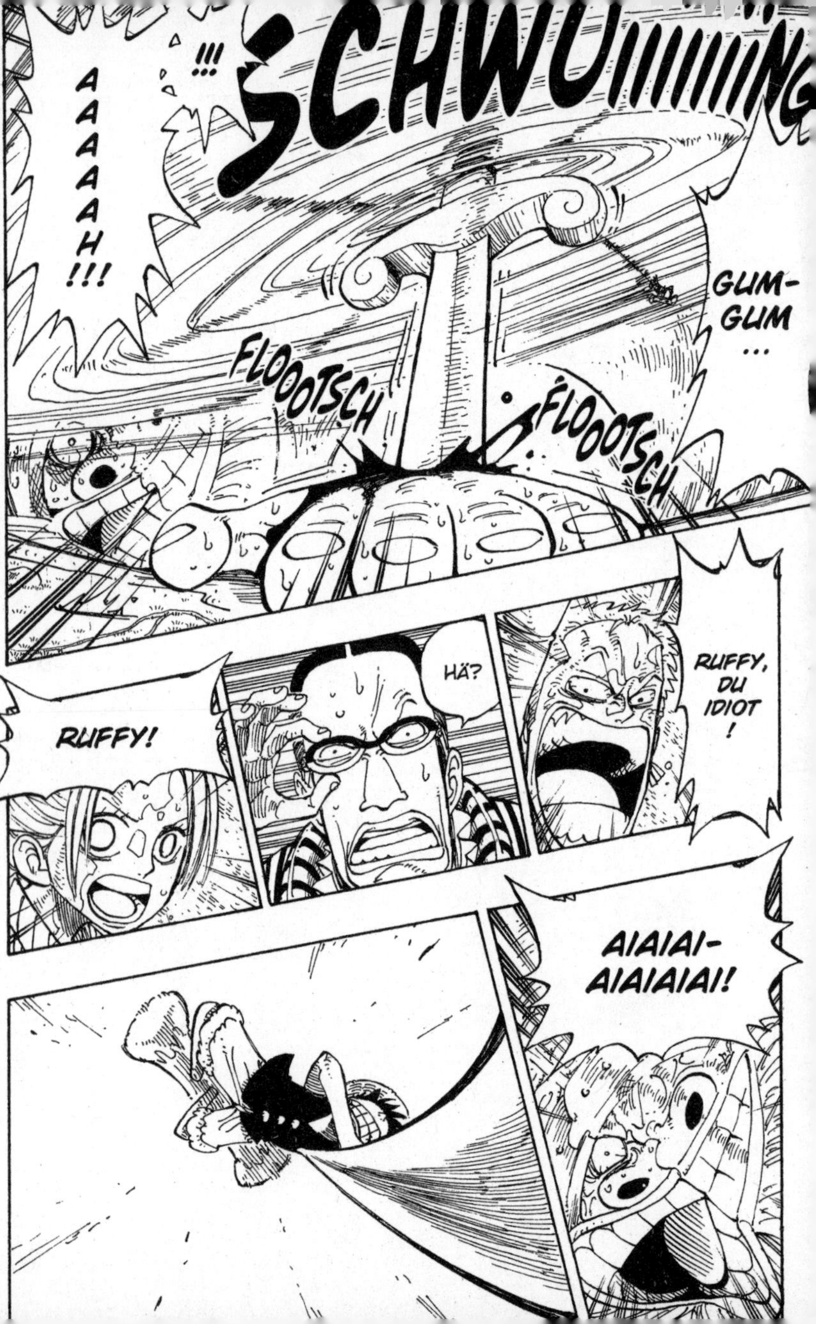
SCHWUIIIIIING
!!!
AAAAAAH!!!
GUM-GUM...
FLOOOTSCH
FLOOOTSCH
RUFFY, DU IDIOT!
HÄ?
RUFFY!
AIAIAI-AIAIAIAI!

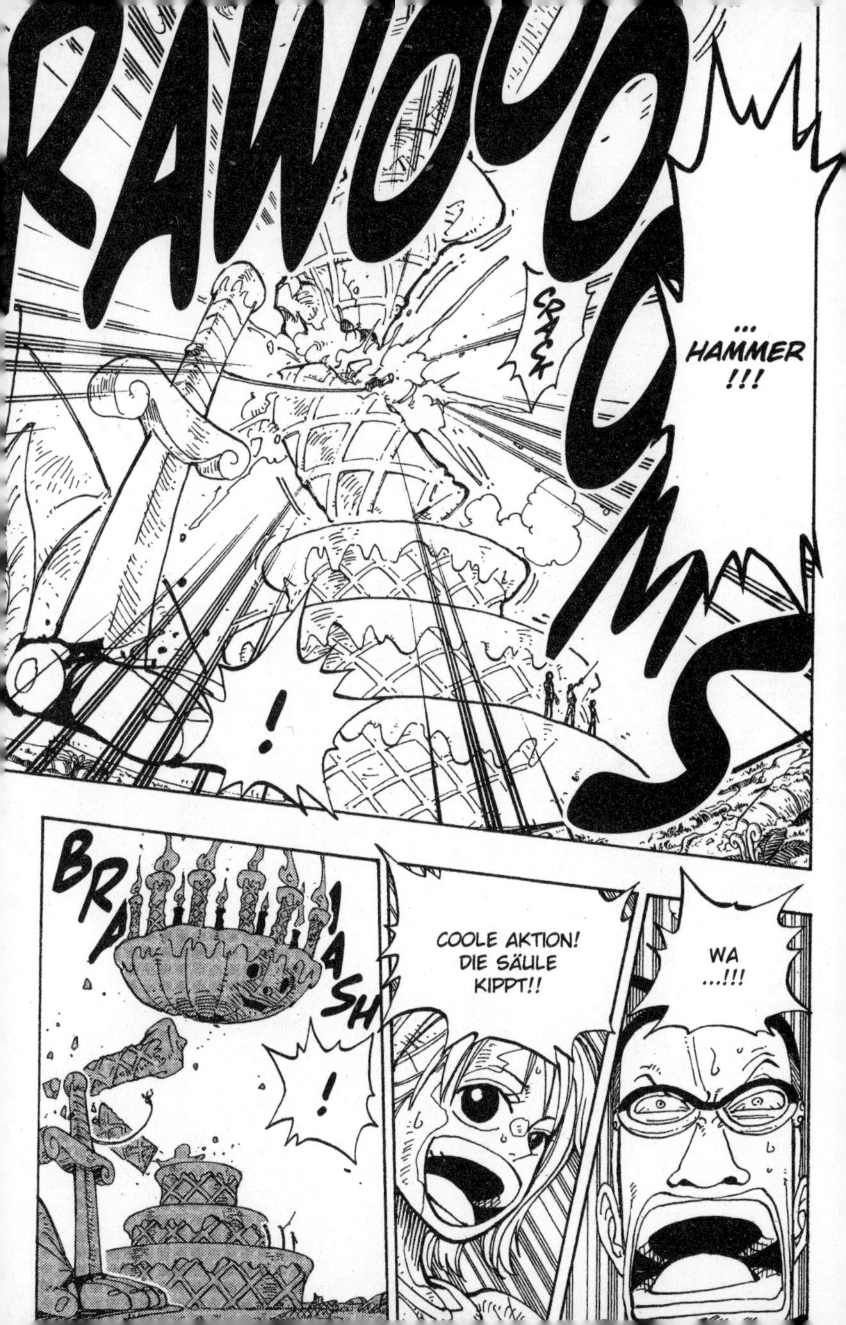
RAWOOOMMS
CRACK
... HAMMER !!!
!
BRAAASH
!
COOLE AKTION! DIE SÄULE KIPPT!!
WA ...!!!

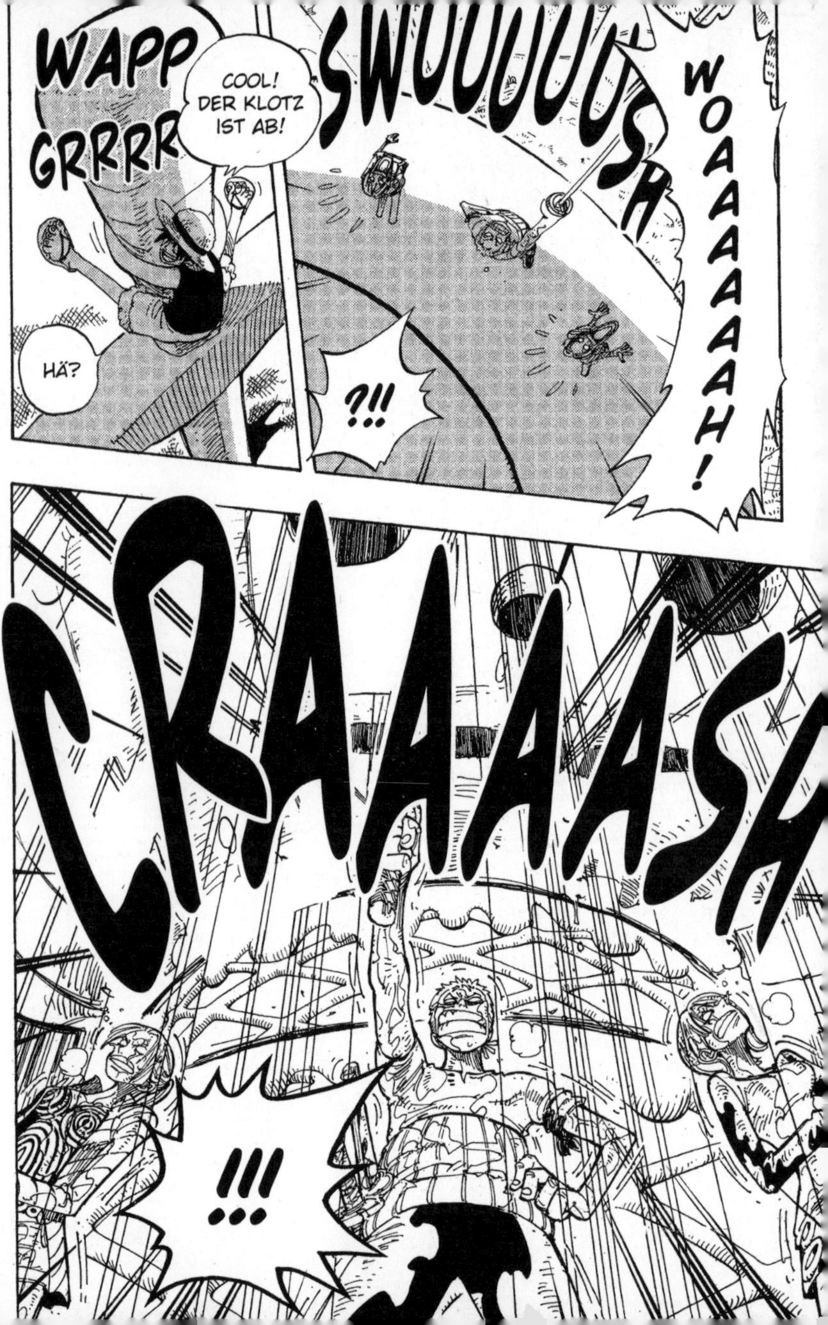
WOAAAAAAAAH!
SWUUUUUUSH
COOL! DER KLOTZ IST AB!
WAPP GRRRR
HÄ?
?!!
CRAAAASH
!!!

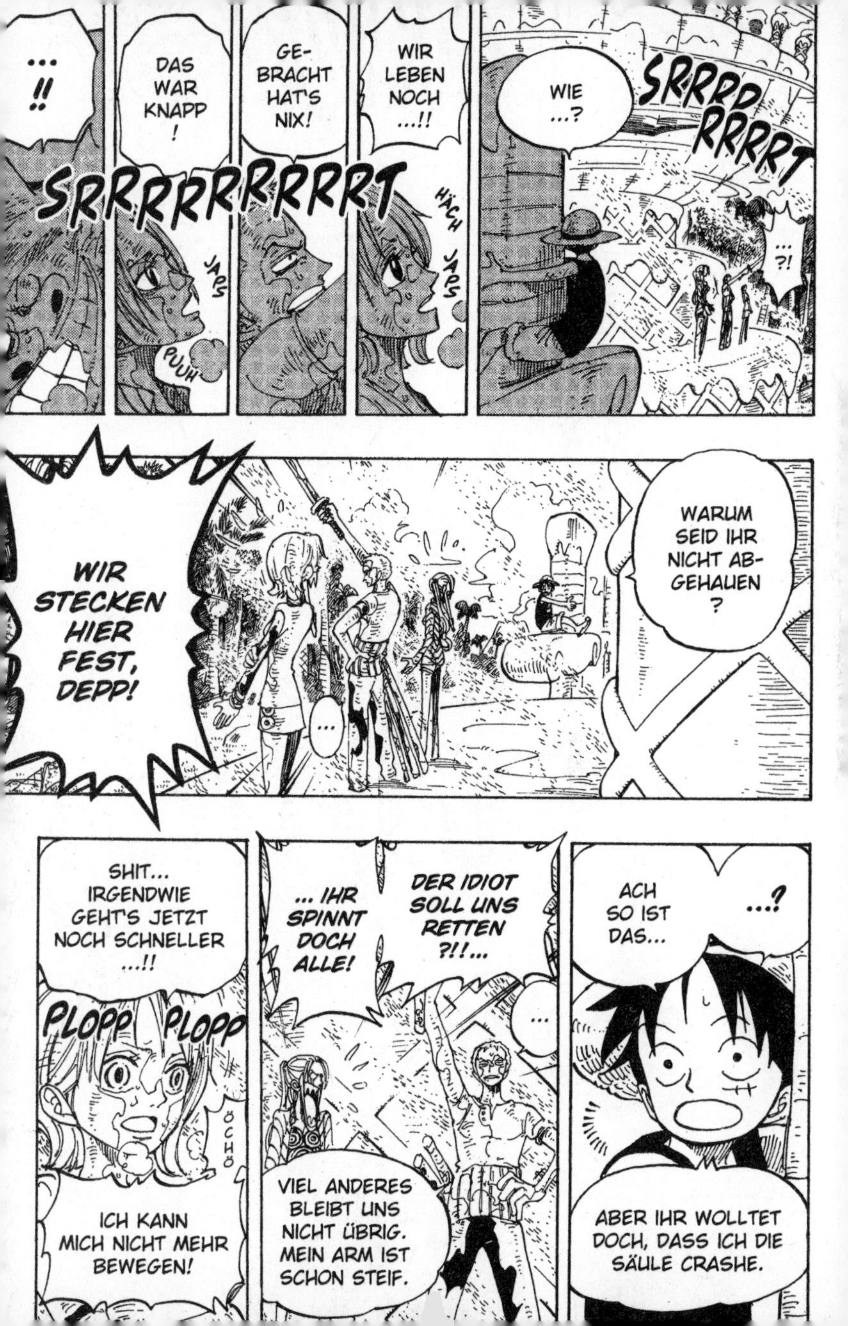
WIE …?
SRRRD RRRRRT
…?!
WIR LEBEN NOCH …!!
HÄCH
JAPS
GE-BRACHT HAT'S NIX!
DAS WAR KNAPP!
JAPS
PUUH
…!!
SRRRRRRRRRT
WARUM SEID IHR NICHT AB-GEHAUEN?
…
WIR STECKEN HIER FEST, DEPP!
ACH SO IST DAS…
…?
ABER IHR WOLLTET DOCH, DASS ICH DIE SÄULE CRASHE.
DER IDIOT SOLL UNS RETTEN ?!!…
… IHR SPINNT DOCH ALLE!
…
VIEL ANDERES BLEIBT UNS NICHT ÜBRIG. MEIN ARM IST SCHON STEIF.
SHIT… IRGENDWIE GEHT'S JETZT NOCH SCHNELLER …!!
PLOPP PLOPP
ÖCHÖ
ICH KANN MICH NICHT MEHR BEWEGEN!

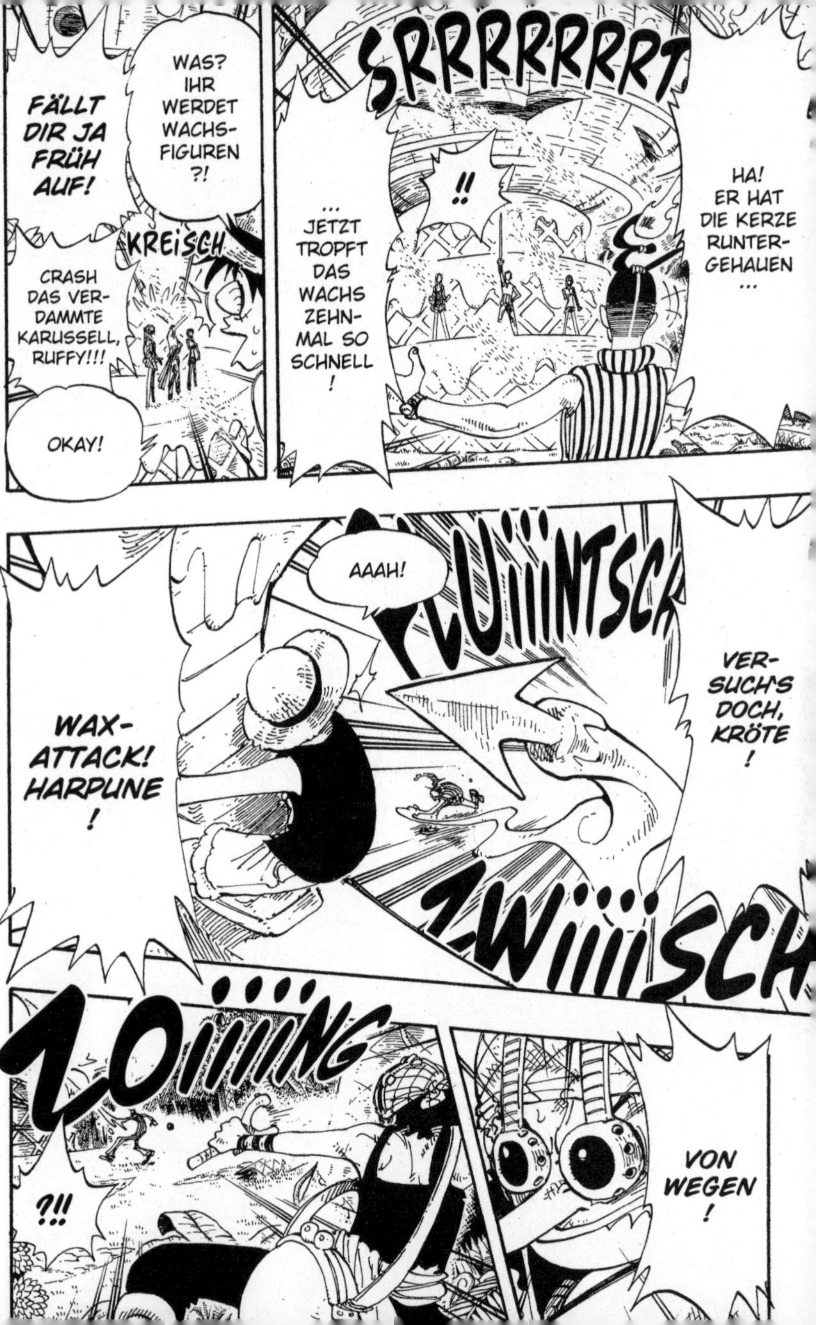
SRRRRRRRRT
HA! ER HAT DIE KERZE RUNTER-GEHAUEN ...
!!
... JETZT TROPFT DAS WACHS ZEHN-MAL SO SCHNELL !
WAS? IHR WERDET WACHS-FIGUREN ?!
FÄLLT DIR JA FRÜH AUF!
KREISCH
CRASH DAS VER-DAMMTE KARUSSELL, RUFFY!!!
OKAY!
VER-SUCH'S DOCH, KRÖTE !
PLUiiiNTSCH
AAAH!
WAX-ATTACK! HARPUNE !
ZWiiiiSCH
VON WEGEN !
ZOiiiiNG
?!!

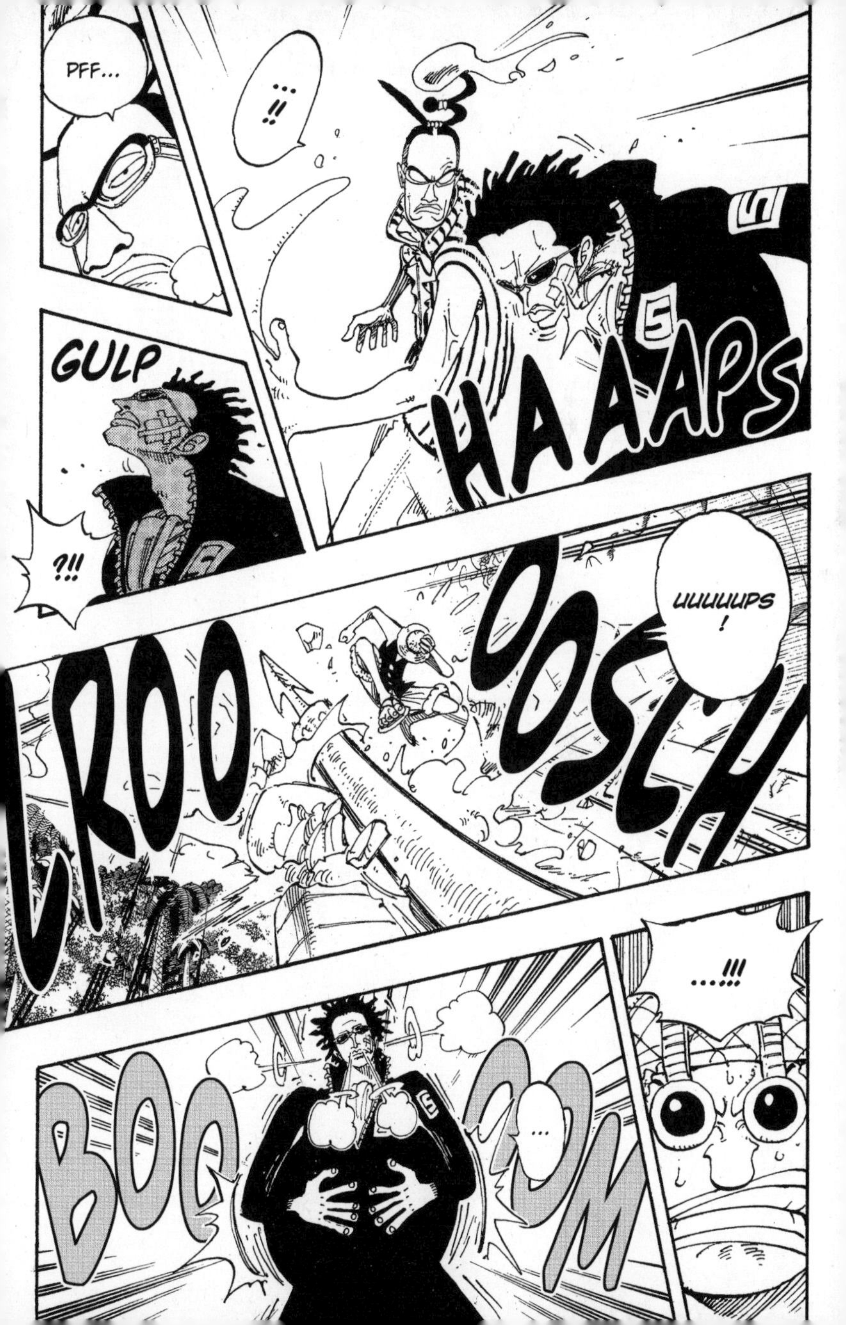

HAAAPS
..!!
PFF...
GULP
?!!
UUUUUPS!
CROOOOSCH
...!!!
...
BOOOOM

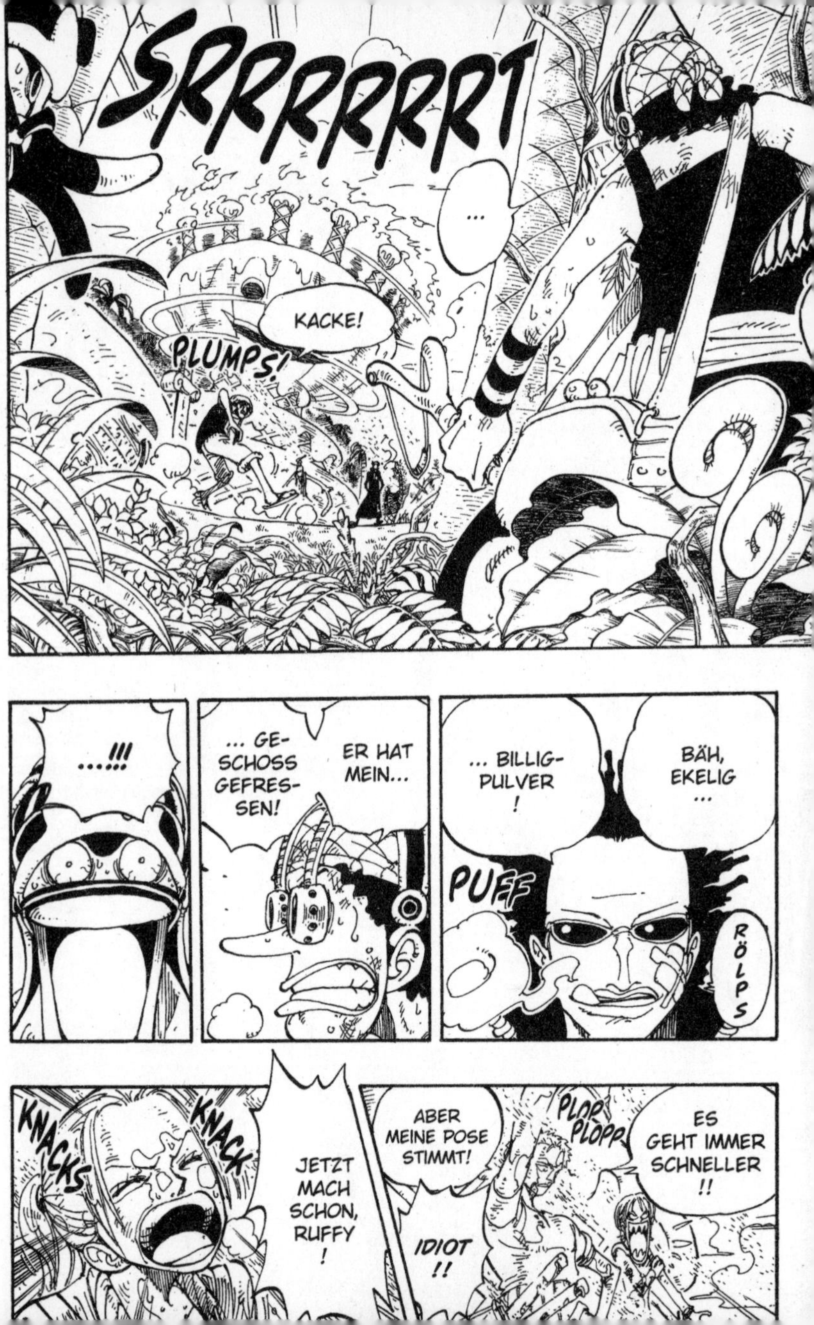
SRRRRRRRT
...
KACKE!
PLUMPS!
BÄH, EKELIG ...
... BILLIG-PULVER!
PUFF
RÖLPS
ER HAT MEIN...
... GE-SCHOSS GEFRES-SEN!
...!!!
ES GEHT IMMER SCHNELLER!!
PLOP PLOPP
ABER MEINE POSE STIMMT!
IDIOT!!
JETZT MACH SCHON, RUFFY!
KNACK
KNACKS

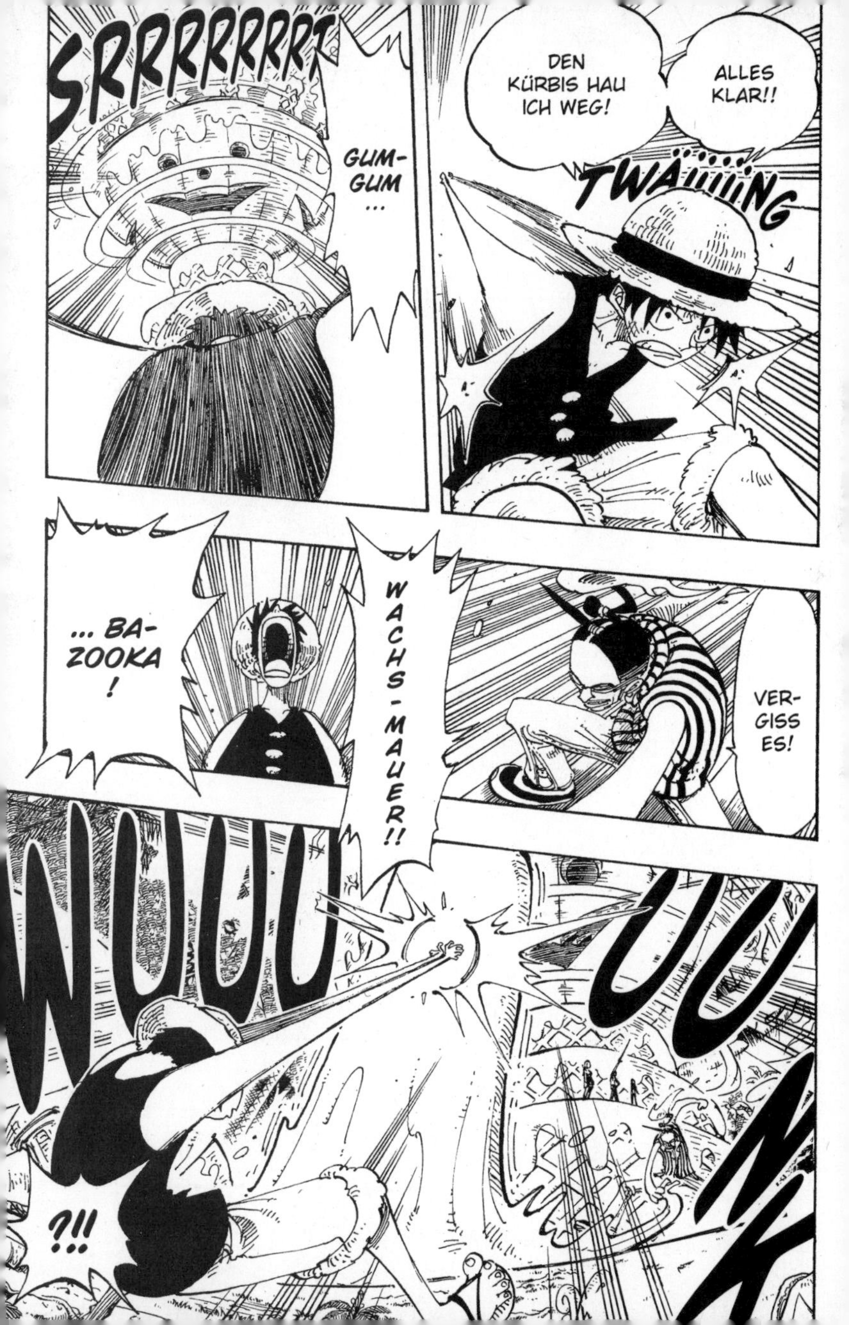
ALLES KLAR!!
DEN KÜRBIS HAU ICH WEG!
TWÄiiiiNG
SRRRRRRRRT
GUM-GUM ...
VER-GISS ES!
WACHS-MAUER!!
... BA-ZOOKA !
WUUUUUUM
?!!

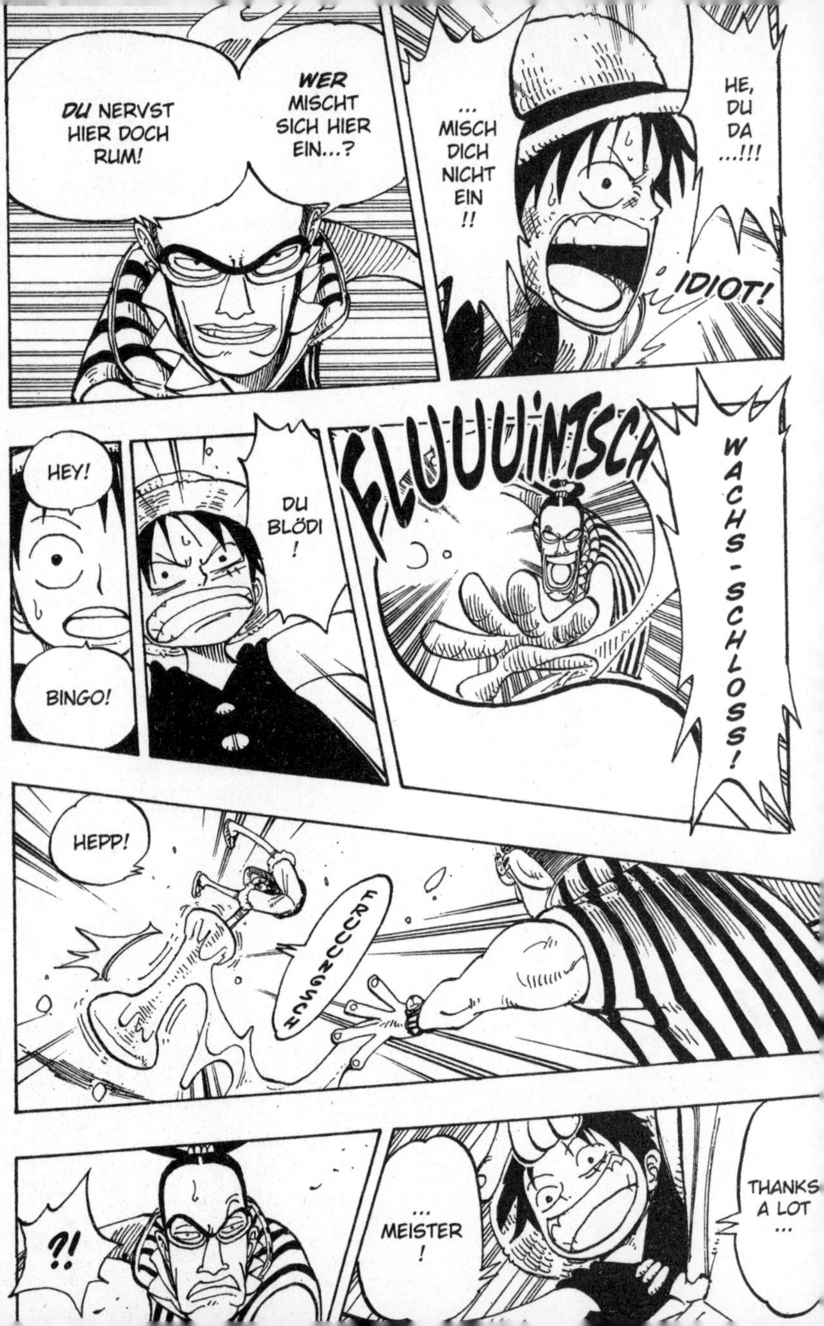
HE, DU DA ...!!!
IDIOT!
... MISCH DICH NICHT EIN !!
WER MISCHT SICH HIER EIN...?
DU NERVST HIER DOCH RUM!
WACHS-SCHLOSS!
FLUUUINTSCH
DU BLÖDI !
HEY!
BINGO!
HEPP!
FRUUNGSCH
THANKS A LOT ...
... MEISTER !
?!

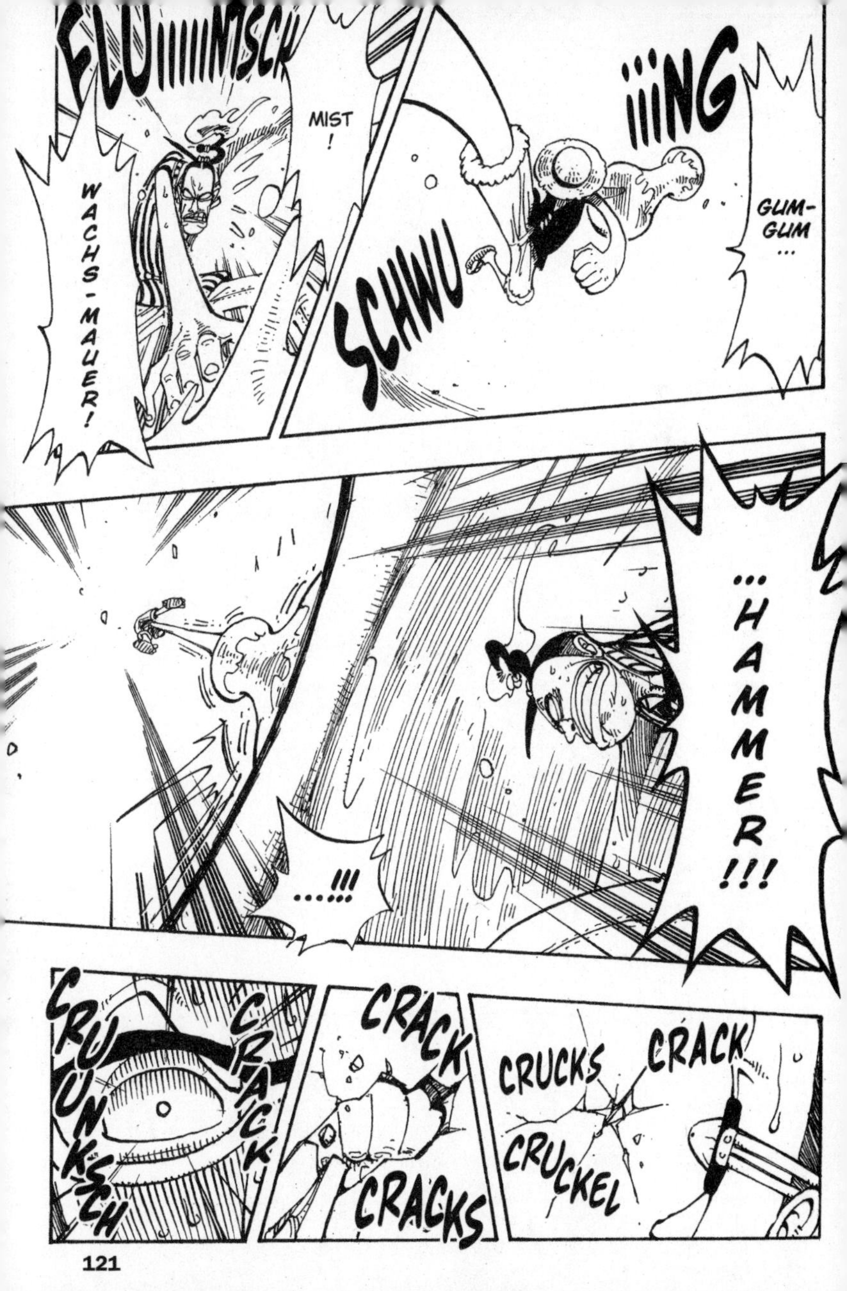
GUM-GUM ...
SCHWUIIING
MIST!
FLUIIIIIIIIIIIIIIITSCH
WACHS-MAUER!
...HAMMER!!!
...!!!
CRACK
CRUCKS
CRUCKEL
CRACK
CRACKS
CRACK
CRUUNKSCH

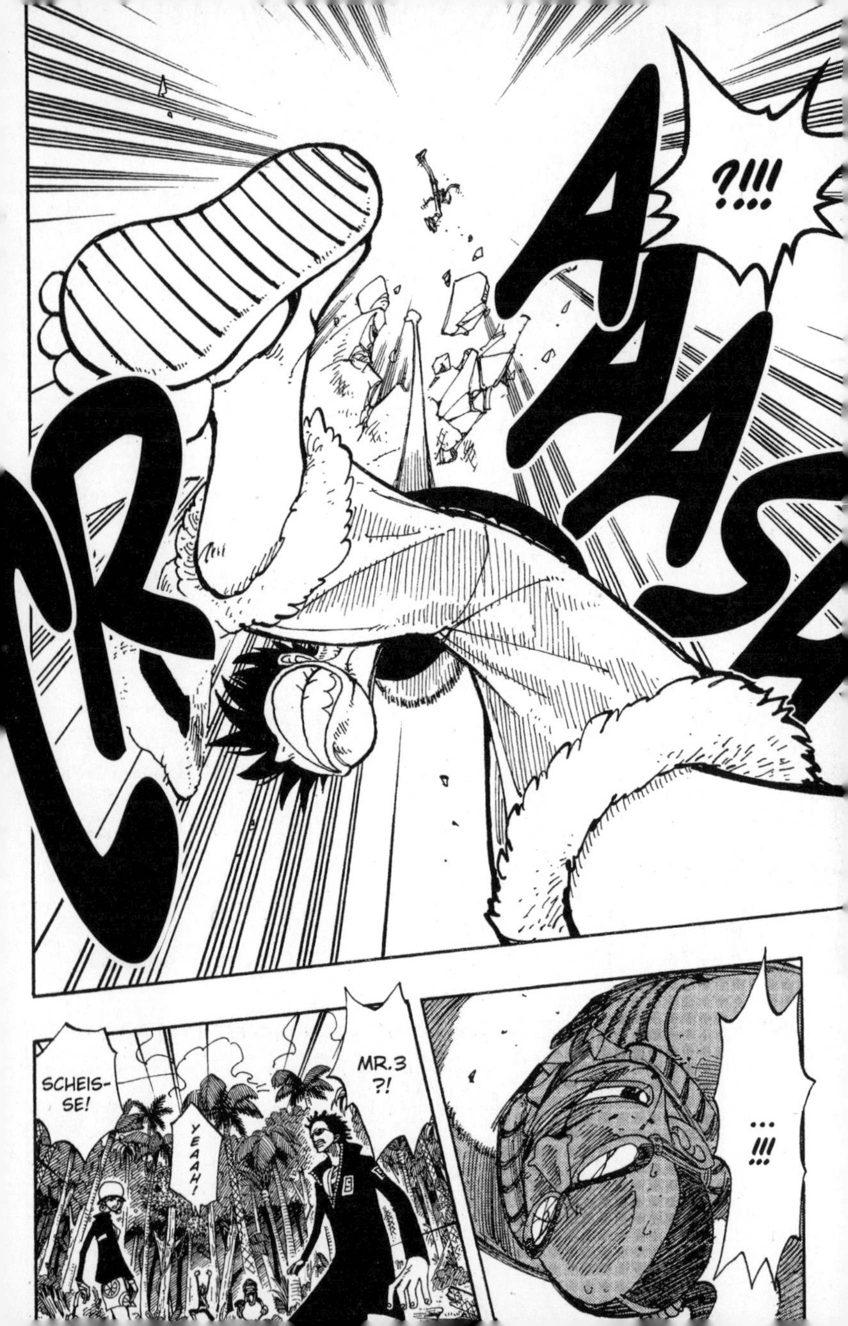

CRAAAS
?!!!
...!!!
MR.3 ?!
YEAAH!
SCHEIS-SE!

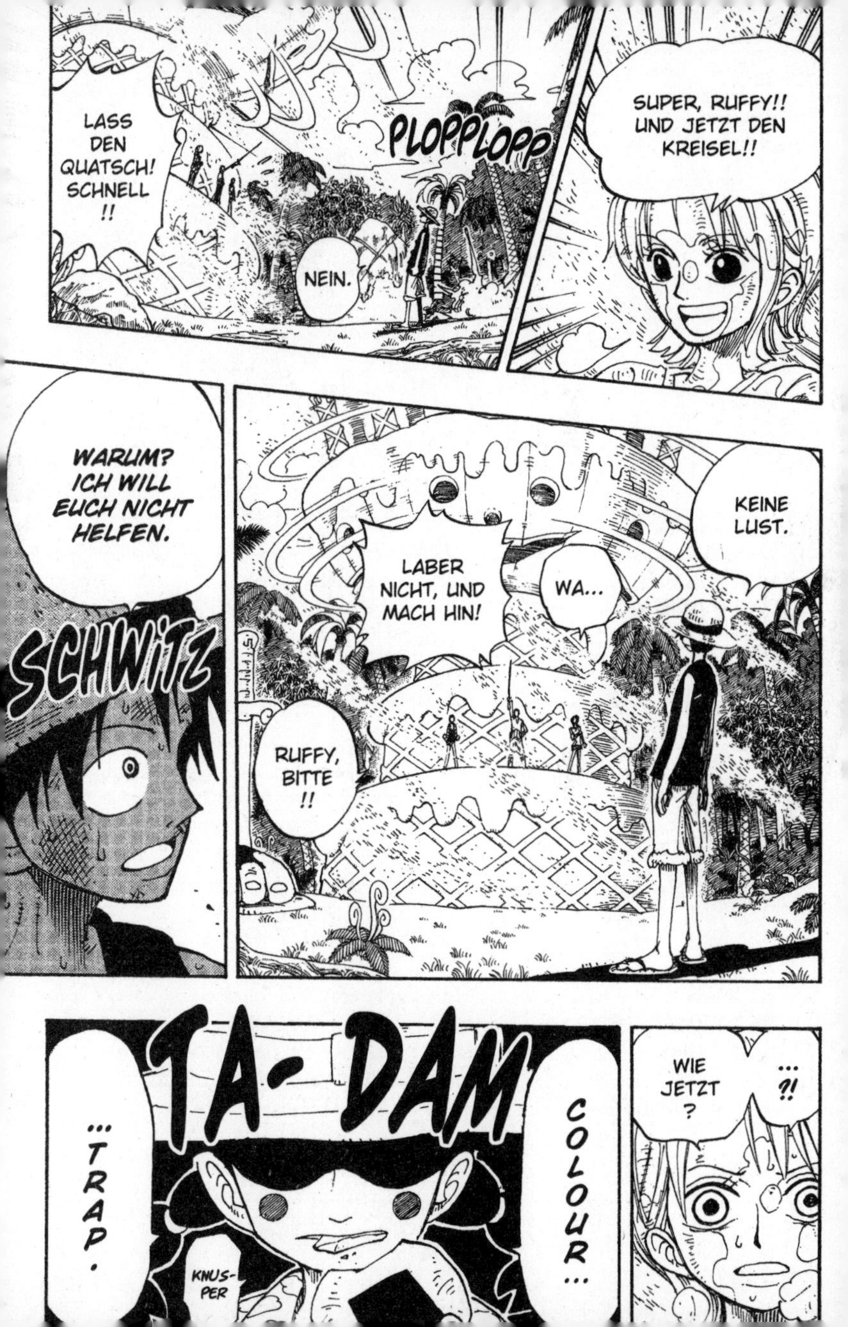
SUPER, RUFFY!! UND JETZT DEN KREISEL!!
PLOPPLOPP
LASS DEN QUATSCH! SCHNELL!!
NEIN.
KEINE LUST.
WA...
LABER NICHT, UND MACH HIN!
RUFFY, BITTE!!
WARUM? ICH WILL EUCH NICHT HELFEN.
SCHWITZ
WIE JETZT?
...?!
COLOUR...
TA-DAM
...TRAP.
KNUS-PER

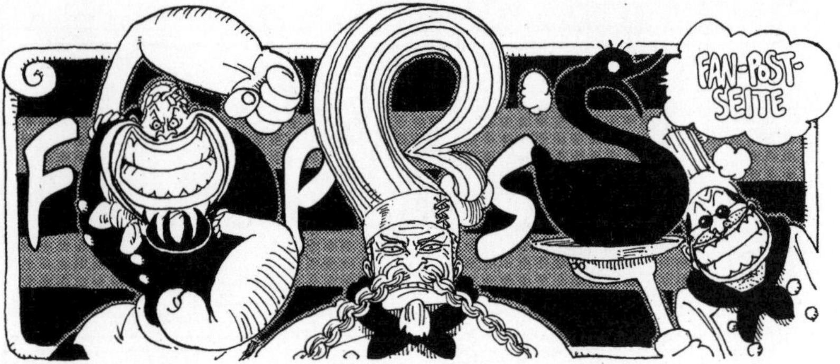

L: ***LOS, MACH WEITER MIT DER FPS!***
O: ALLES KLAR... MACH ICH.

L: HERR ODA, WAS SOLL DAS?! IN BAND 13, S.97, STEHT AUF DEN KÖPFEN DER PUPPEN VON IGARAM DAS JAPANISCHE ZEICHEN FÜR KACKE!! ICH HAB'S GENAU GESEHEN!
O: DAS KANN NICHT SEIN! MEINST DU DIESE SZENE?

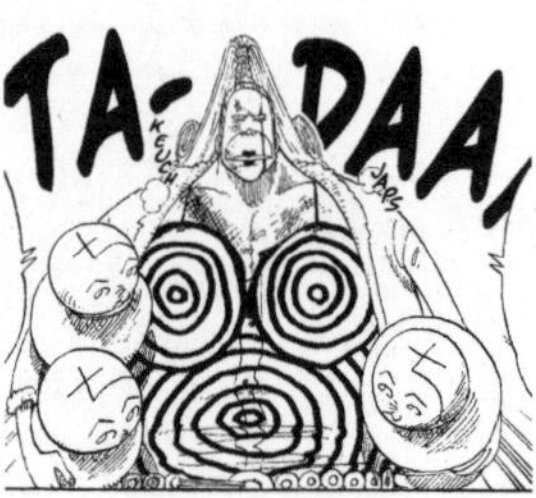

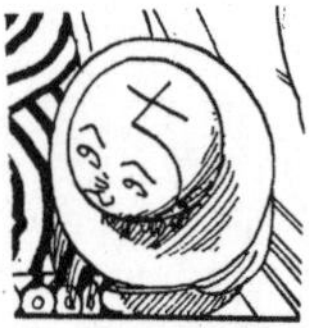

MOMENT MAL...! TATSACHE...!! UUUUUPS! HEY, IGARAM! WAS FÄLLT DIR EIN, MEINEN SCHÖNEN MANGA SO ZU VERUNZIEREN?! ICH BIN DER BOSS HIER, ALSO LASS DAS GEFÄLLIGST SEIN! ÜBRIGENS, IGARAM, HÜBSCHES STYLING... SIEHST DU! ICH HABE MIT IHM GESCHIMPFT. REICHT DAS?

L: WARUM SAGT IGARAM ANDAUERND: "ÖCHÖ, MIMIMII"?
O: DAS MIMIMII IST EINE ÜBUNG, DIE MAN IM GESANGSUNTERRICHT ZUM EINSINGEN MACHT, WEISST DU? MI (C) - MI (E) - MI (G) - MI (E) - MI (C). OH, MEINE STIMME VERSAGT! ÖCHÖ! MIMIMIMIMII.♪

124. Kapitel:
Lecker Tee!

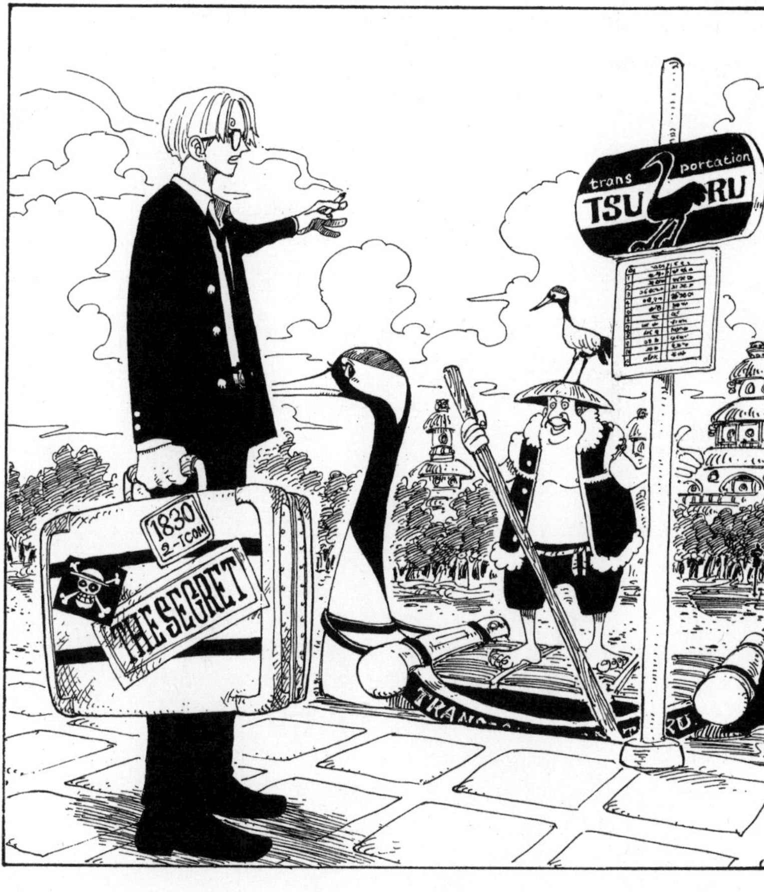

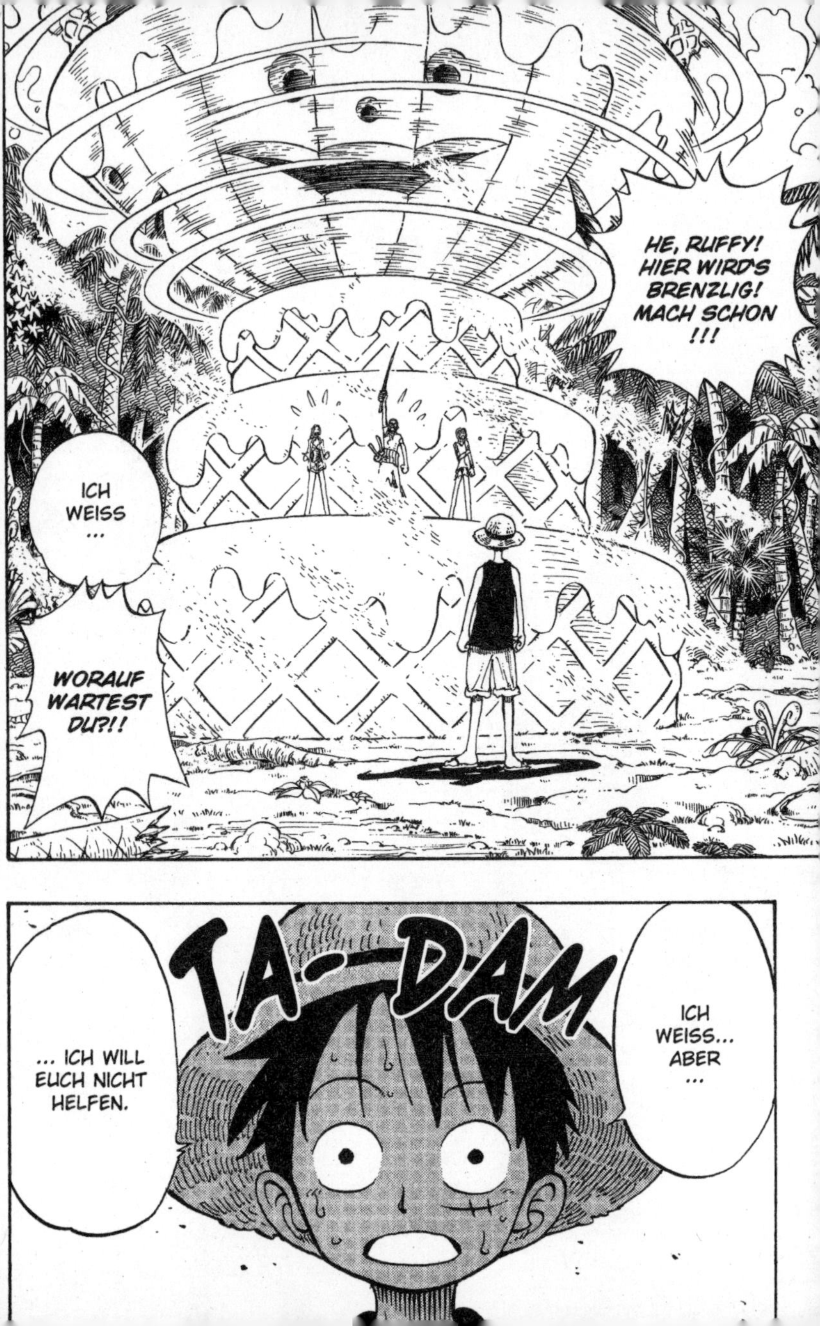
HE, RUFFY! HIER WIRD'S BRENZLIG! MACH SCHON !!!
ICH WEISS ...
WORAUF WARTEST DU?!!
TA-DAM
ICH WEISS... ABER ...
... ICH WILL EUCH NICHT HELFEN.

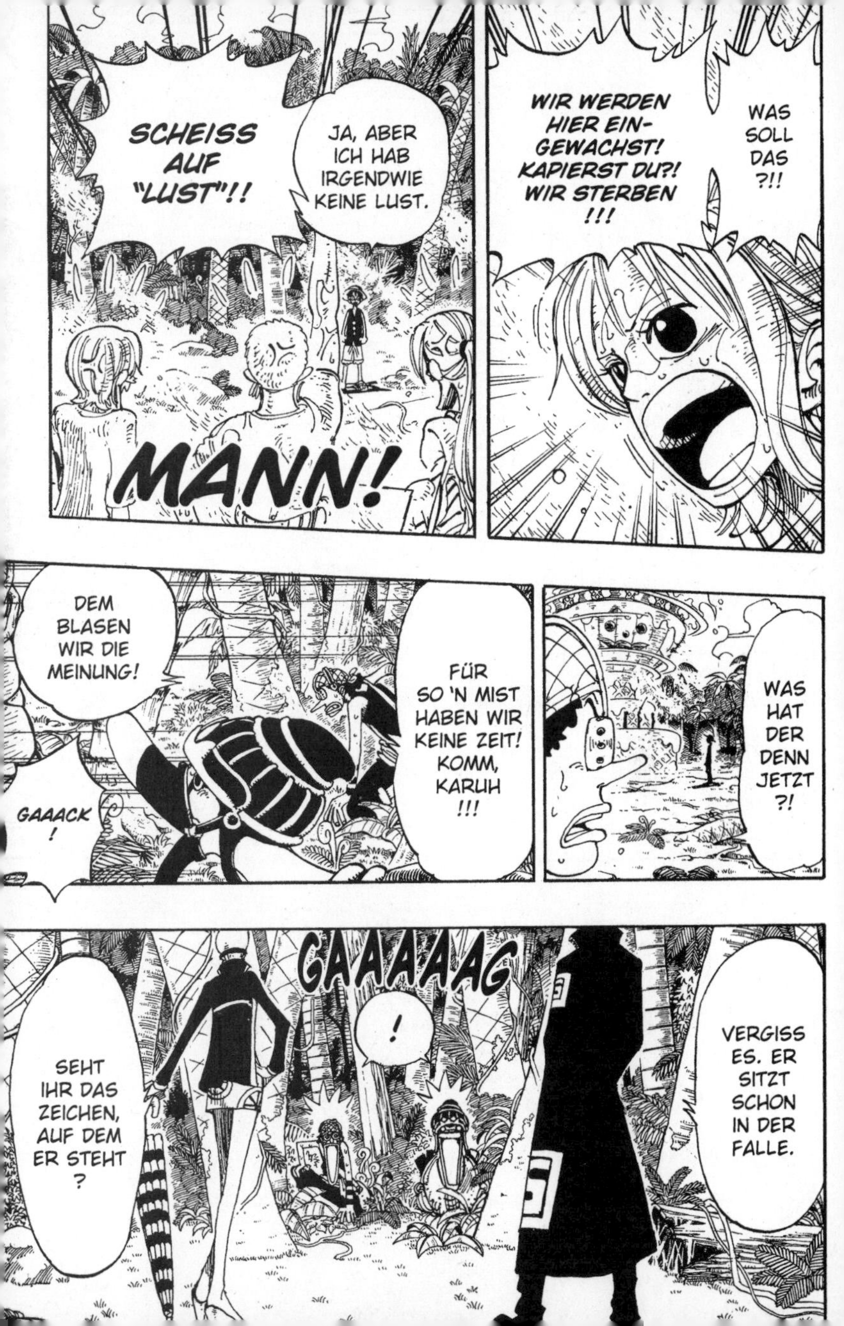
WAS SOLL DAS ?!!
WIR WERDEN HIER EIN-GEWACHST! KAPIERST DU?! WIR STERBEN !!!
JA, ABER ICH HAB IRGENDWIE KEINE LUST.
SCHEISS AUF "LUST"!!
MANN!
WAS HAT DER DENN JETZT ?!
FÜR SO 'N MIST HABEN WIR KEINE ZEIT! KOMM, KARUH !!!
DEM BLASEN WIR DIE MEINUNG!
GAAACK !
VERGISS ES. ER SITZT SCHON IN DER FALLE.
GAAAAAG
!
SEHT IHR DAS ZEICHEN, AUF DEM ER STEHT ?

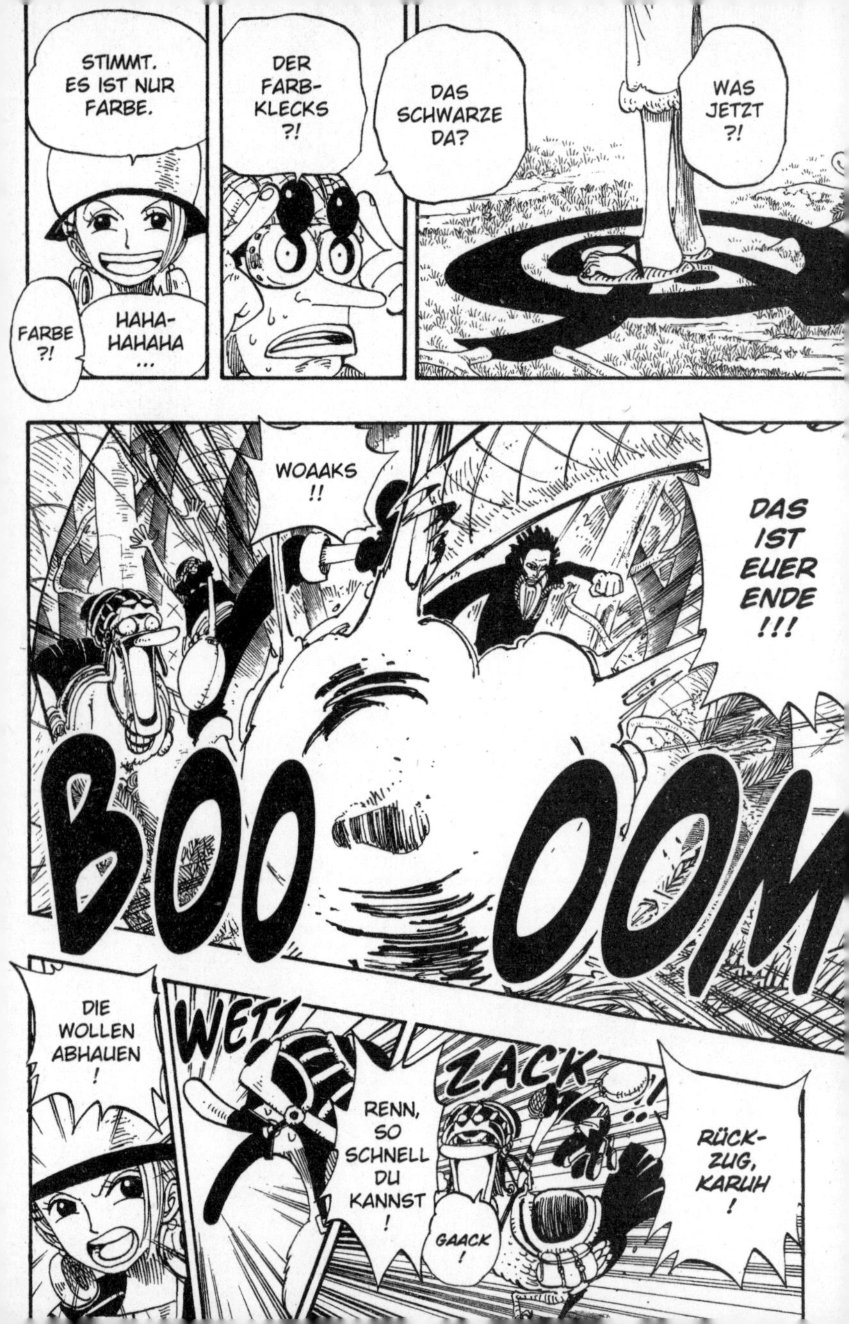
WAS JETZT ?!
DAS SCHWARZE DA?
DER FARB-KLECKS ?!
STIMMT. ES IST NUR FARBE.
HAHA-HAHAHA ...
FARBE ?!
DAS IST EUER ENDE !!!
WOAAKS !!
BOO-OOM
RÜCK-ZUG, KARUH !
ZACK
GAACK !
RENN, SO SCHNELL DU KANNST !
WET
DIE WOLLEN ABHAUEN !

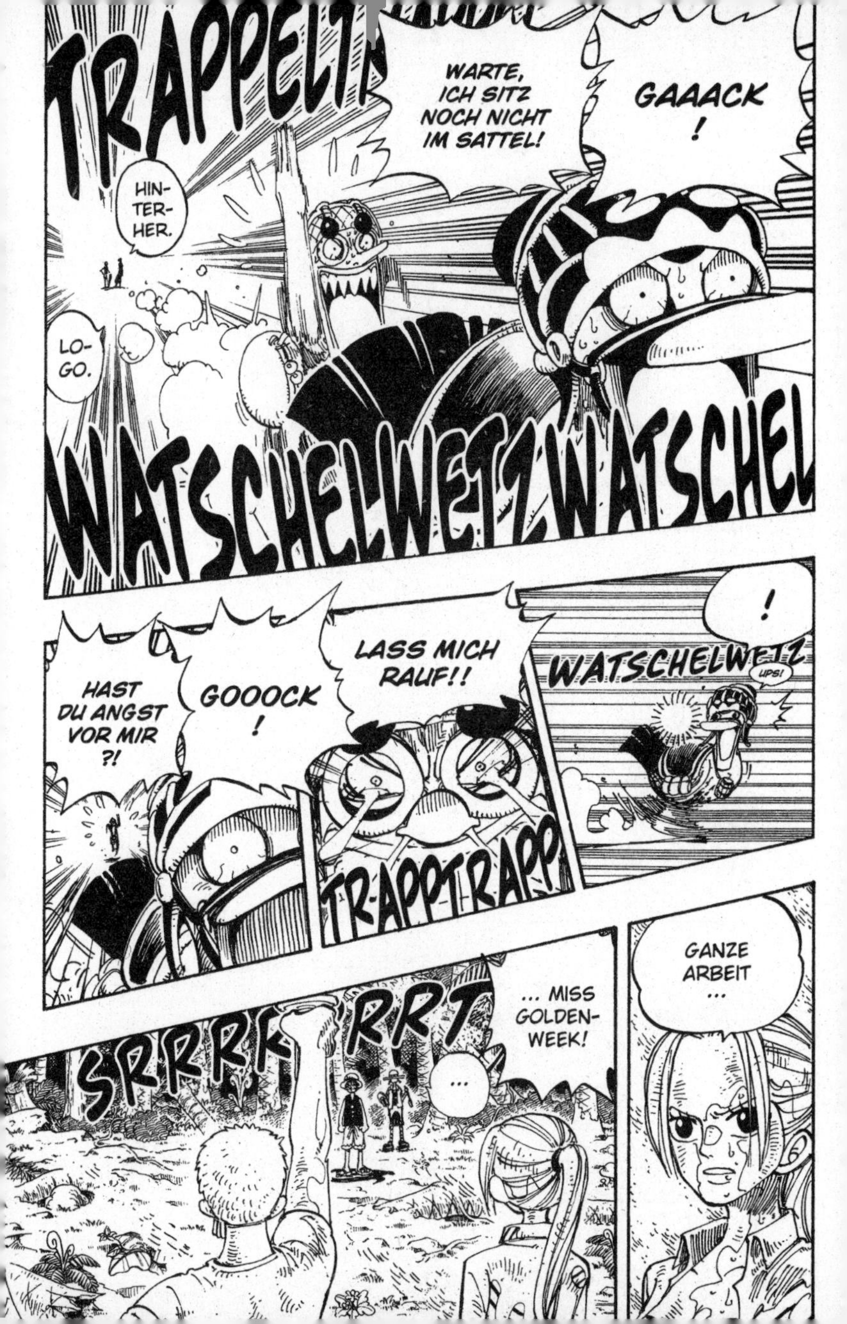
TRAPPELT
GAAACK !
WARTE, ICH SITZ NOCH NICHT IM SATTEL!
HIN-TER-HER.
LO-GO.
WATSCHELWETZWATSCHEL
!
WATSCHELWETZ
UPS!
LASS MICH RAUF!!
GOOOCK !
HAST DU ANGST VOR MIR ?!
TRAPPTRAPP
GANZE ARBEIT ...
... MISS GOLDEN-WEEK!
SRRRRRRT
...

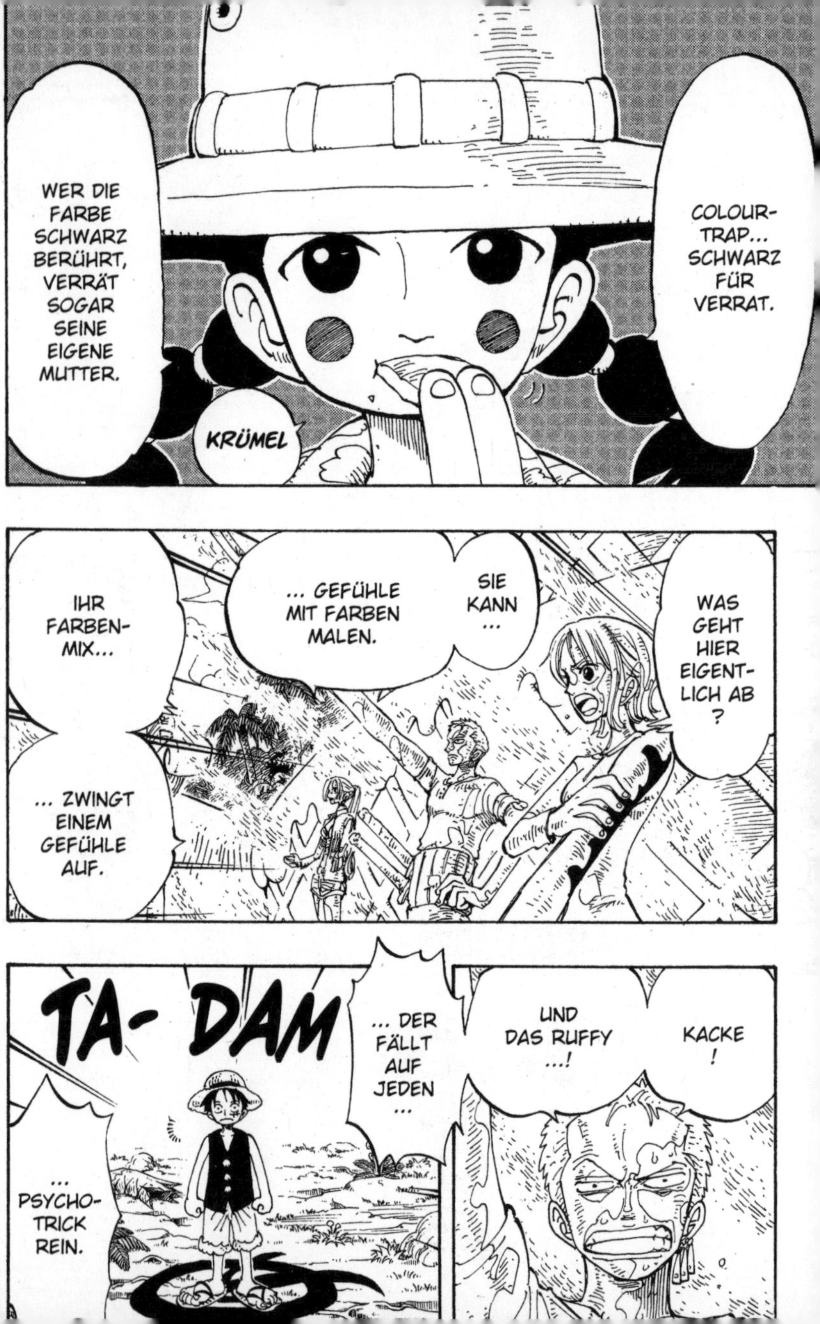
COLOUR-TRAP... SCHWARZ FÜR VERRAT.
WER DIE FARBE SCHWARZ BERÜHRT, VERRÄT SOGAR SEINE EIGENE MUTTER.
KRÜMEL
WAS GEHT HIER EIGENTLICH AB ?
SIE KANN ...
... GEFÜHLE MIT FARBEN MALEN.
IHR FARBEN-MIX...
... ZWINGT EINEM GEFÜHLE AUF.
KACKE !
UND DAS RUFFY ...!
... DER FÄLLT AUF JEDEN ...
... PSYCHO-TRICK REIN.
TA- DAM

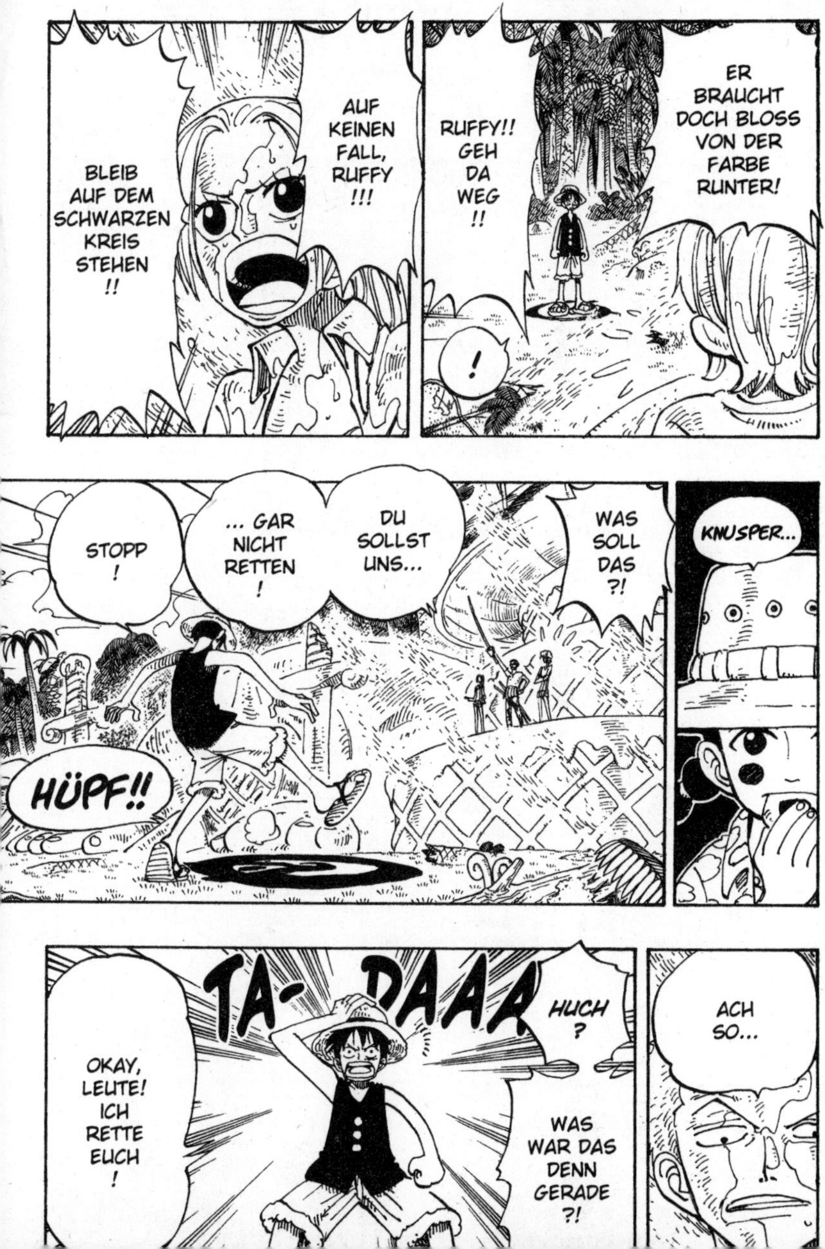
ER BRAUCHT DOCH BLOSS VON DER FARBE RUNTER!
RUFFY!! GEH DA WEG!!
!
AUF KEINEN FALL, RUFFY!!!
BLEIB AUF DEM SCHWARZEN KREIS STEHEN!!
KNUSPER...
WAS SOLL DAS?!
DU SOLLST UNS...
... GAR NICHT RETTEN!
STOPP!
HÜPF!!
ACH SO...
HUCH?
WAS WAR DAS DENN GERADE?!
TA-DAAA
OKAY, LEUTE! ICH RETTE EUCH!

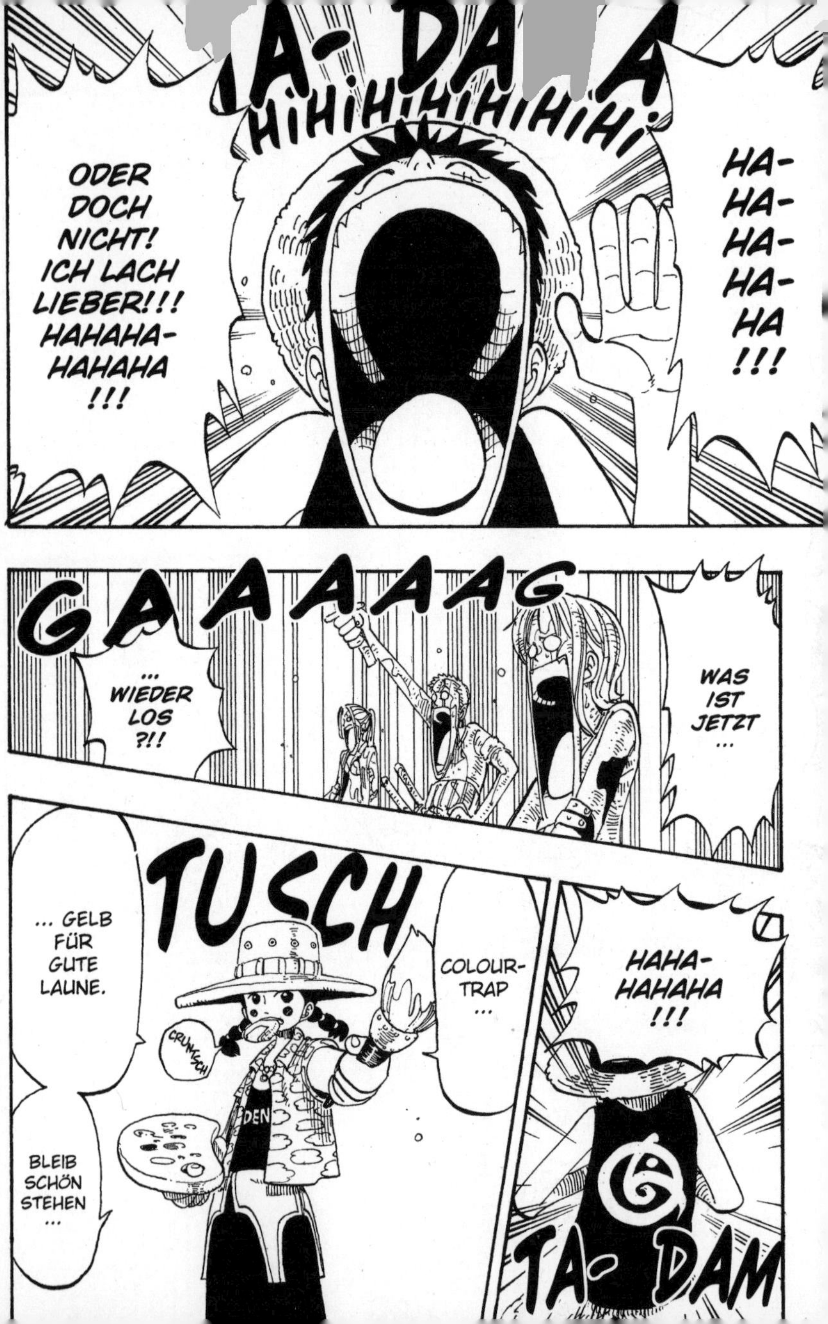
A- DA A
HIHIHIHIHIHIHIHI
HA-HA-HA-HA-HA !!!
ODER DOCH NICHT! ICH LACH LIEBER!!! HAHAHA-HAHAHA !!!
GAAAAAG
WAS IST JETZT ...
... WIEDER LOS ?!!
HAHA-HAHAHA !!!
TA- DAM
COLOUR-TRAP ...
TUSCH
... GELB FÜR GUTE LAUNE.
CRUMSCH
DEN
BLEIB SCHÖN STEHEN ...

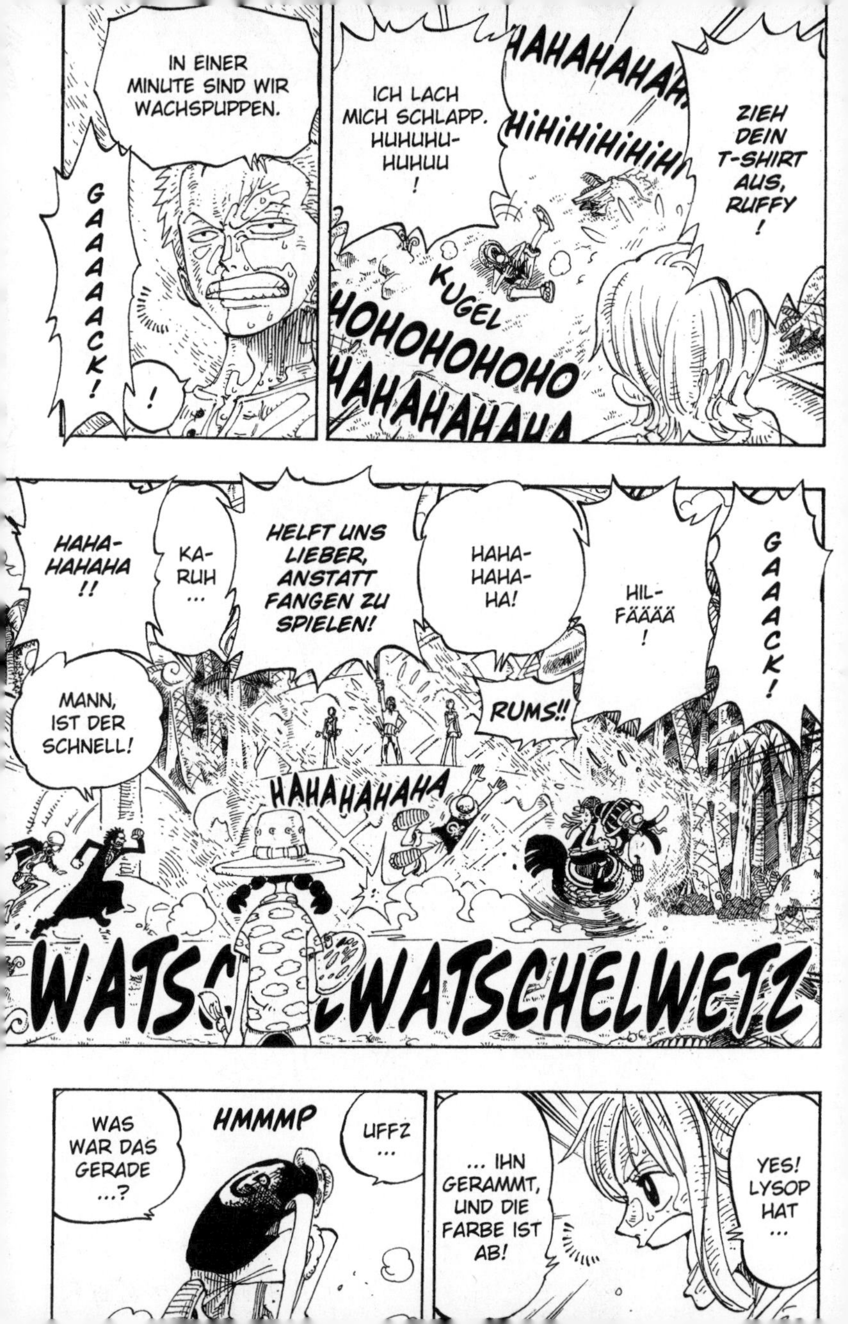
ZIEH DEIN T-SHIRT AUS, RUFFY!
HAHAHAHAHA
HIHIHIHIHIHI
ICH LACH MICH SCHLAPP. HUHUHU-HUHUU!
KUGEL
HOHOHOHOHO
HAHAHAHAHA
IN EINER MINUTE SIND WIR WACHSPUPPEN.
GAAAAACK!
!
GAAAACK!
HIL-FÄÄÄÄ!
HAHA-HAHA-HA!
RUMS!!
HELFT UNS LIEBER, ANSTATT FANGEN ZU SPIELEN!
KA-RUH …
HAHA-HAHAHA!!
MANN, IST DER SCHNELL!
HAHAHAHAHA
WATSCHELWETZ
YES! LYSOP HAT …
… IHN GERAMMT, UND DIE FARBE IST AB!
UFFZ …
HMMMP
WAS WAR DAS GERADE …?

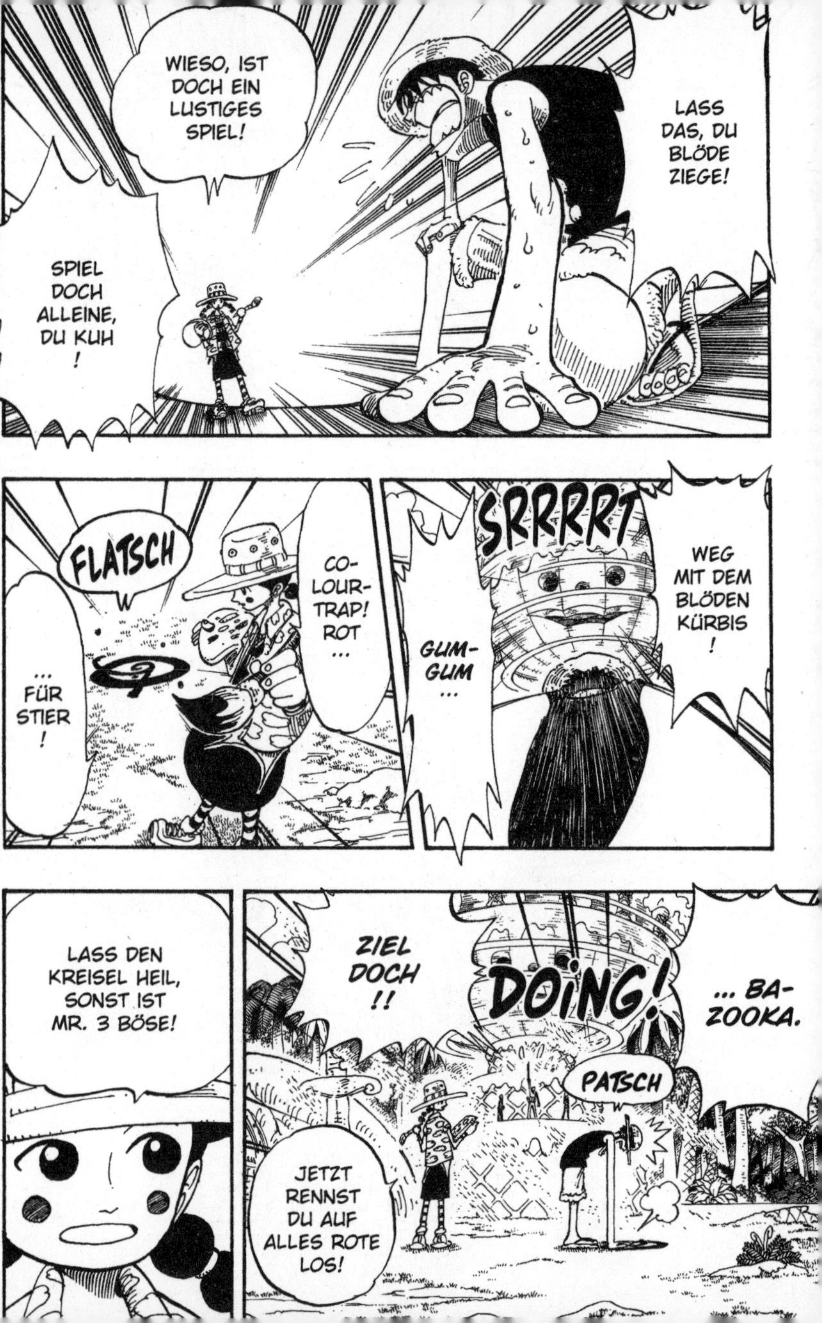
LASS DAS, DU BLÖDE ZIEGE!
WIESO, IST DOCH EIN LUSTIGES SPIEL!
SPIEL DOCH ALLEINE, DU KUH!
WEG MIT DEM BLÖDEN KÜRBIS!
SRRRRT
GUM-GUM ...
CO-LOUR-TRAP! ROT ...
FLATSCH
... FÜR STIER!
... BA-ZOOKA.
DOING!
ZIEL DOCH!!
PATSCH
JETZT RENNST DU AUF ALLES ROTE LOS!
LASS DEN KREISEL HEIL, SONST IST MR. 3 BÖSE!

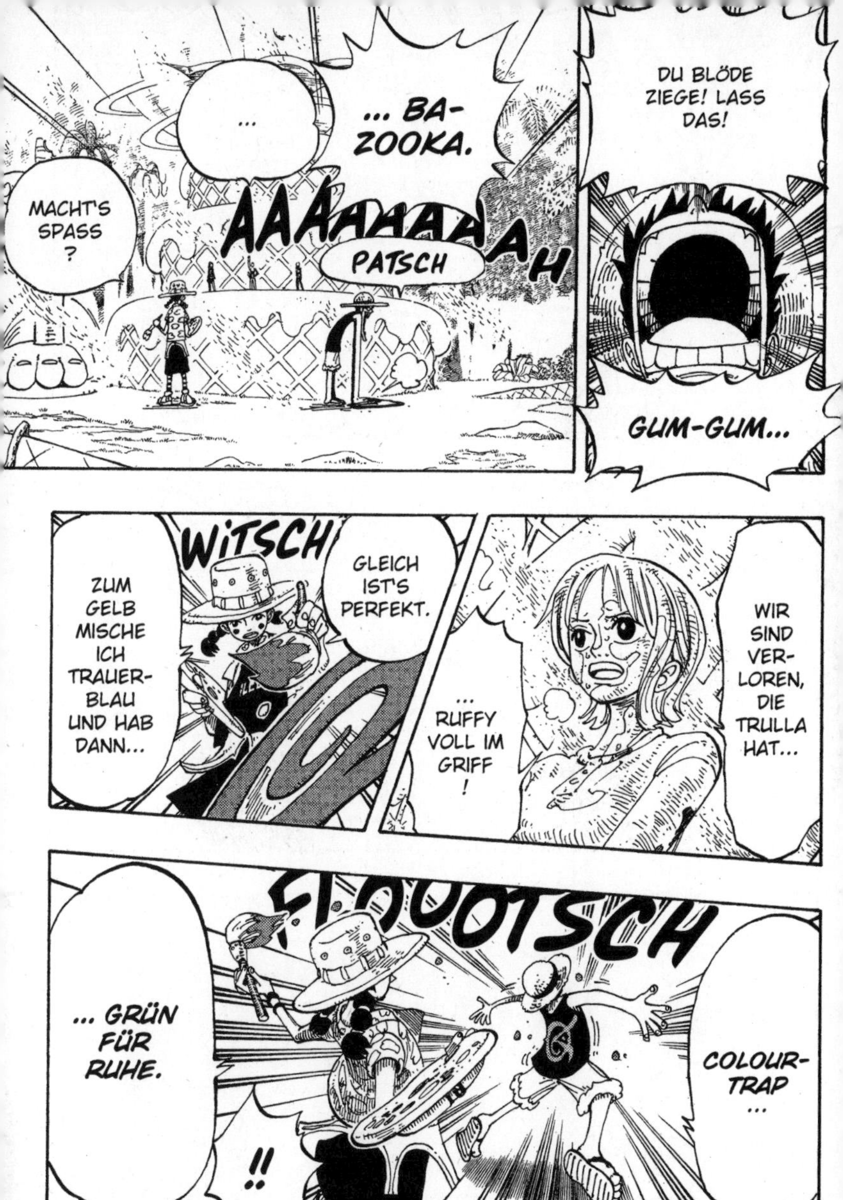
DU BLÖDE ZIEGE! LASS DAS!
GUM-GUM...
... BA-ZOOKA.
AAAAAAAAH
PATSCH
...
MACHT'S SPASS ?
WIR SIND VER-LOREN, DIE TRULLA HAT...
... RUFFY VOLL IM GRIFF !
GLEICH IST'S PERFEKT.
WITSCH
ZUM GELB MISCHE ICH TRAUER-BLAU UND HAB DANN...
FLOOOTSCH
COLOUR-TRAP ...
!!
... GRÜN FÜR RUHE.

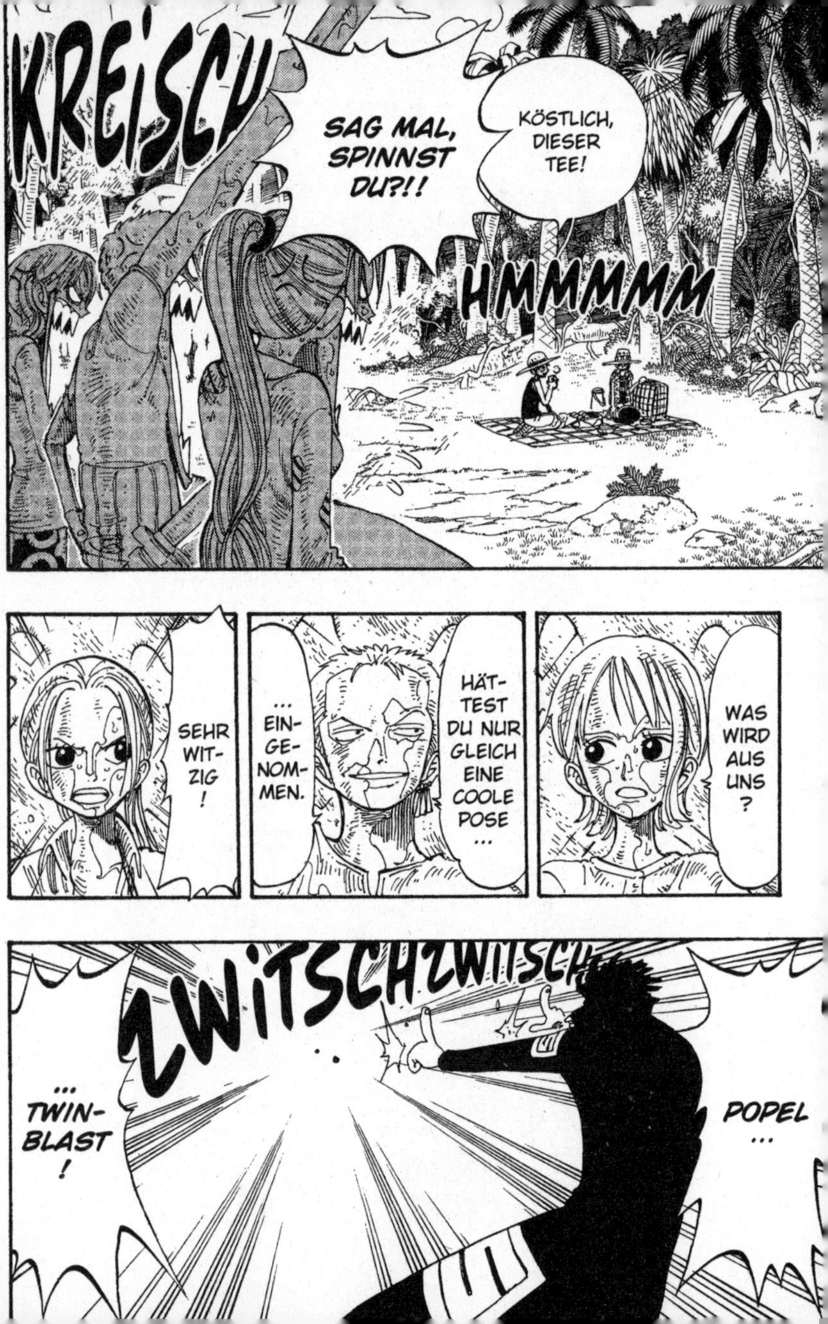
KÖSTLICH, DIESER TEE!
HMMMMMM
SAG MAL, SPINNST DU?!!
KREISCH
WAS WIRD AUS UNS?
HÄTTEST DU NUR GLEICH EINE COOLE POSE ...
... EINGENOMMEN.
SEHR WITZIG!
POPEL ...
ZWITSCHZWITSCH
... TWINBLAST!

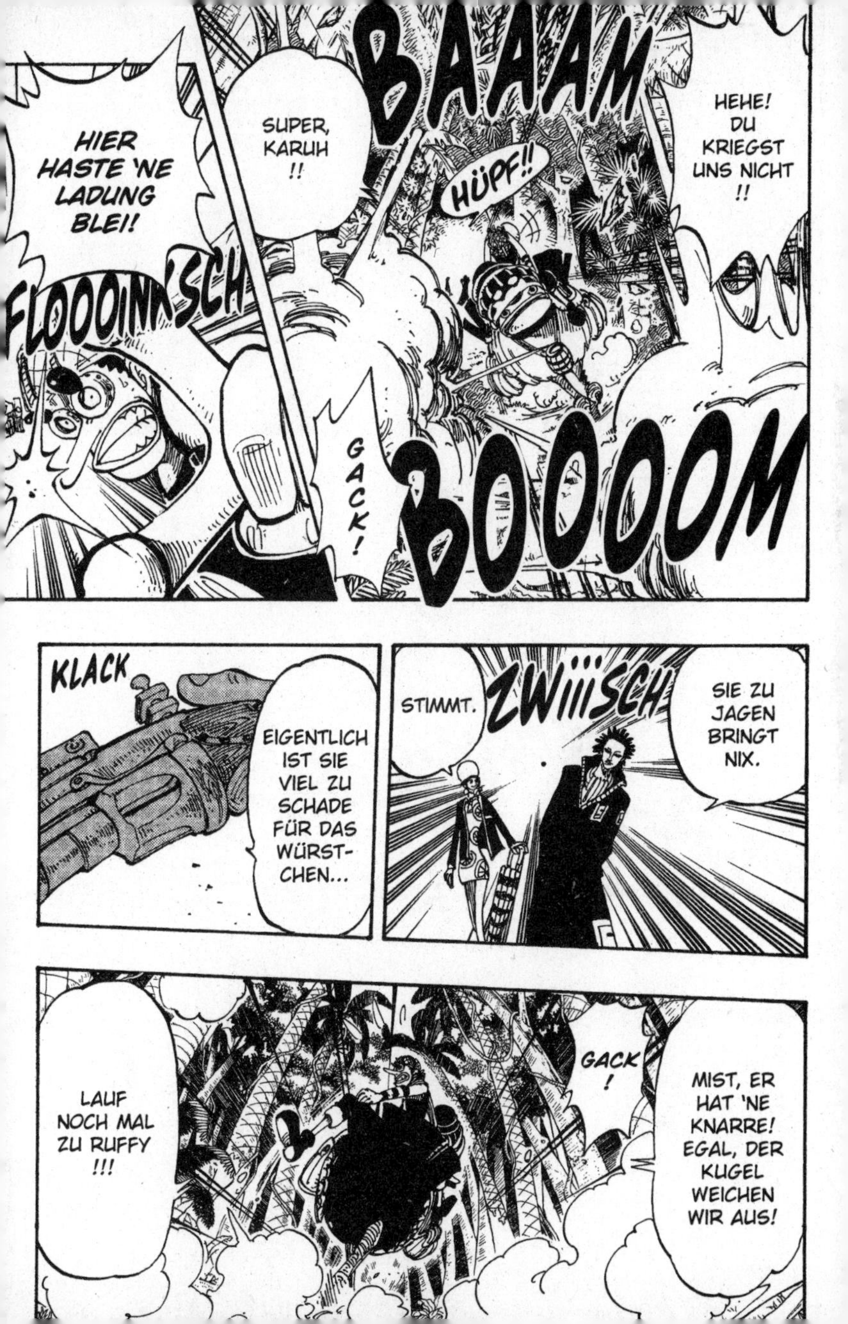
HEHE! DU KRIEGST UNS NICHT !!
BAAAM
HÜPF!!
SUPER, KARUH !!
HIER HASTE 'NE LADUNG BLEI!
FLOOOINNSCH
GACK!
BOOOOM
SIE ZU JAGEN BRINGT NIX.
ZWiiiSCH
STIMMT.
KLACK
EIGENTLICH IST SIE VIEL ZU SCHADE FÜR DAS WÜRST-CHEN...
MIST, ER HAT 'NE KNARRE! EGAL, DER KUGEL WEICHEN WIR AUS!
GACK!
LAUF NOCH MAL ZU RUFFY !!!

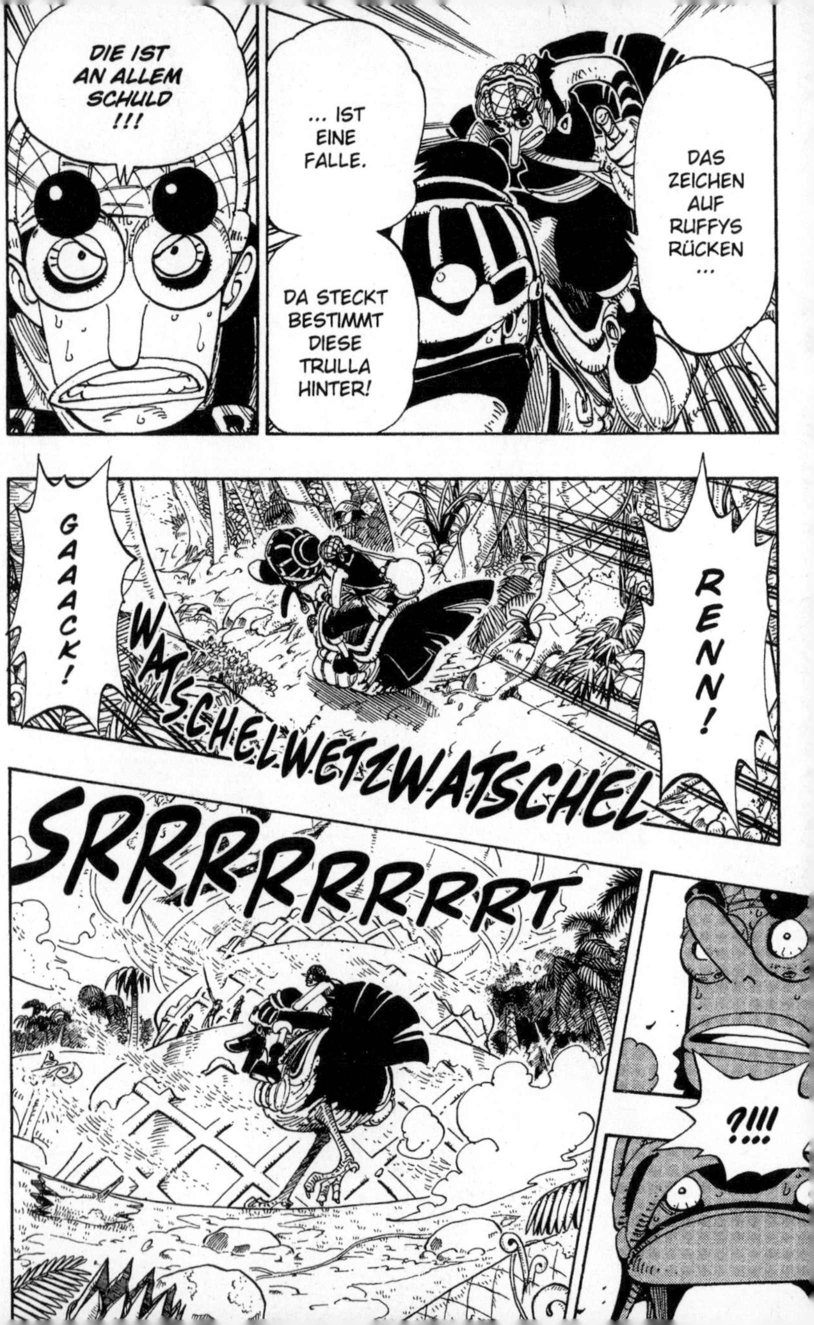
DAS ZEICHEN AUF RUFFYS RÜCKEN ...
... IST EINE FALLE.
DA STECKT BESTIMMT DIESE TRULLA HINTER!
DIE IST AN ALLEM SCHULD !!!
RENN!
GAAACK!
WATSCHELWETZWATSCHEL
SRRRRRRRRRT
?!!!

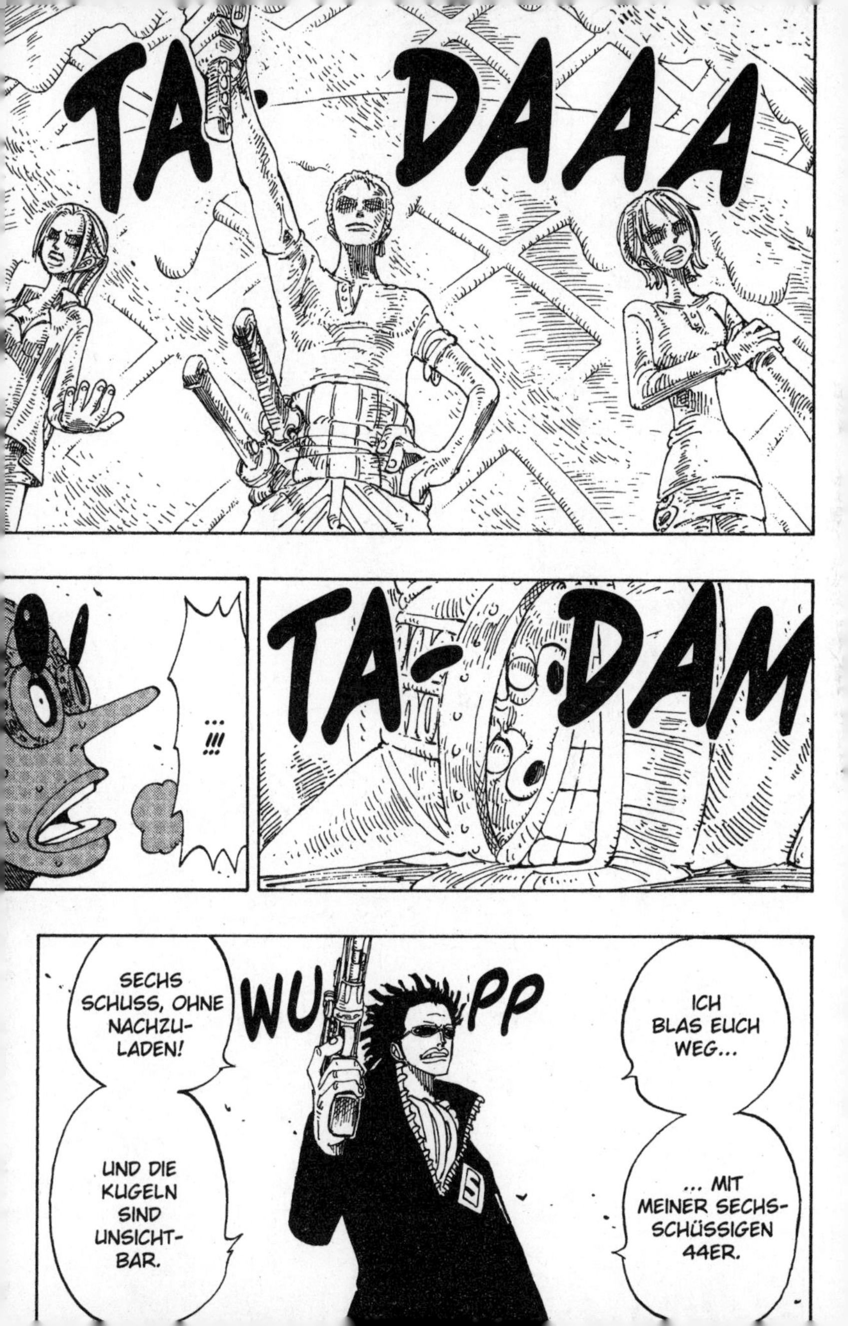
TA-DAAA
...!!!
TA-DAM
WUPP
SECHS SCHUSS, OHNE NACHZU-LADEN!
UND DIE KUGELN SIND UNSICHT-BAR.
ICH BLAS EUCH WEG...
... MIT MEINER SECHS-SCHÜSSIGEN 44ER.

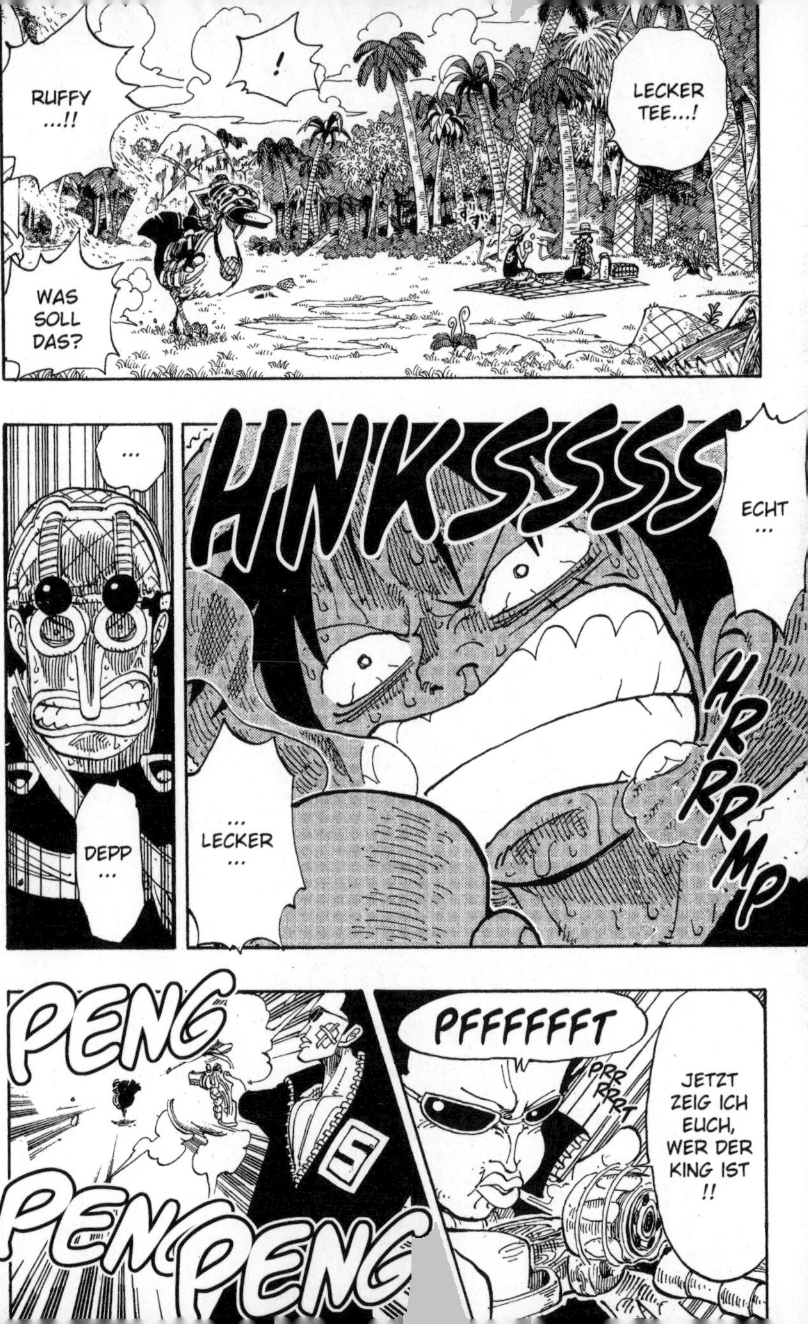
LECKER TEE...!
!
RUFFY ...!!
WAS SOLL DAS?
HNKSSSSS
ECHT ...
...
HRRRMP
... LECKER ...
DEPP ...
PFFFFFFT
PRRRRRT
JETZT ZEIG ICH EUCH, WER DER KING IST !!
PENG
PENG
PENG

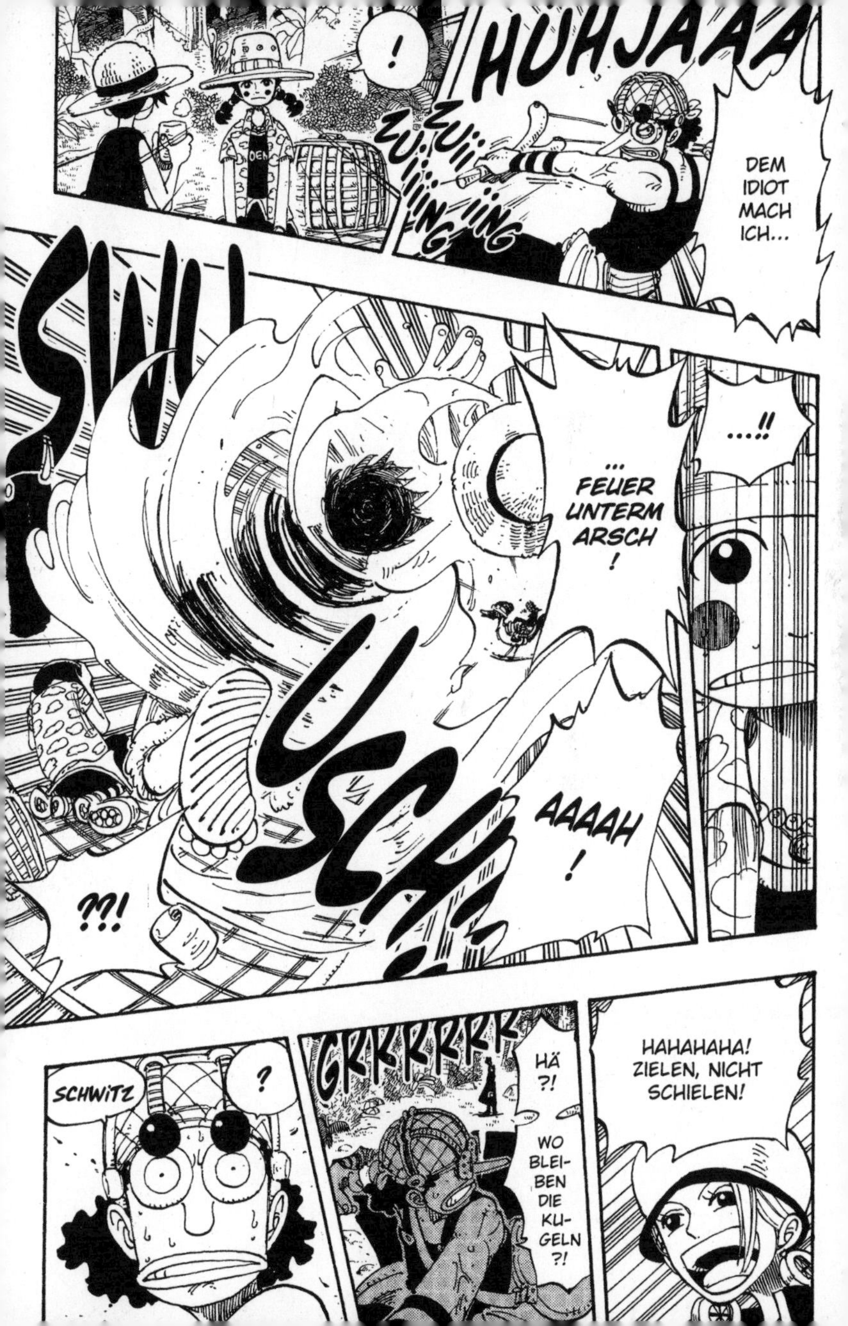
HUHJAAA
DEM IDIOT MACH ICH...
ZUIIIIING ZUIIIIING
!
...!!
... FEUER UNTERM ARSCH!
SWUSCH
AAAAH!
??!
HAHAHAHA! ZIELEN, NICHT SCHIELEN!
HÄ?!
WO BLEI-BEN DIE KU-GELN?!
GRRRRRRR
?
SCHWITZ

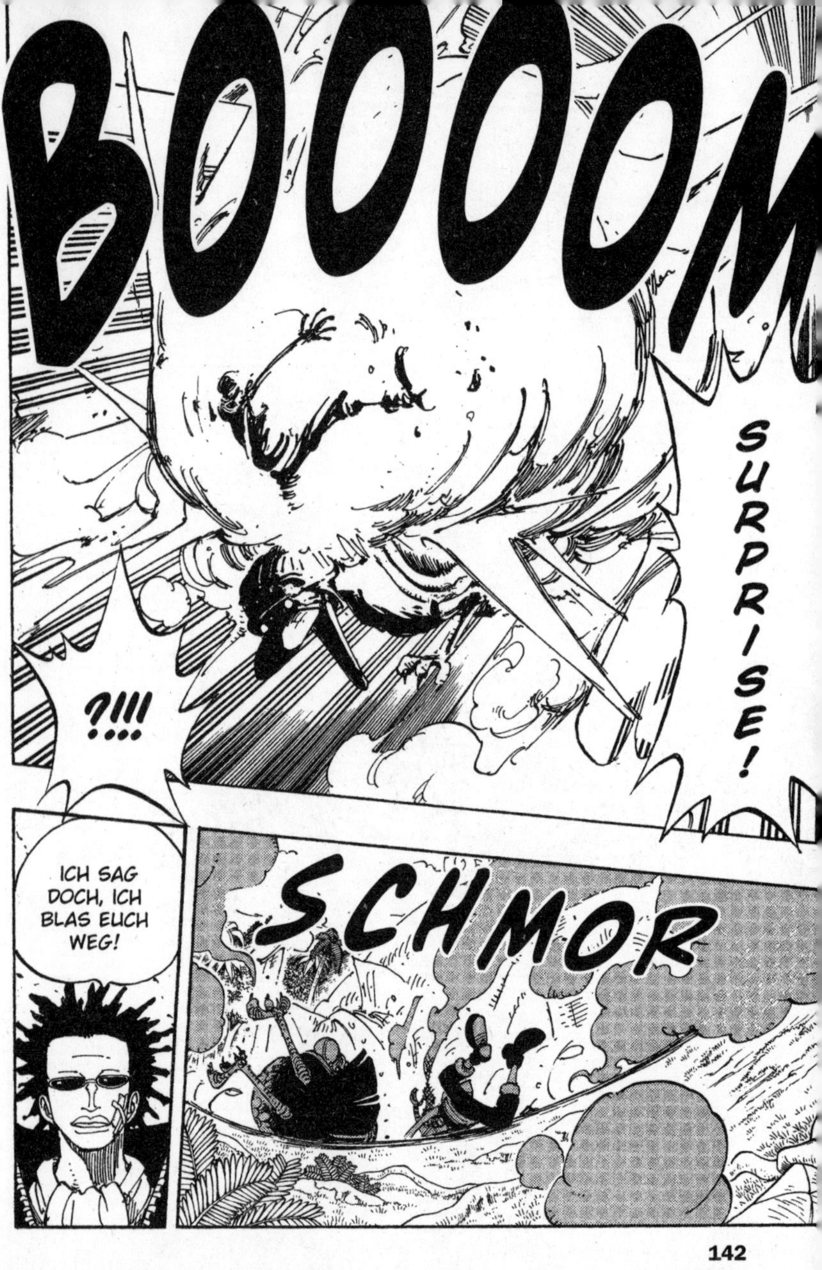
BOOOOM
SURPRISE!
?!!!
ICH SAG DOCH, ICH BLAS EUCH WEG!
SCHMOR

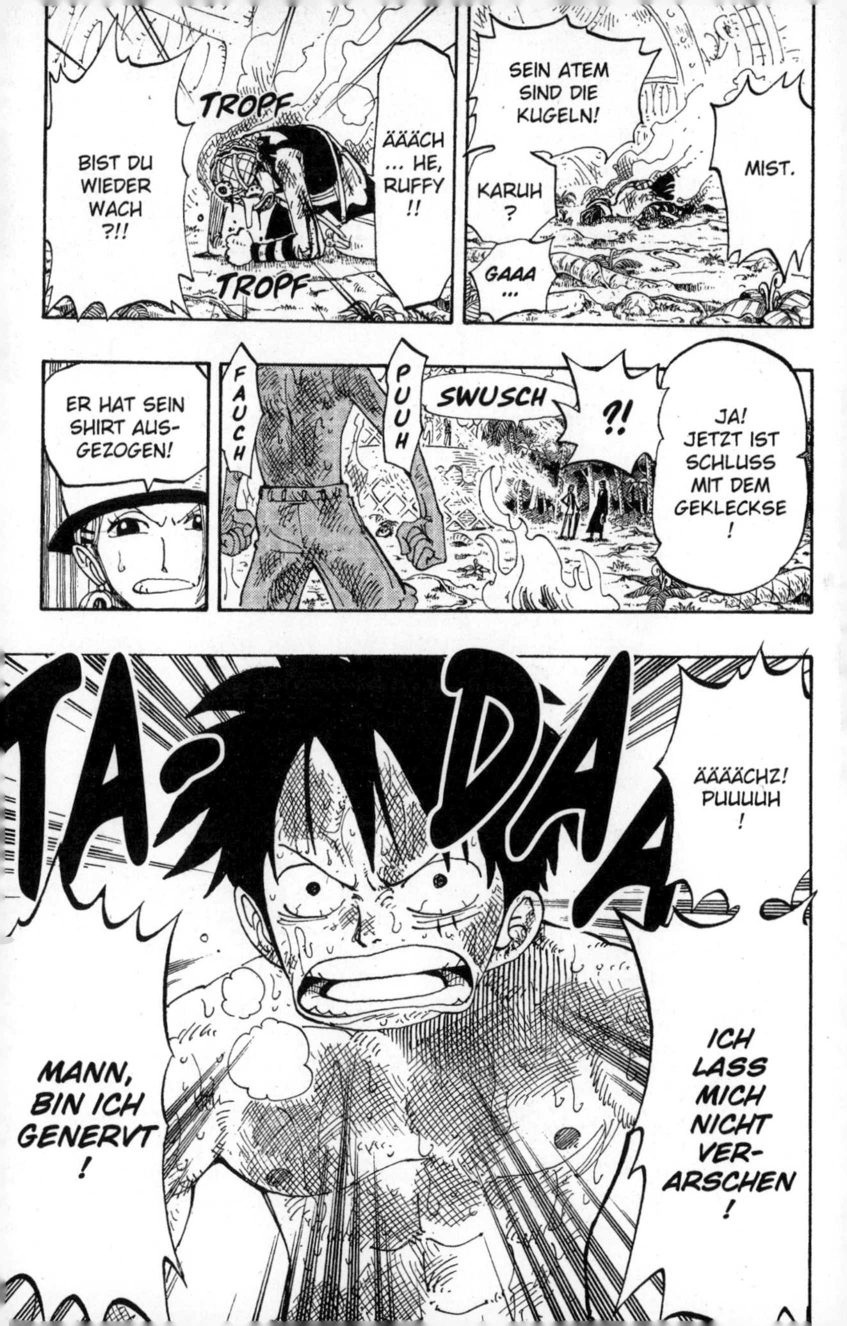
SEIN ATEM SIND DIE KUGELN!
MIST.
KARUH ?
GAAA ...
ÄÄÄCH ... HE, RUFFY !!
TROPF
BIST DU WIEDER WACH ?!!
TROPF
JA! JETZT IST SCHLUSS MIT DEM GEKLECKSE !
?!
SWUSCH
PUUH
FAUCH
ER HAT SEIN SHIRT AUS-GEZOGEN!
TA-DA
ÄÄÄÄCHZ! PUUUUH !
ICH LASS MICH NICHT VER-ARSCHEN !
MANN, BIN ICH GENERVT !

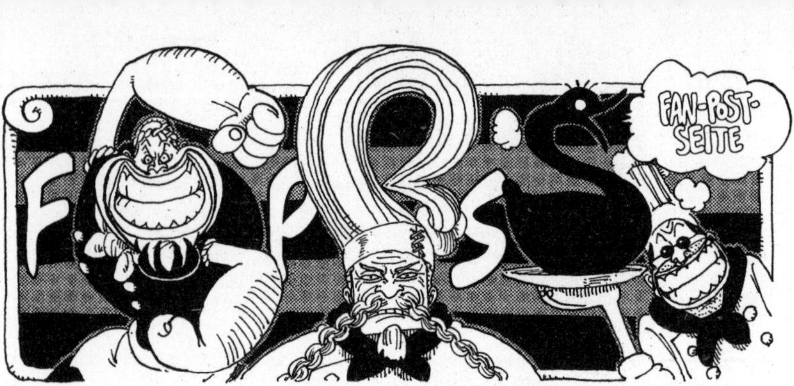

L: HALLI, HALLO, HERR ODA!! ICH LIEBE LYSOP! DAS IST FÜR LYSOOOP! ***GUMMI-ATTACKE!!! BOOOM!***

O: ÄÄÄÄÄÄH...?

L: HALLO, HERR ODA! ICH WUNDERE MICH SCHON DIE GANZE ZEIT, WARUM IN LYSOPS PIRATENGALERIE MANCHMAL BILDER VON CHARAKTEREN ERSCHEINEN, DIE IN ONE PIECE GAR NICHT VORKOMMEN!? WIE GEHT DAS?

O: WOOOAH! ACHTUNG, EIN GUMMIBAND!! WAS SAGST DU? ACH SO, DIE ANDEREN FIGUREN. DAS KOMMT, WEIL EINIGE DAS BANZAI!-MAGAZIN LESEN, DA IST "ROMANCE DAWN", DER ONE-PIECE-ROMAN, ERSCHIENEN. DA SPIELEN FIGUREN MIT, DIE ES IN ONE PIECE NICHT GIBT. BESORG DIR MAL EINE AUSGABE VON BANZAI!, DANN WIRST DU SCHON SEHEN!

L: NEULICH HABE ICH BILDER VON ÄGYPTISCHEN PHARAONEN GESEHEN, DIE GENAUSO EINEN GESTREIFTEN PILZ AM KINN HABEN WIE JACKO! WAS HAT JACKO MIT ÄGYPTERN ZU TUN?

O: NA JA, EIGENTLICH NUR, DASS ER IN DER BLACK-CAT-PIRATEN-BANDE IST UND DASS KATZEN URSPRÜNGLICH AUS ÄGYPTEN KOMMEN. DIE BLACK-CAT-PIRATEN TRAGEN ALLE KATZEN-OHREN UND JACKO ALS VIZE-KÄPT'N EINEN PHARAONENBART.

L: HEY! TIMMY UEDA! WENN DU DAS LIEST: ICH FORDERE DICH ZU EINEM WORT-DUELL! WER MIT EINEM "N" AUFHÖRT, HAT VERLOREN! OKAY, LOS: ALSO, MANN... OH, MIST! ***ENDE DER FPS.***

O: HE, WARTE! WAS BEDEUTET NOCH MAL DAS "PURA" IN "TEM-PURA" ? UND "TEM"? WOHER KOMMT DAS WORT "TEMPURA" EIGENTLICH? ACH, EGAL...

125. Kapitel:
Panzerknacker

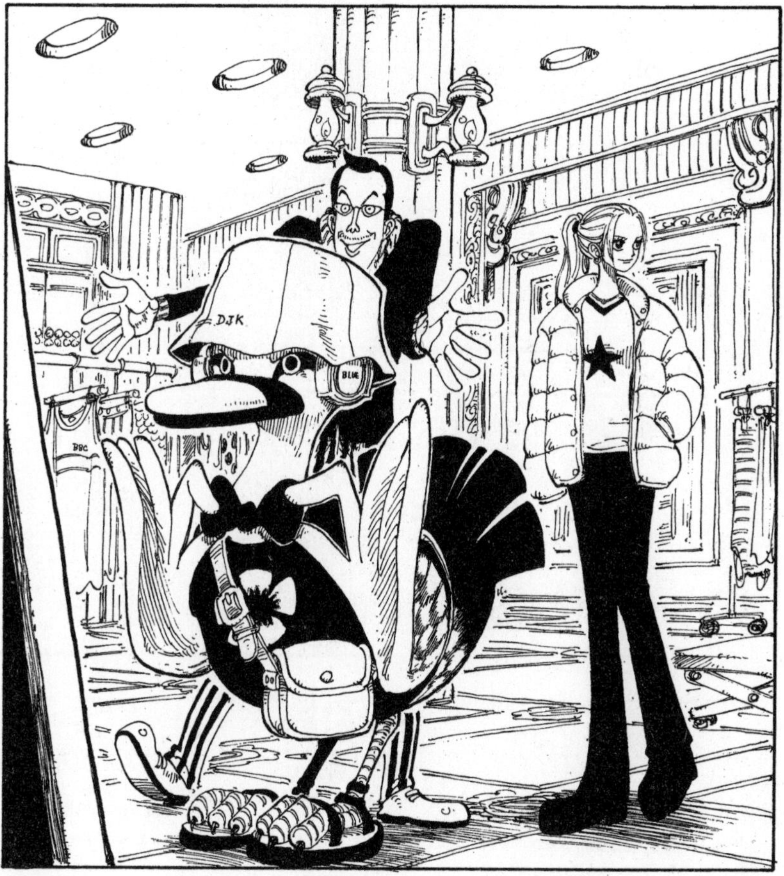

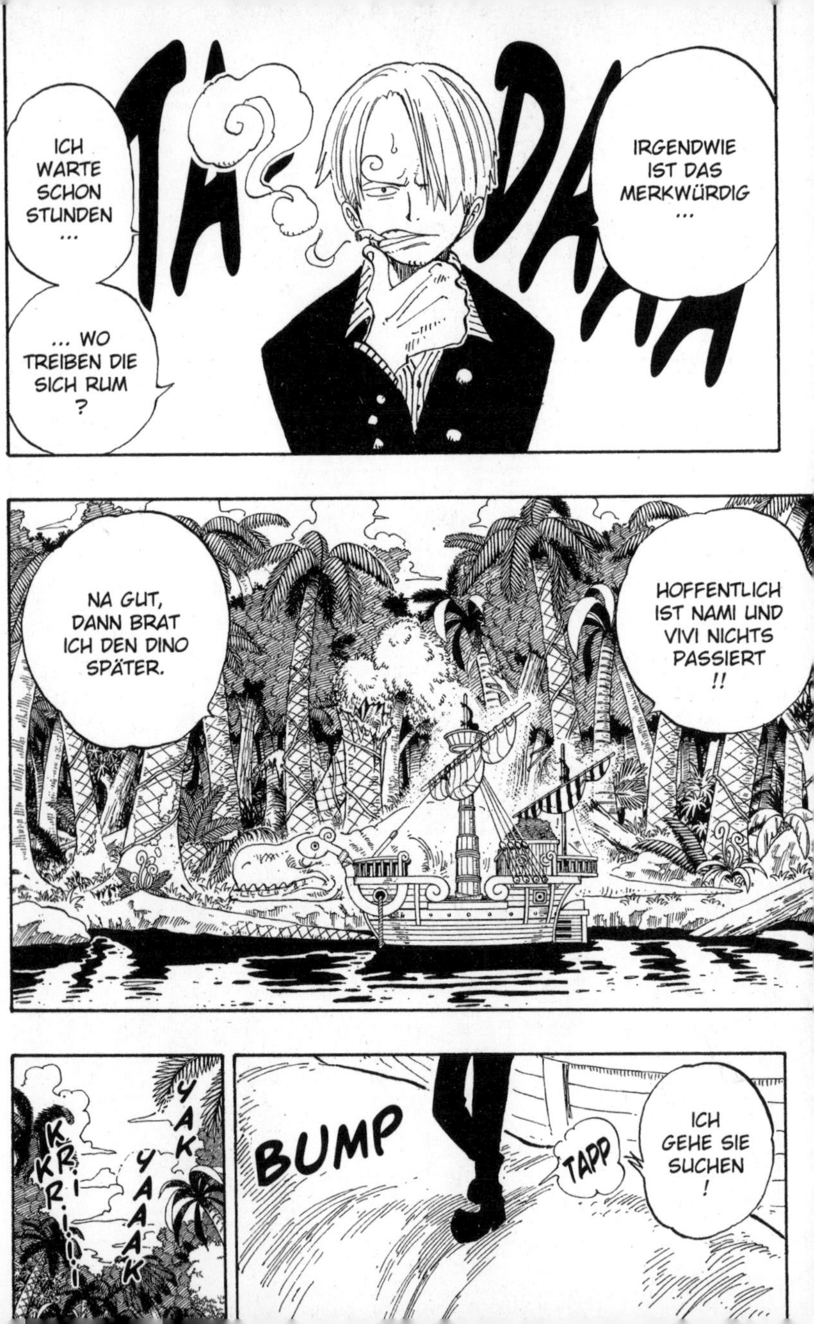
TA-DAAA
IRGENDWIE IST DAS MERKWÜRDIG ...
ICH WARTE SCHON STUNDEN ...
... WO TREIBEN DIE SICH RUM ?
HOFFENTLICH IST NAMI UND VIVI NICHTS PASSIERT !!
NA GUT, DANN BRAT ICH DEN DINO SPÄTER.
ICH GEHE SIE SUCHEN !
TAPP
BUMP
YAK YAAAAK
KRI KRI...

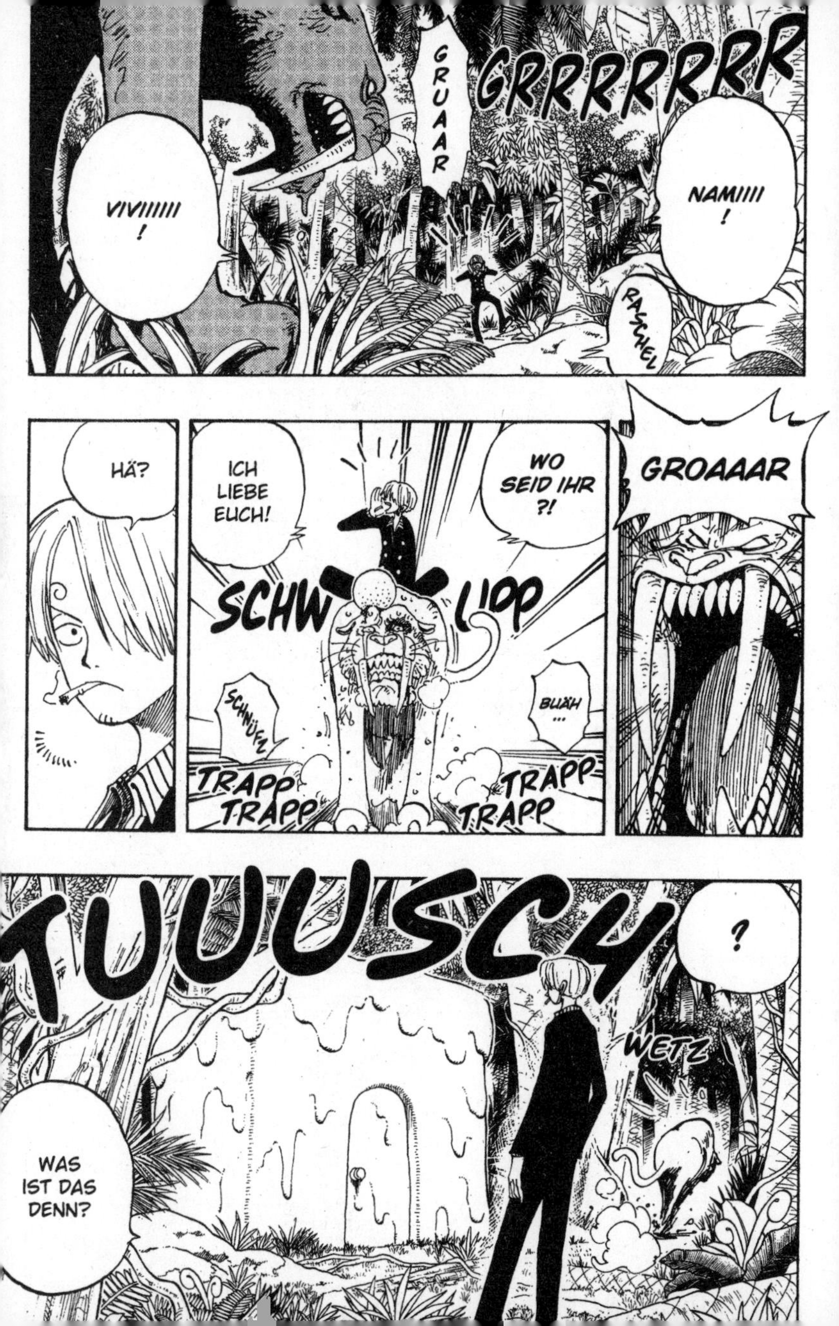
GRRRRRRRRR
NAMIIII !
RASCHEL
GRUAAAR
VIVIIIIII !
GROAAAR
WO SEID IHR ?!
ICH LIEBE EUCH!
SCHW LIPP
BUÄH ...
SCHNÜFZ
TRAPP TRAPP
TRAPP TRAPP
HÄ?
?
TUUUSCH
WETZ
WAS IST DAS DENN?

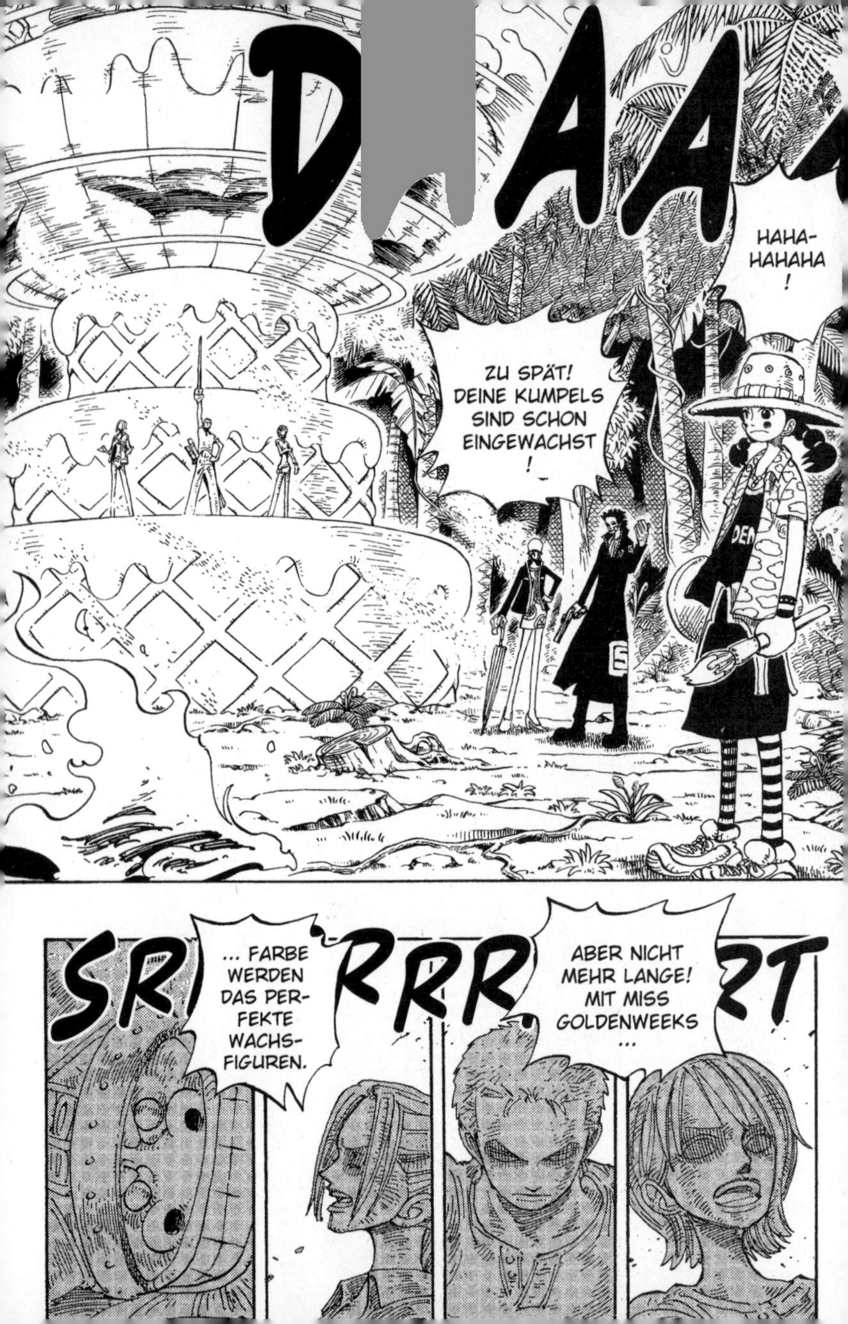
D
AA
HAHA-
HAHAHA
!
ZU SPÄT!
DEINE KUMPELS
SIND SCHON
EINGEWACHST
!
SR
RRR
RT
ABER NICHT
MEHR LANGE!
MIT MISS
GOLDENWEEKS
...
... FARBE
WERDEN
DAS PER-
FEKTE
WACHS-
FIGUREN.

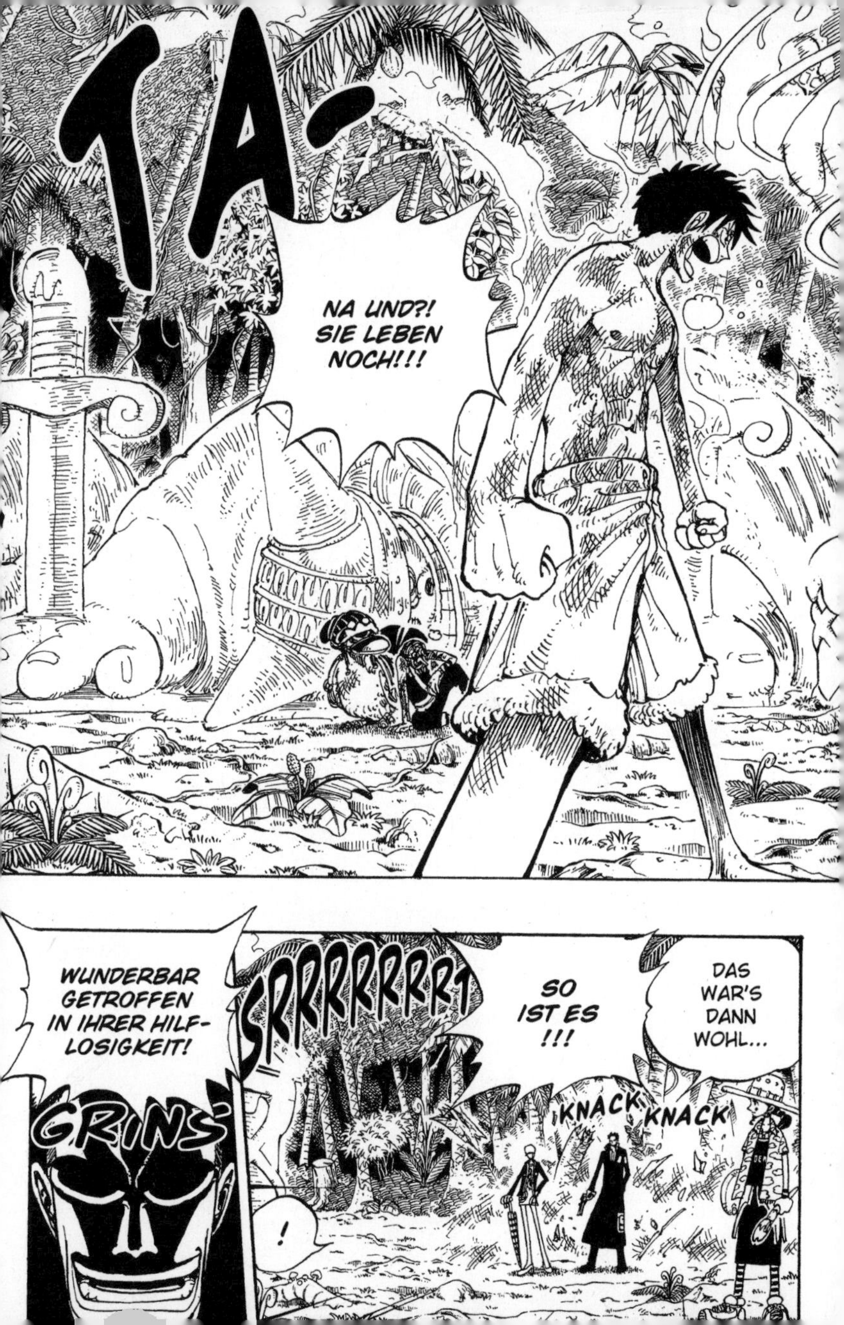
TA-
NA UND?! SIE LEBEN NOCH!!!
DAS WAR'S DANN WOHL...
SO IST ES !!!
SRRRRRRRT
WUNDERBAR GETROFFEN IN IHRER HILF-LOSIGKEIT!
GRINS
KNACK KNACK
!

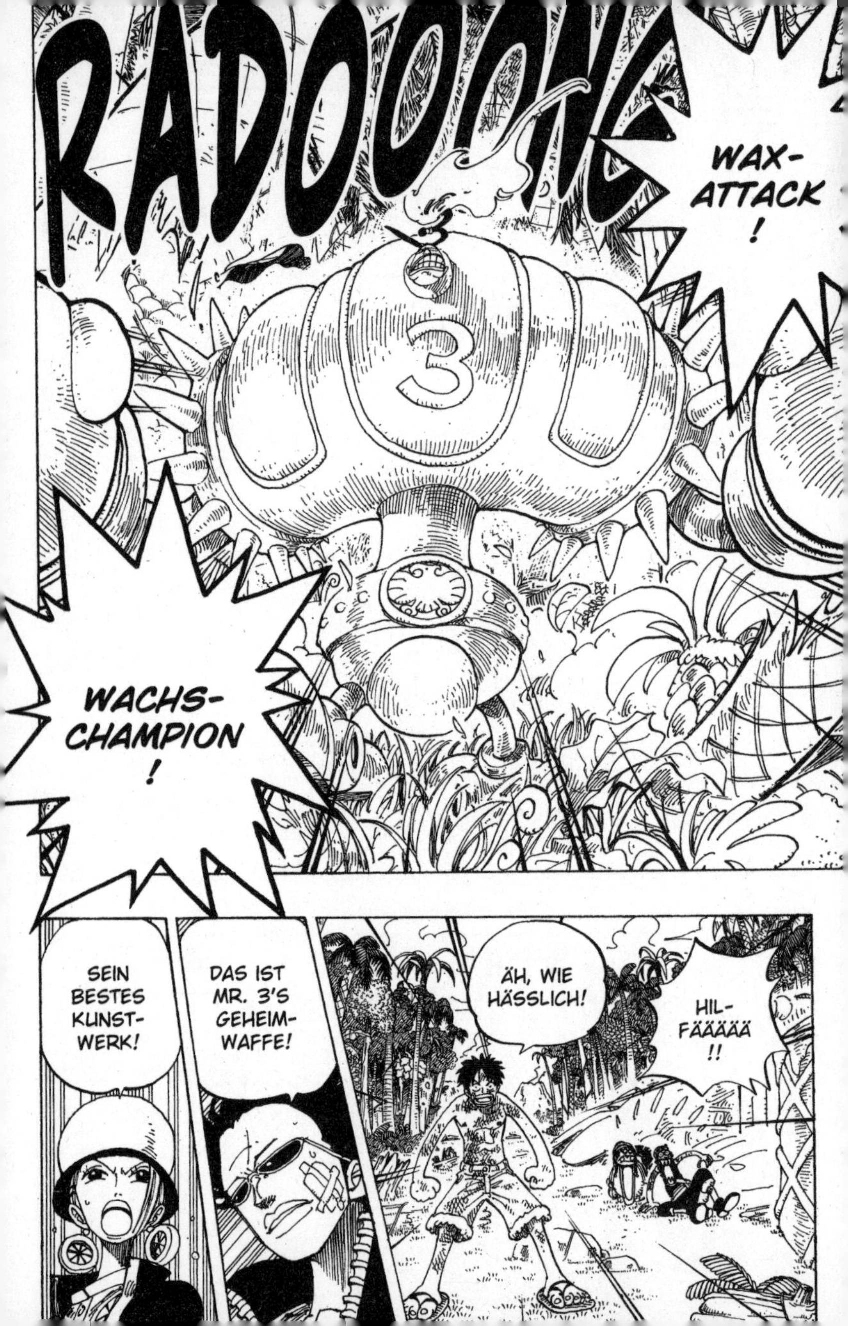
RADOOOHE
WAX-ATTACK!
WACHS-CHAMPION!
SEIN BESTES KUNST-WERK!
DAS IST MR. 3'S GEHEIM-WAFFE!
ÄH, WIE HÄSSLICH!
HIL-FÄÄÄÄÄ!!

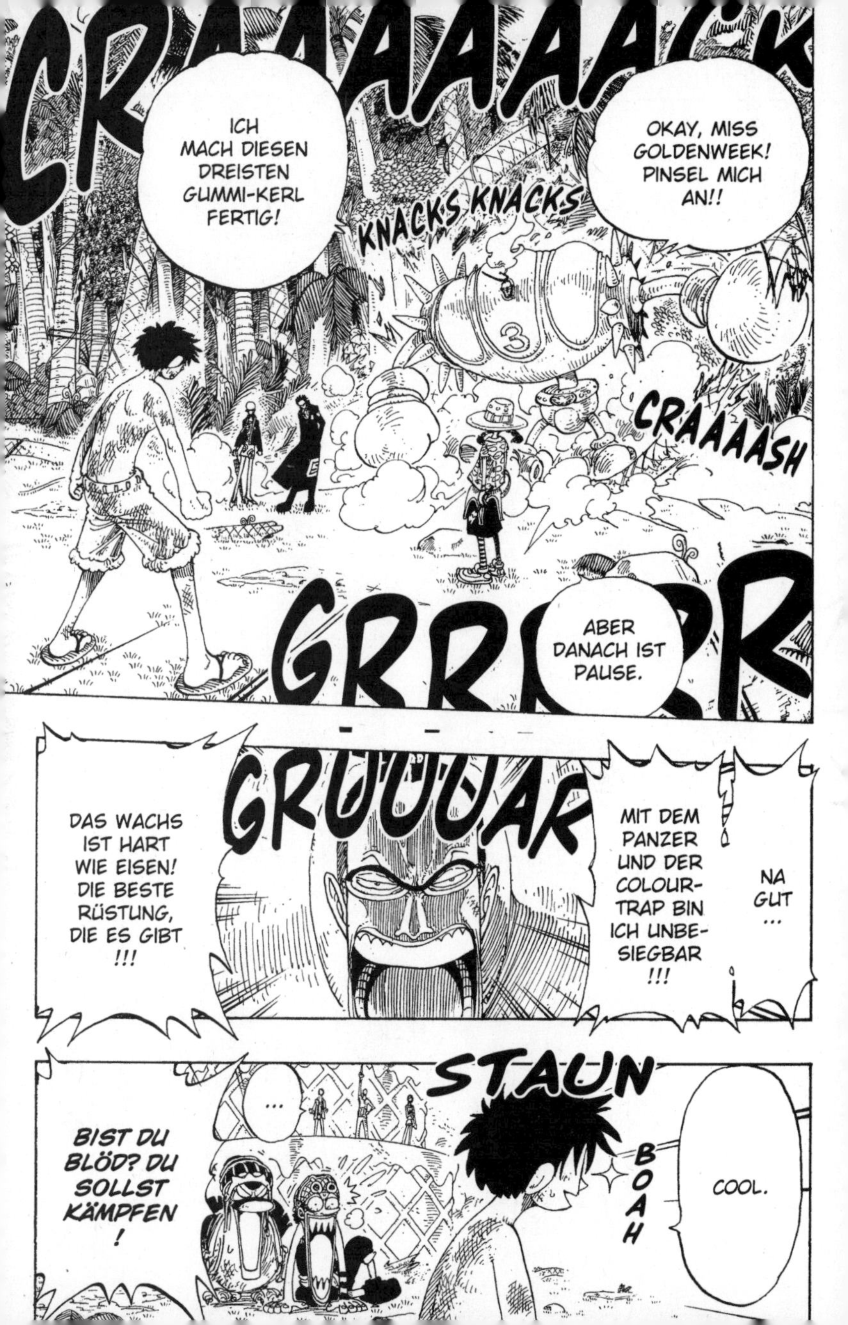
CRAAAAACK
OKAY, MISS GOLDENWEEK! PINSEL MICH AN!!
ICH MACH DIESEN DREISTEN GUMMI-KERL FERTIG!
KNACKS KNACKS
CRAAAASH
GRRRRR
ABER DANACH IST PAUSE.
GRUUUAR
NA GUT ...
MIT DEM PANZER UND DER COLOUR-TRAP BIN ICH UNBE-SIEGBAR !!!
DAS WACHS IST HART WIE EISEN! DIE BESTE RÜSTUNG, DIE ES GIBT !!!
STAUN
COOL.
BOAH
...
BIST DU BLÖD? DU SOLLST KÄMPFEN !

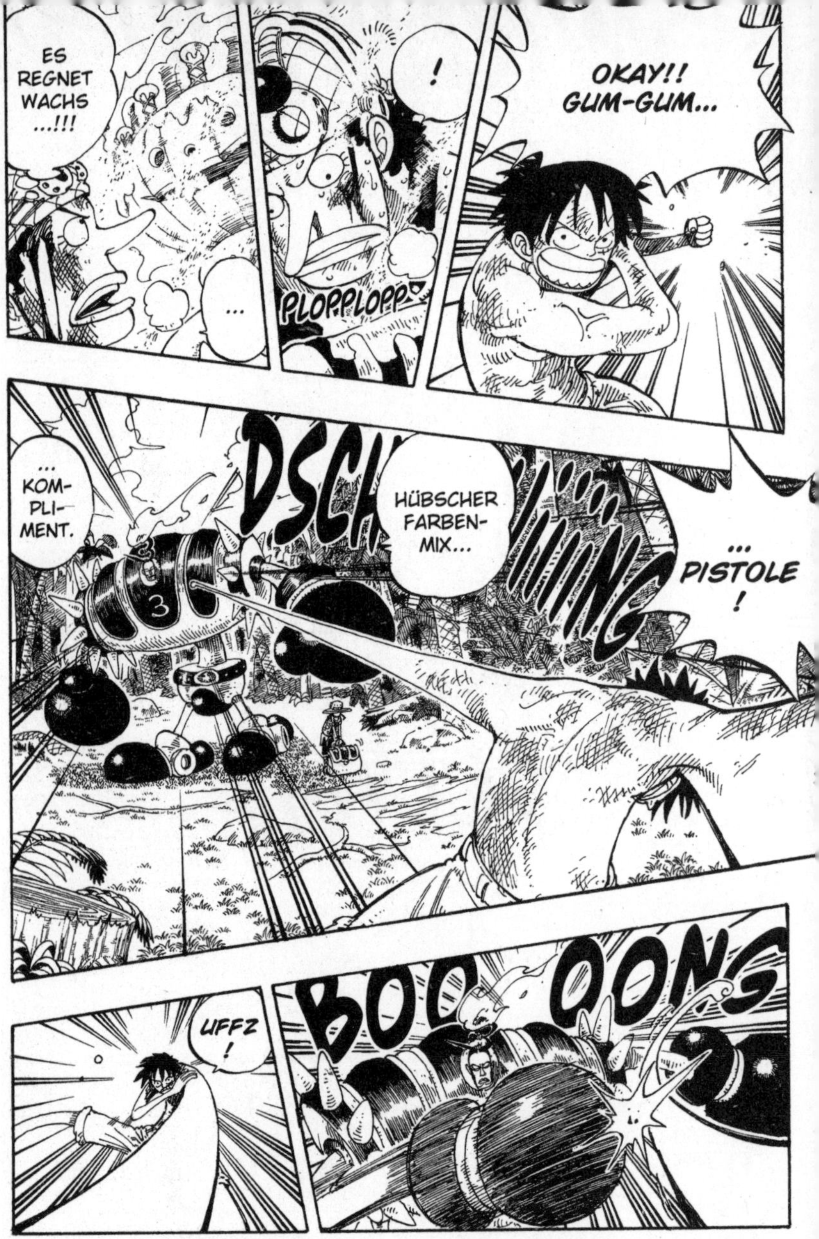
OKAY!! GUM-GUM...
!
...
PLOPPLOPP
ES REGNET WACHS ...!!!
... PISTOLE !
HÜBSCHER FARBEN-MIX...
... KOMPLI-MENT.
BOO OONS
UFFZ !

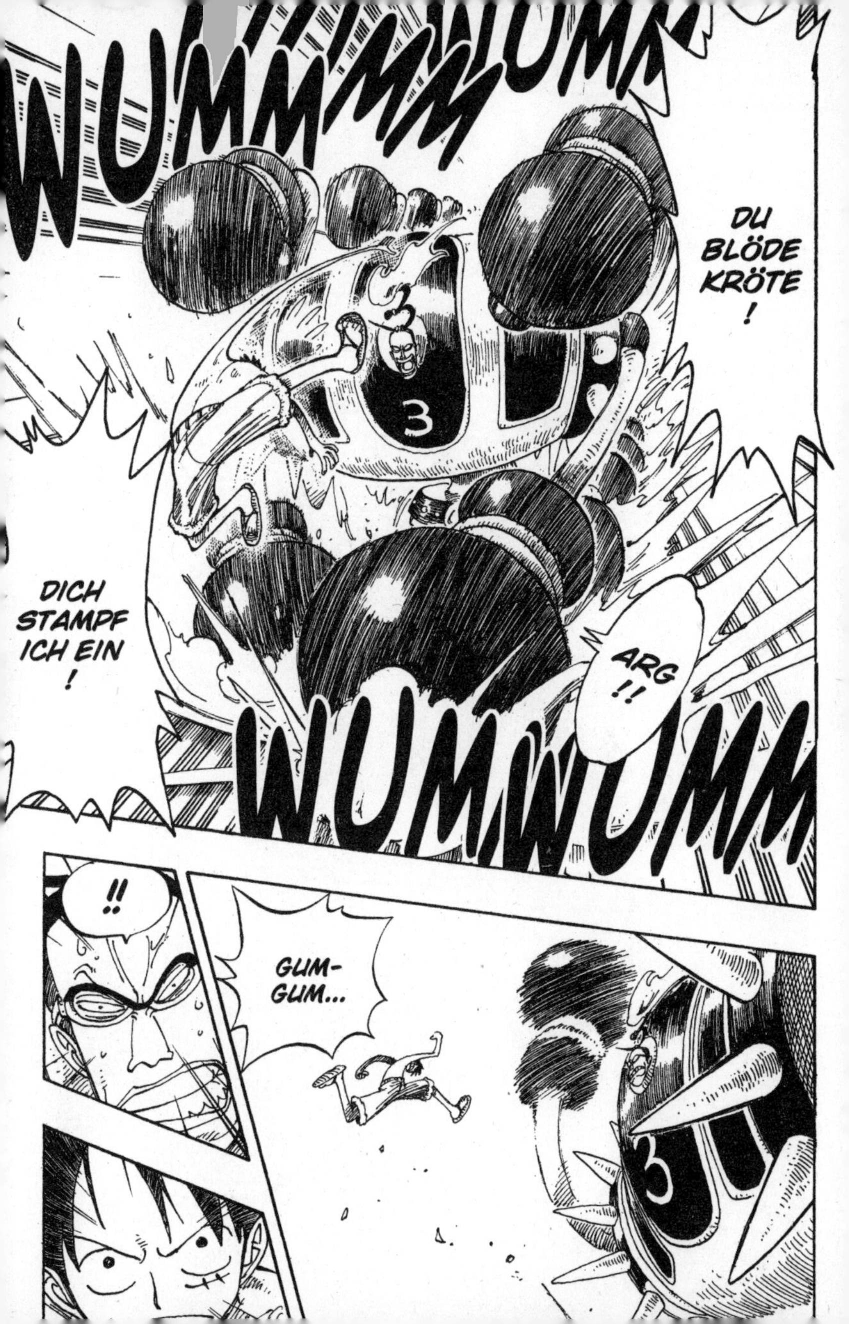

WUMMMWUMM
DU BLÖDE KRÖTE !
DICH STAMPF ICH EIN !
ARG !!
WUMMWUMM
!!
GUM-GUM...

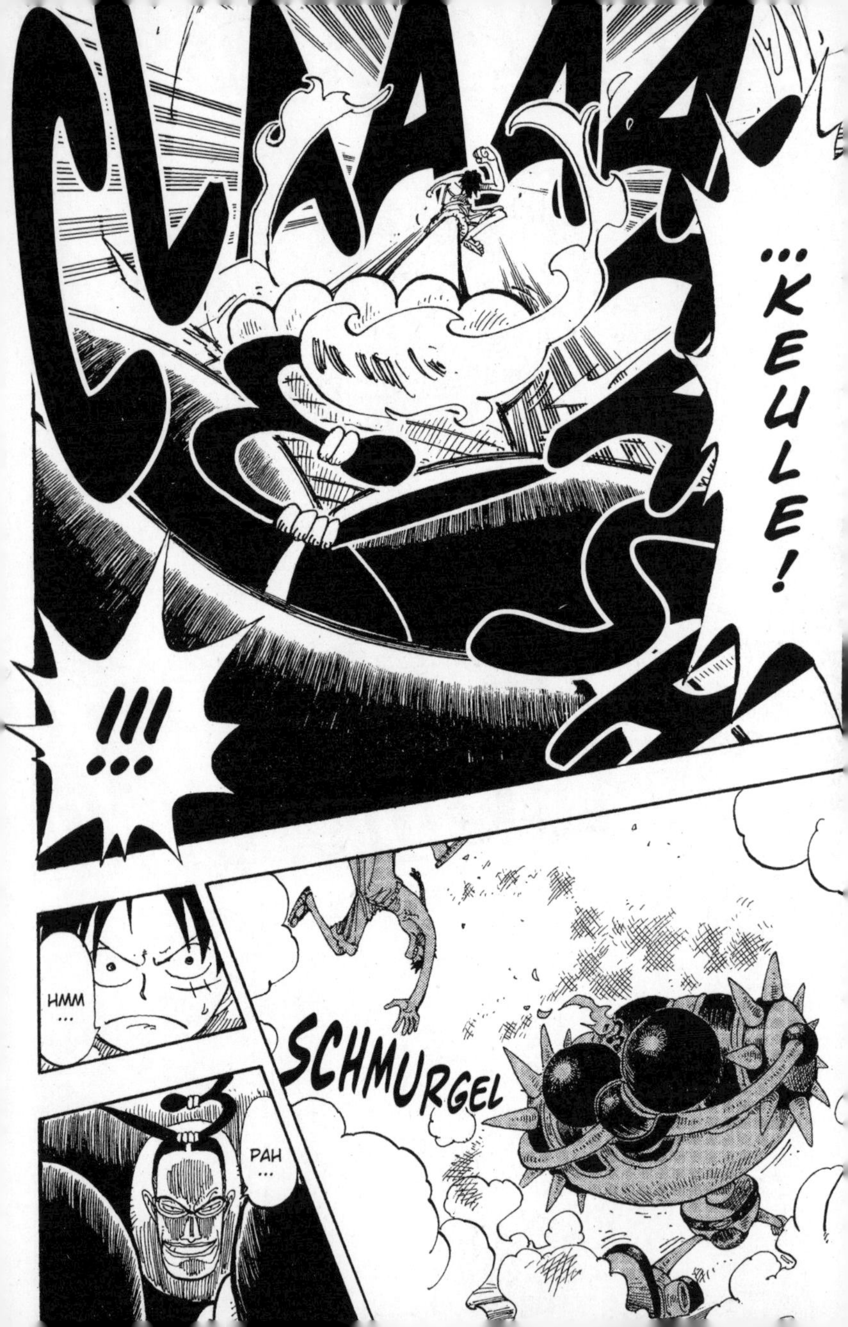
...KEULE!
!!!
...
HMM
...
SCHMURGEL
PAH
...

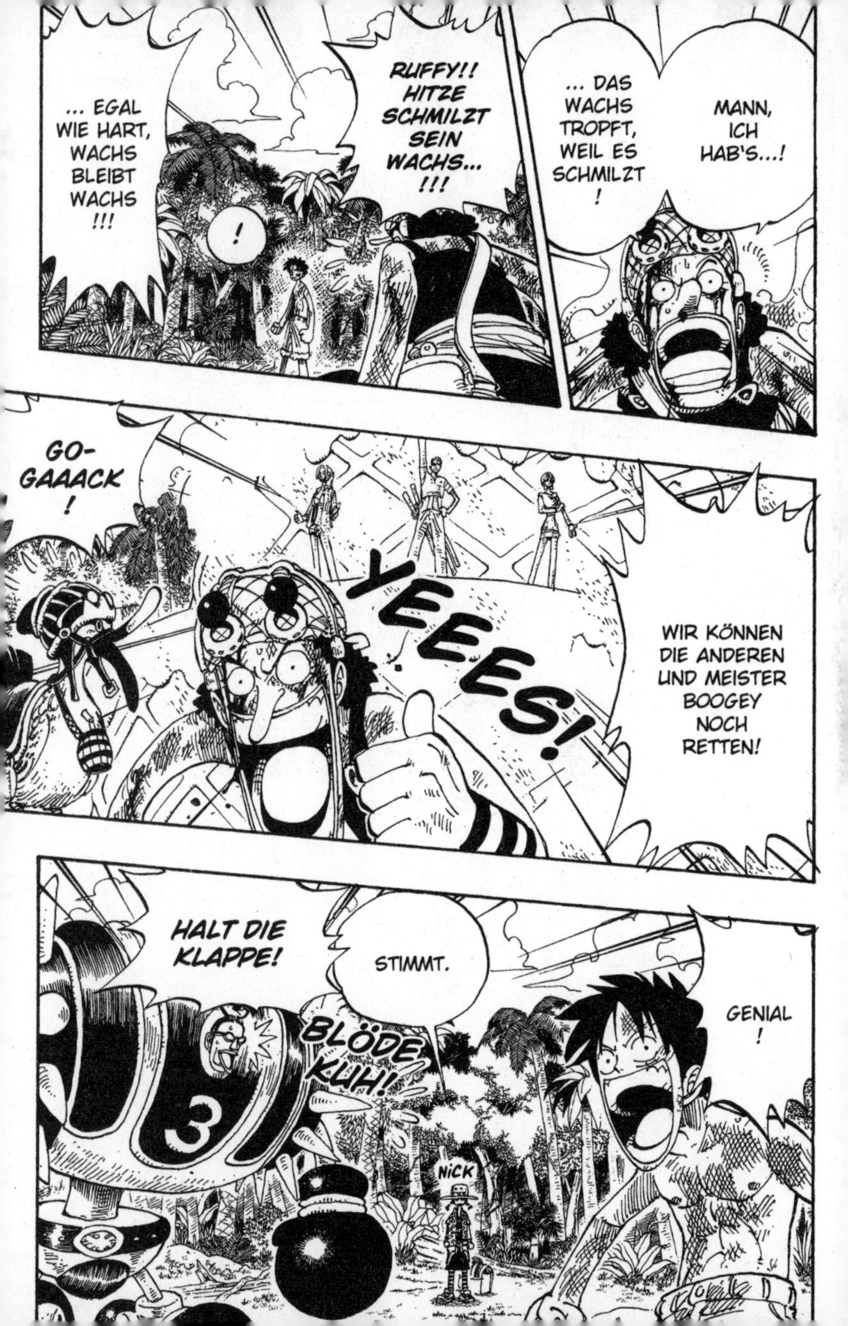
MANN, ICH HAB'S...!
... DAS WACHS TROPFT, WEIL ES SCHMILZT!
RUFFY!! HITZE SCHMILZT SEIN WACHS...!!!
!
... EGAL WIE HART, WACHS BLEIBT WACHS!!!
WIR KÖNNEN DIE ANDEREN UND MEISTER BOOGEY NOCH RETTEN!
YEEES!
GO-GAAACK!
GENIAL!
STIMMT.
BLÖDE KUH!
HALT DIE KLAPPE!
NICK

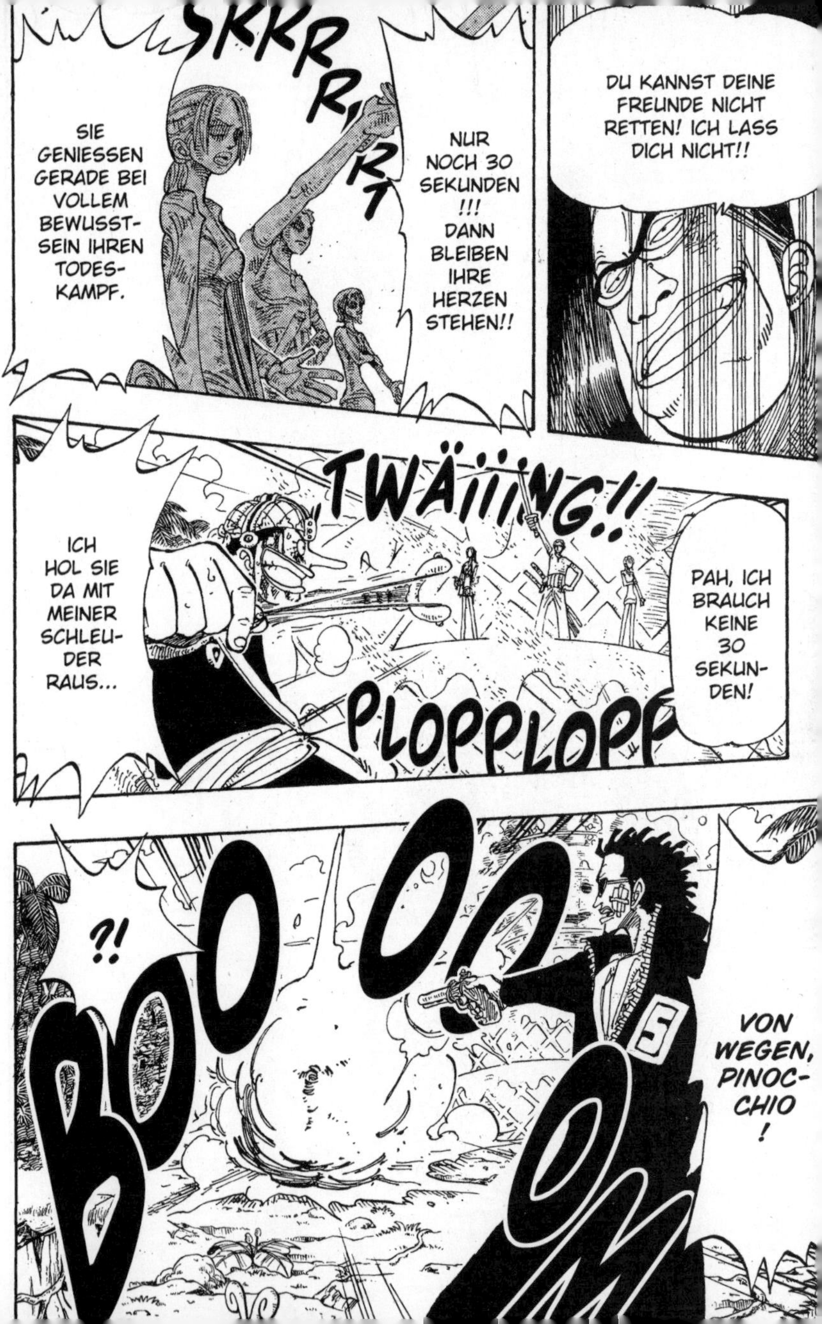

DU KANNST DEINE FREUNDE NICHT RETTEN! ICH LASS DICH NICHT!!
NUR NOCH 30 SEKUNDEN!!! DANN BLEIBEN IHRE HERZEN STEHEN!!
SKKRRRT
SIE GENIESSEN GERADE BEI VOLLEM BEWUSST-SEIN IHREN TODES-KAMPF.
PAH, ICH BRAUCH KEINE 30 SEKUN-DEN!
TWÄIIING!!
PLOPPLOPP
ICH HOL SIE DA MIT MEINER SCHLEU-DER RAUS...
VON WEGEN, PINOC-CHIO!
BOOOOM
?!

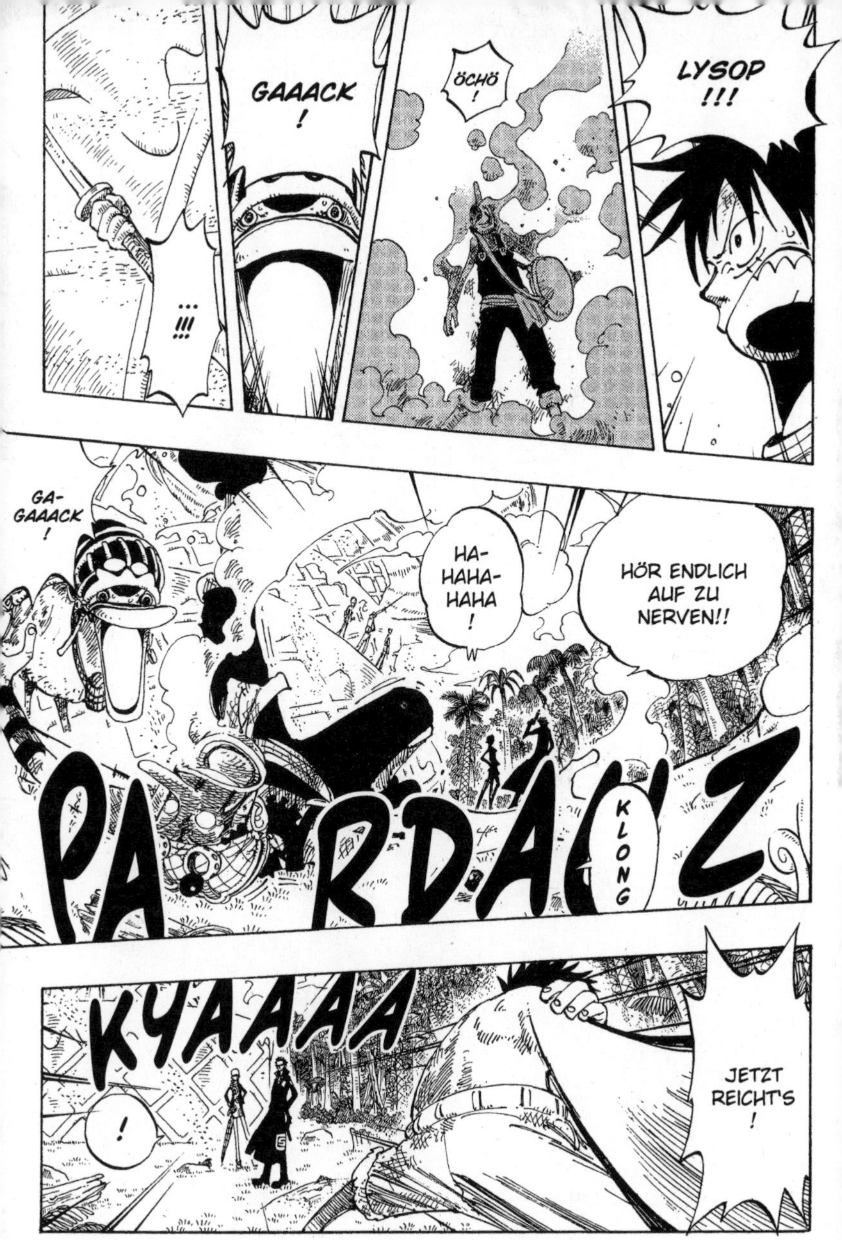
LYSOP !!!
ÖCHÖ !
GAAACK !
... !!!
HÖR ENDLICH AUF ZU NERVEN!!
HA-HAHA-HAHA !
GA-GAAACK !
PARDAUZ
KLONG
JETZT REICHT'S !
KYAAAA
!

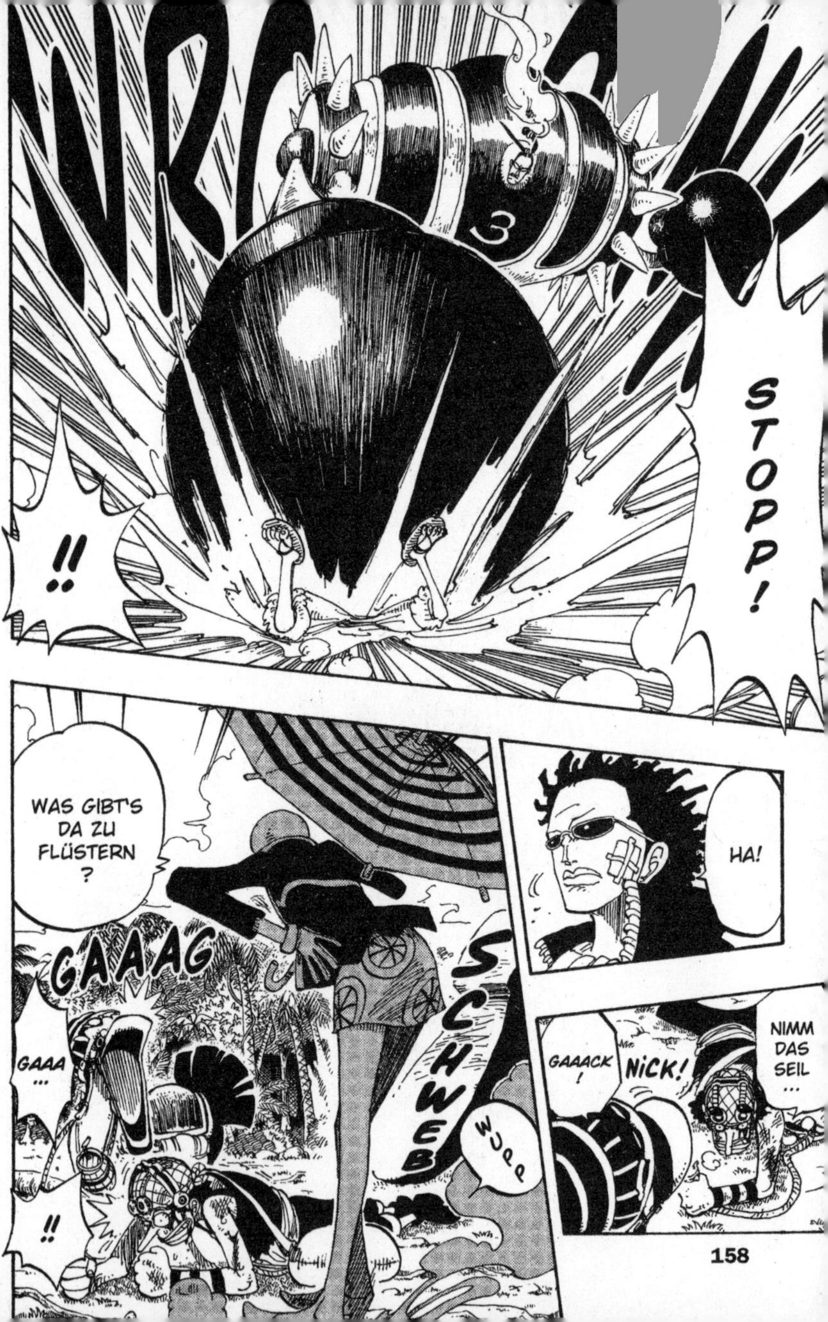
STOPP!
!!
HA!
WAS GIBT'S DA ZU FLÜSTERN ?
SCHWEB
GAAAG
GAAA ...
!!
WUPP
NIMM DAS SEIL ...
NICK!
GAAACK !

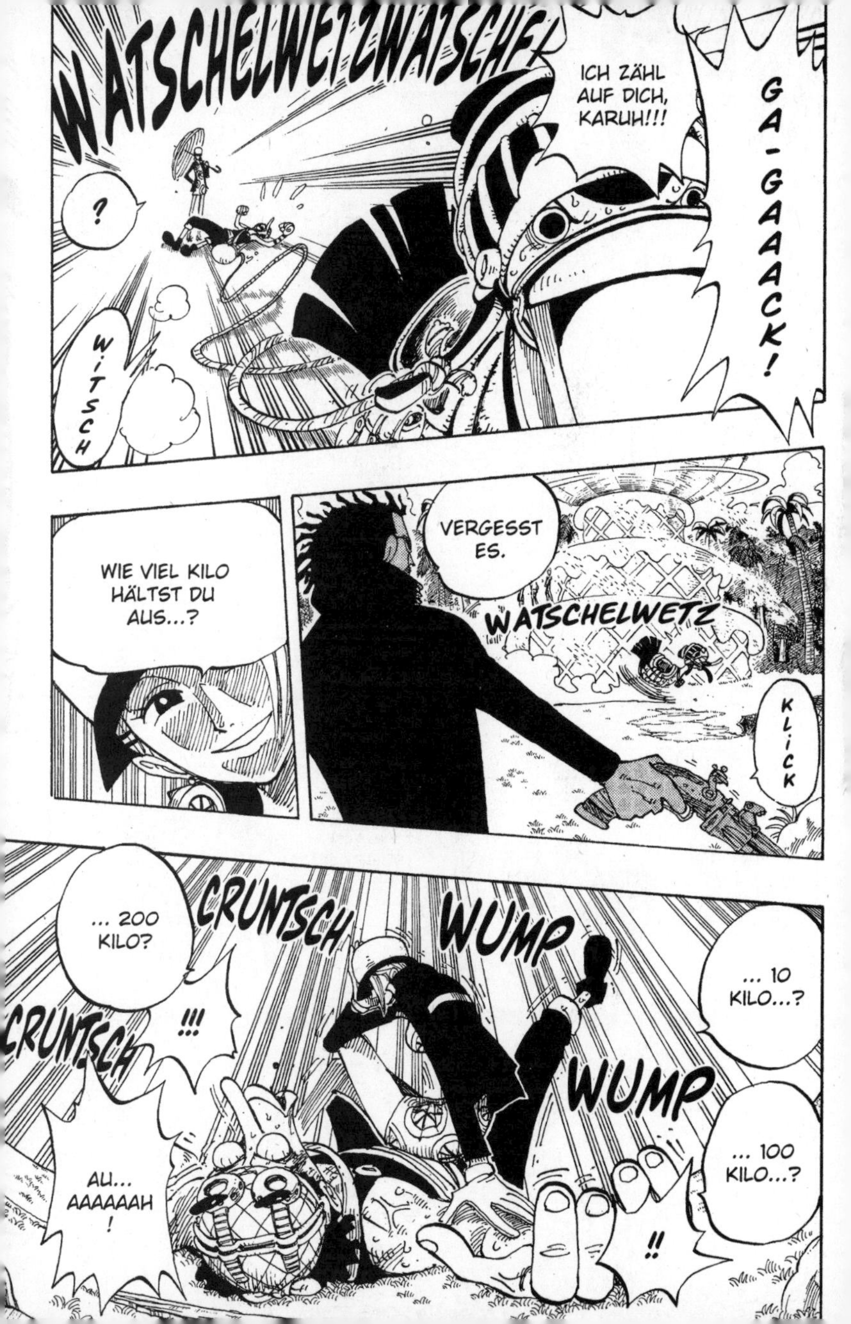
GA-GAAAACK!
ICH ZÄHL AUF DICH, KARUH!!!
WATSCHELWETZWATSCHEL
?
WITSCH
VERGESST ES.
WATSCHELWETZ
KLICK
WIE VIEL KILO HÄLTST DU AUS...?
... 10 KILO...?
WUMP
... 100 KILO...?
!!
WUMP
CRUNTSCH
... 200 KILO?
!!!
CRUNTSCH
AU... AAAAAAH!

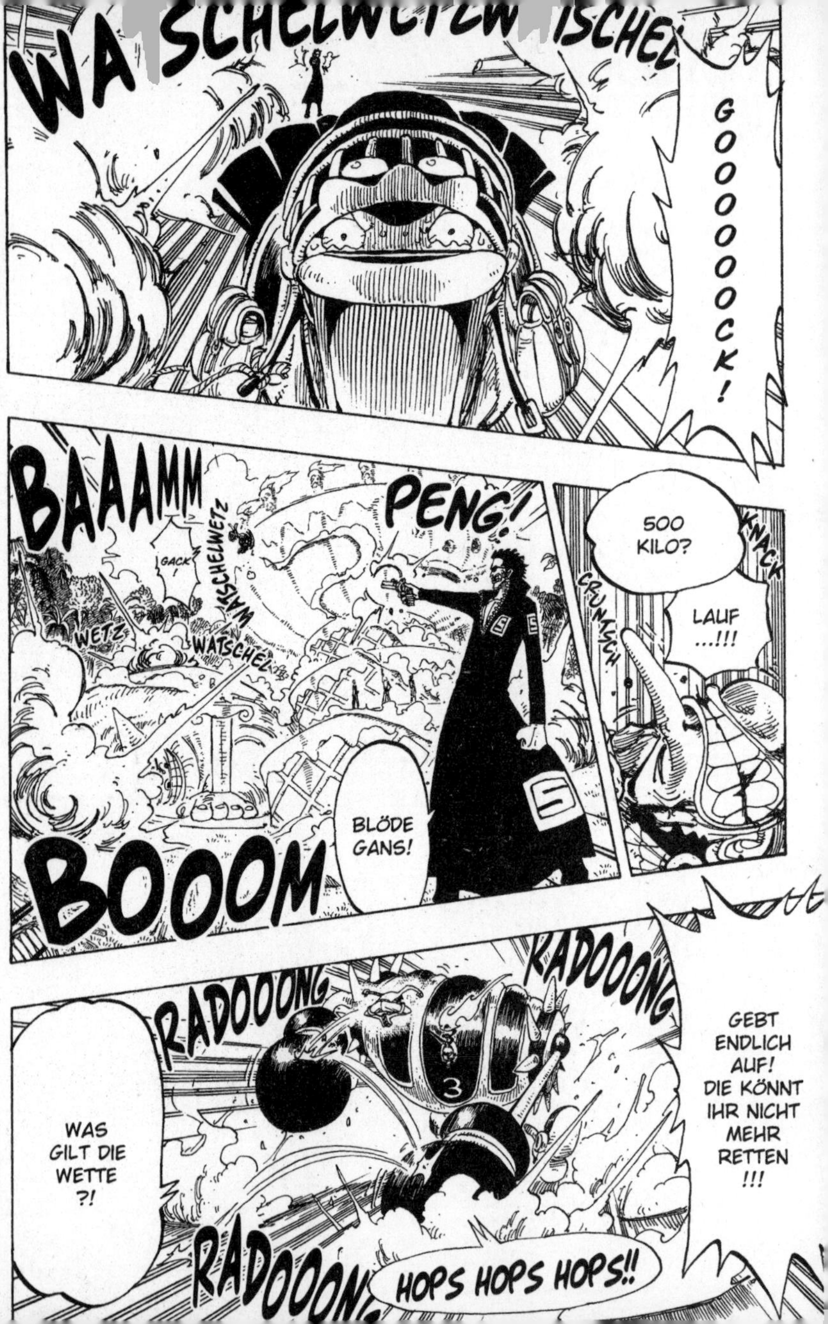

GOOOOOOOCK!
WA SCHELWETZW ISCHEL
500 KILO?
KNACK
CRUNTSCH
LAUF ...!!!
PENG!
BLÖDE GANS!
BAAAMM
WATSCHELWETZ
GACK!
WETZ
WATSCHEL
BOOOM
RADOOONG
GEBT ENDLICH AUF! DIE KÖNNT IHR NICHT MEHR RETTEN!!!
RADOOONG
WAS GILT DIE WETTE?!
RADOOONG
HOPS HOPS HOPS!!

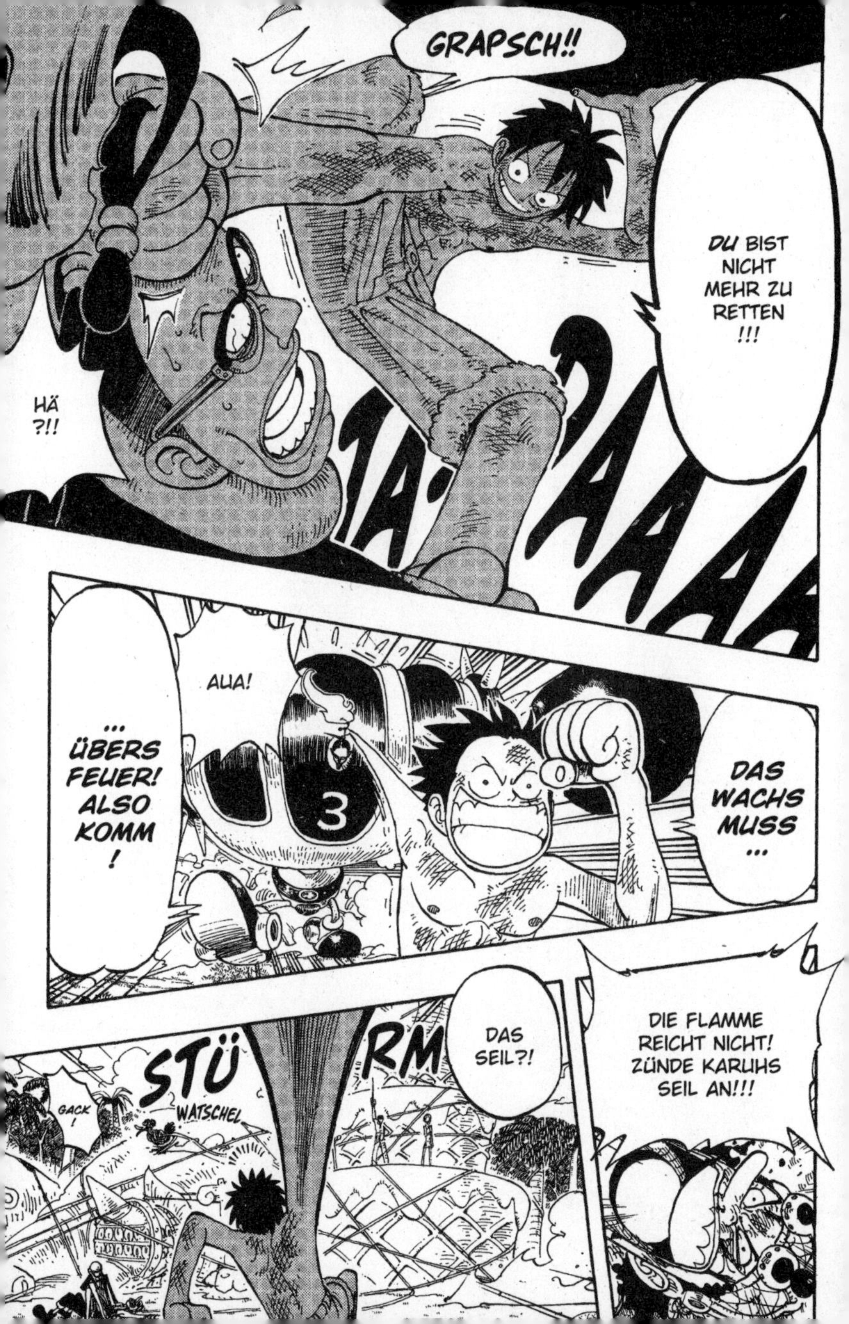
GRAPSCH!!
DU BIST NICHT MEHR ZU RETTEN !!!
HÄ ?!!
DAS WACHS MUSS ...
AUA!
... ÜBERS FEUER! ALSO KOMM !
DIE FLAMME REICHT NICHT! ZÜNDE KARUHS SEIL AN!!!
DAS SEIL?!
STÜRM
WATSCHEL
GACK !

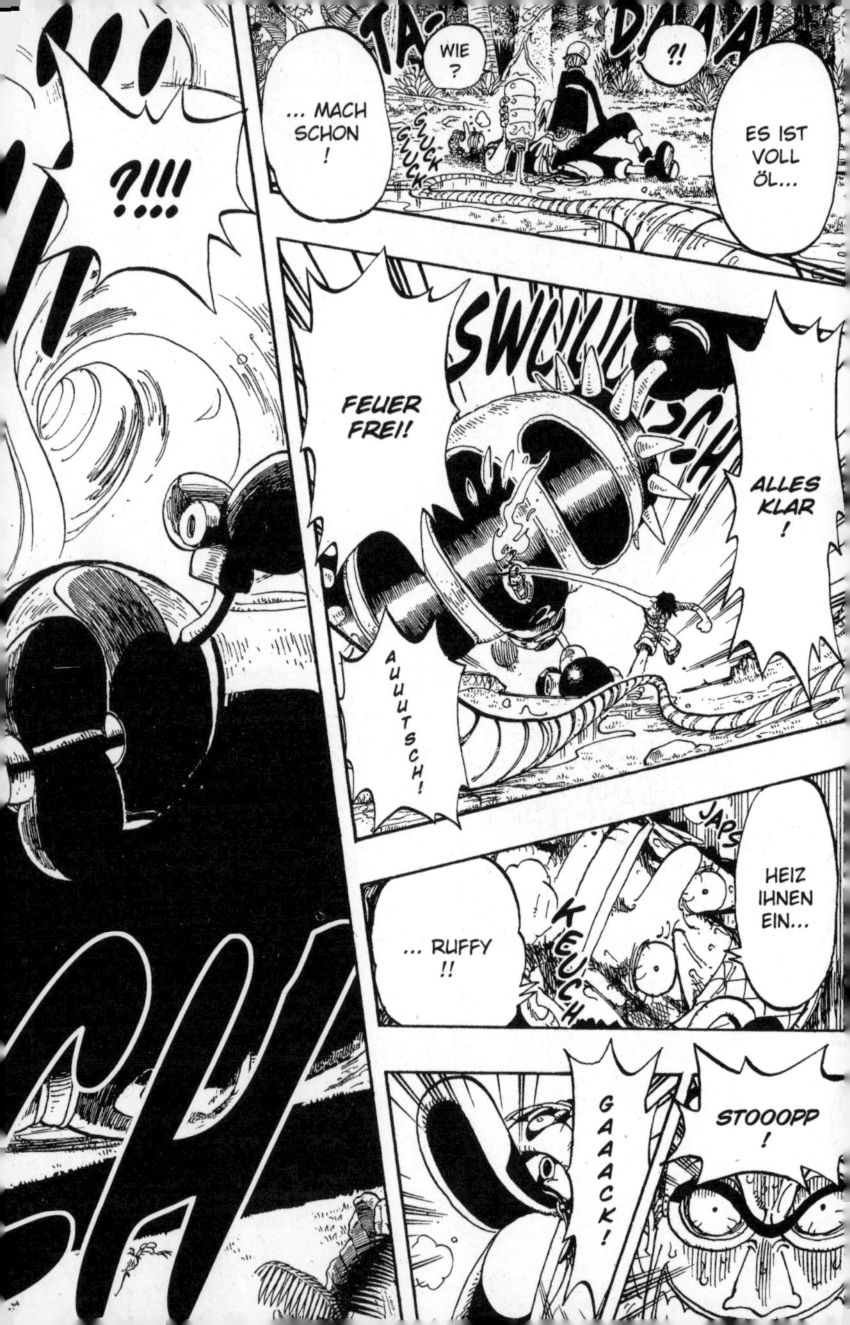
TA-DAAA!
?!
ES IST VOLL ÖL...
WIE ?
... MACH SCHON !
GLUCK GLUCK
?!!!
ALLES KLAR !
SWUUUSCH
FEUER FREI!
AUUUTSCH!
JAPS
HEIZ IHNEN EIN...
KEUCH
... RUFFY !!
STOOOPP !
GAAACK!

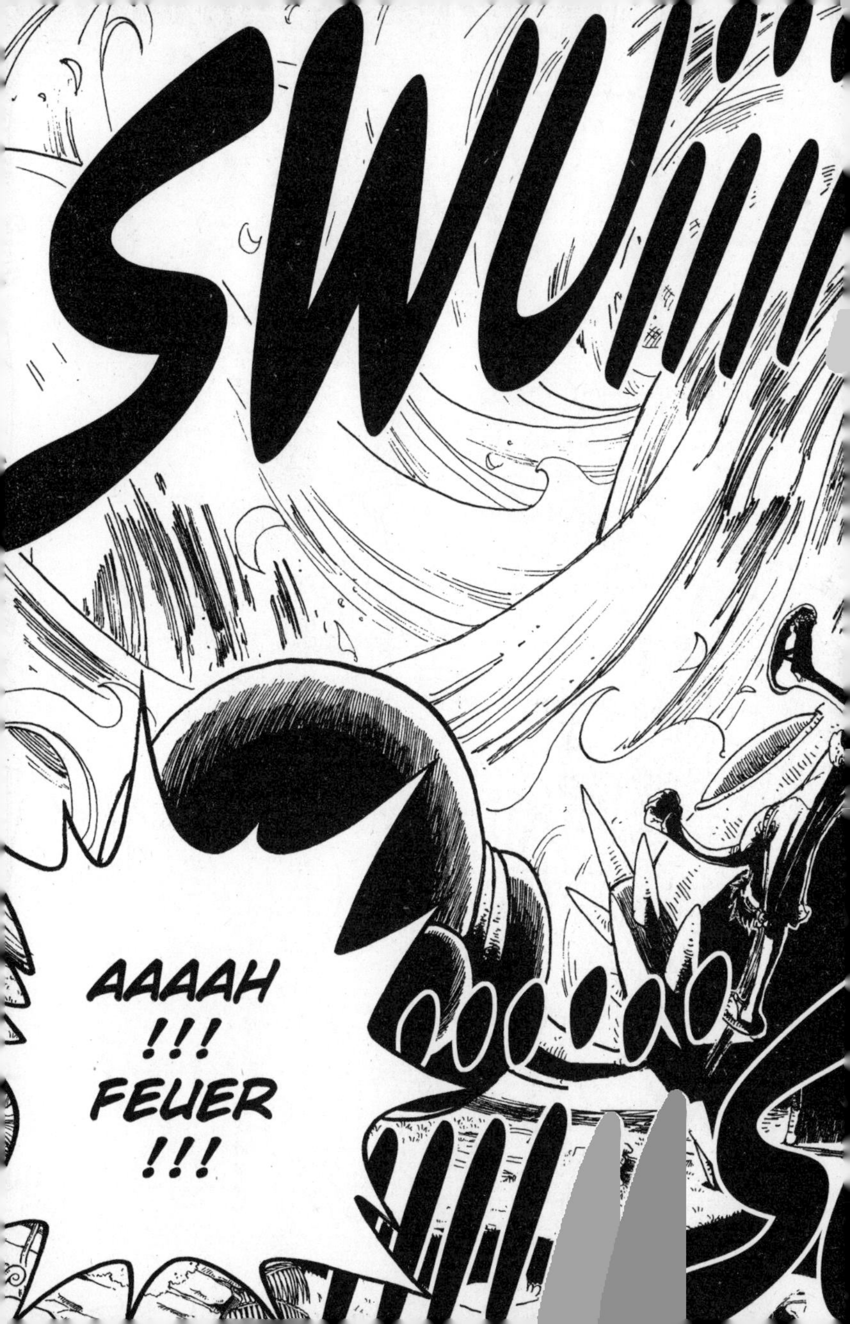
AAAAH !!! FEUER !!!

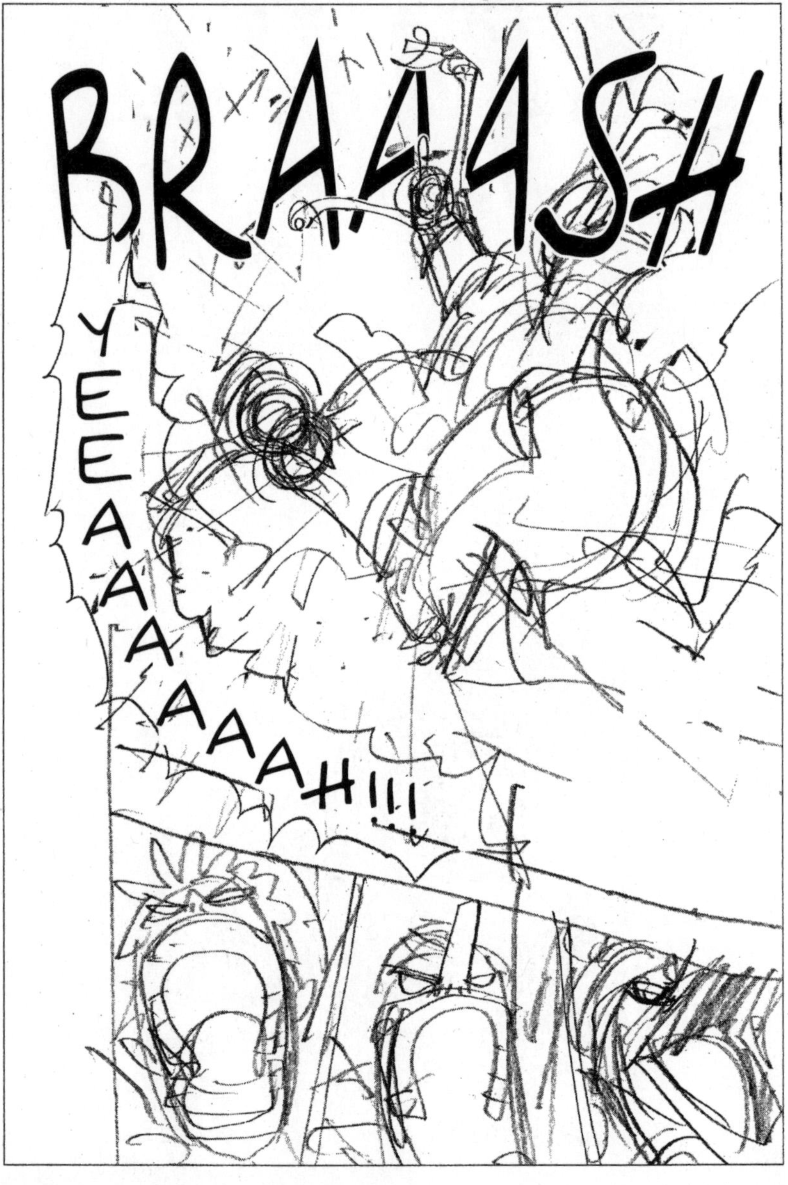
BRAAASH
YEEAAAAAAAH!!!

126. Kapitel:
Eine Frage des Instinkts

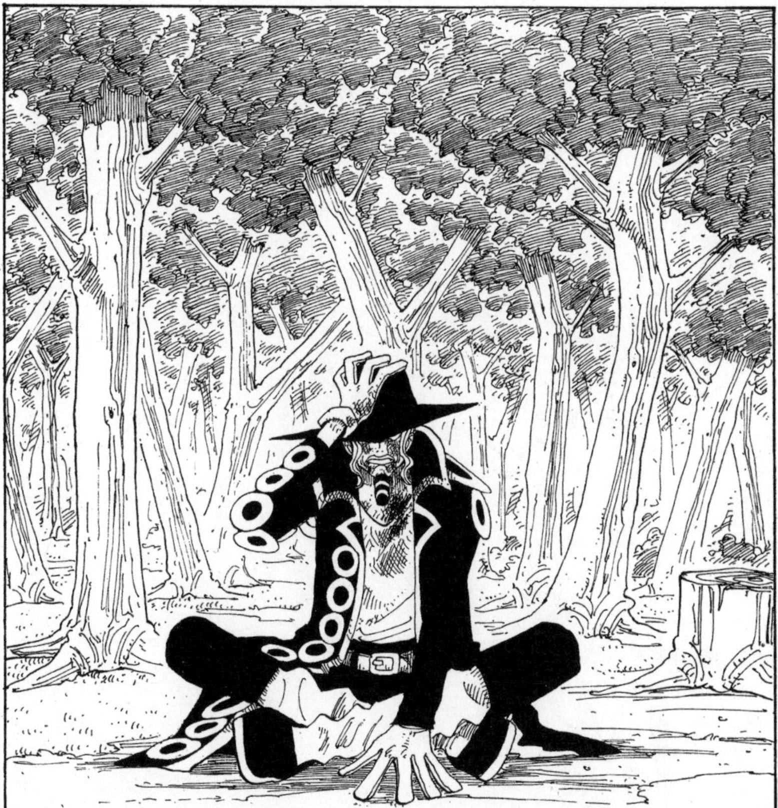

Titelbildserie Nr. 3: Gut geschlafen?

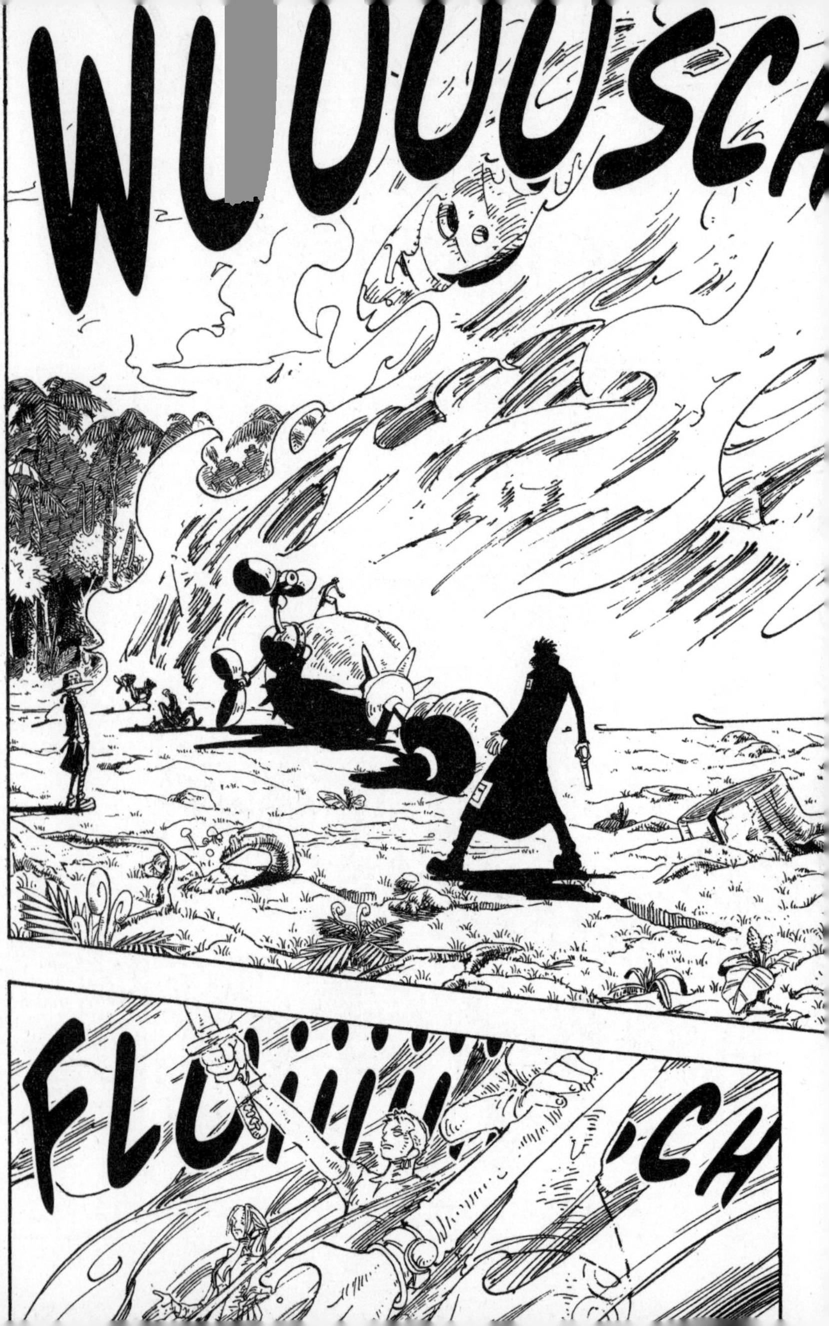
WU UUSCH
FLÜÜÜSCH

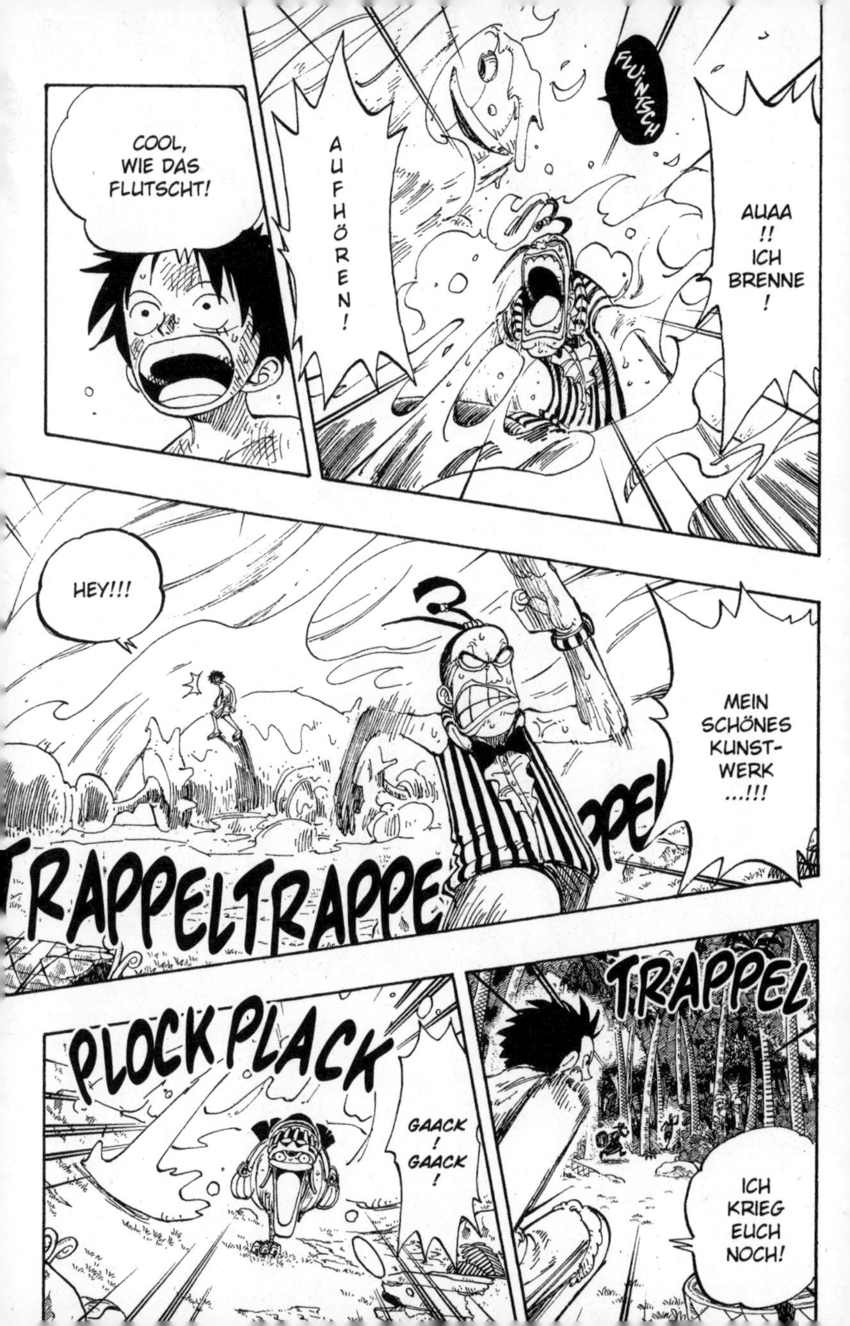
FLÜNSCH
AUAA !! ICH BRENNE !
AUFHÖREN!
COOL, WIE DAS FLUTSCHT!
MEIN SCHÖNES KUNST-WERK ...!!!
HEY!!!
TRAPPELTRAPPE
PPEL
TRAPPEL
ICH KRIEG EUCH NOCH!
GAACK ! GAACK !
PLOCK PLACK

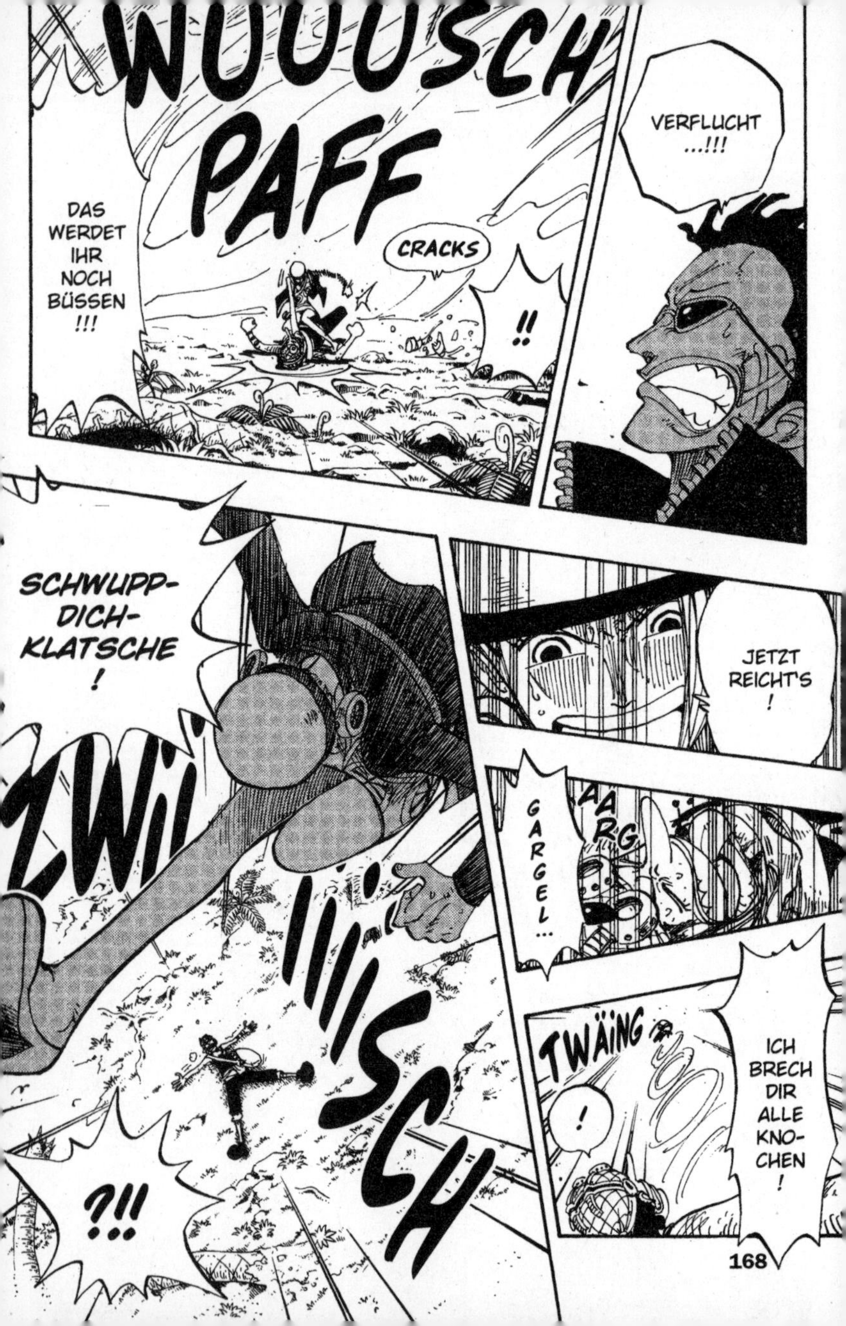

VERFLUCHT ...!!!
WUUUSCH
PAFF
CRACKS
DAS WERDET IHR NOCH BÜSSEN !!!
!!
JETZT REICHT'S !
AARG
GARGEL...
TWÄING
!
ICH BRECH DIR ALLE KNO-CHEN !
SCHWUPP-DICH-KLATSCHE !
ZWIIIIIIISCH
?!!

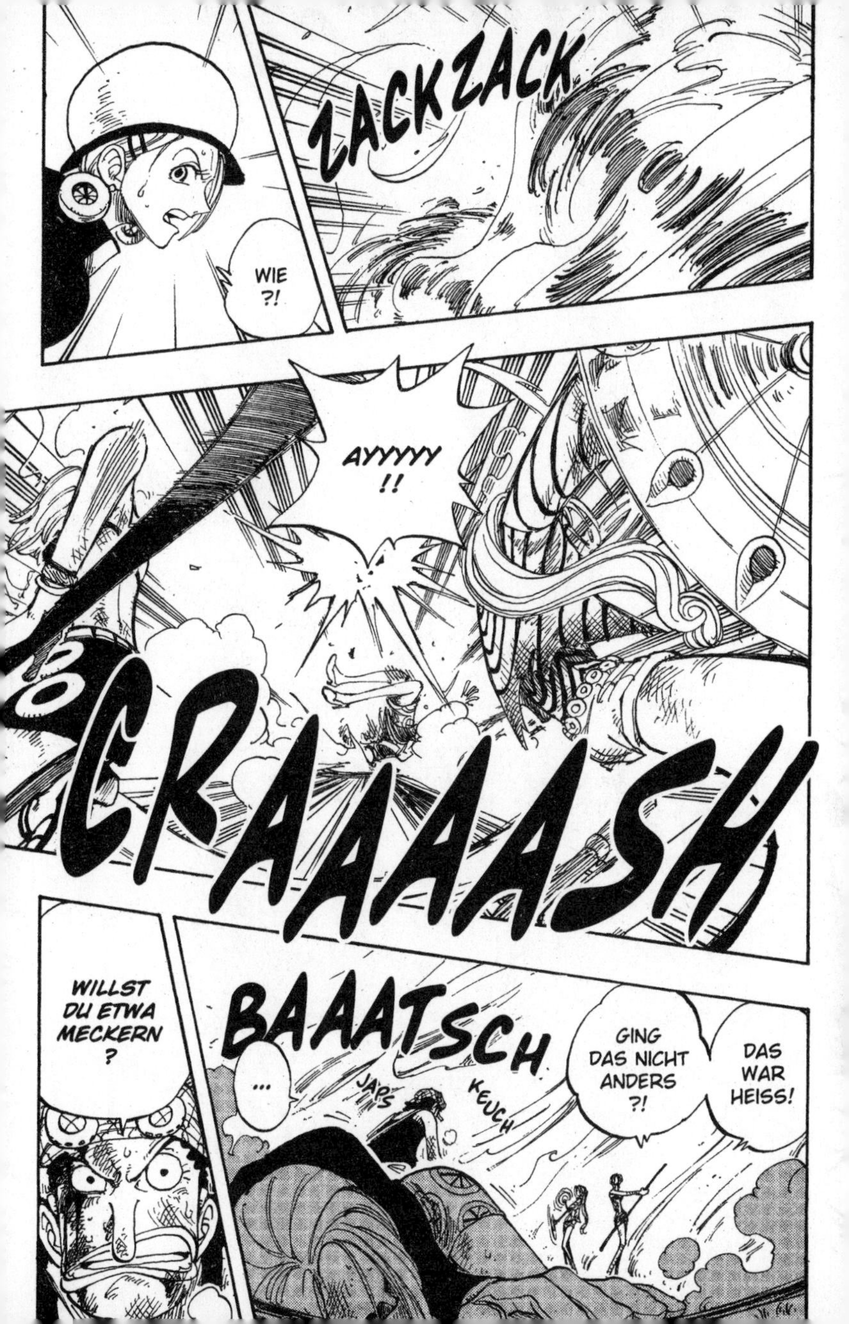
ZACK ZACK
WIE ?!
AYYYYY !!
CRAAAASH
DAS WAR HEISS!
GING DAS NICHT ANDERS ?!
BAAATSCH
...
JAPS
KEUCH
WILLST DU ETWA MECKERN ?

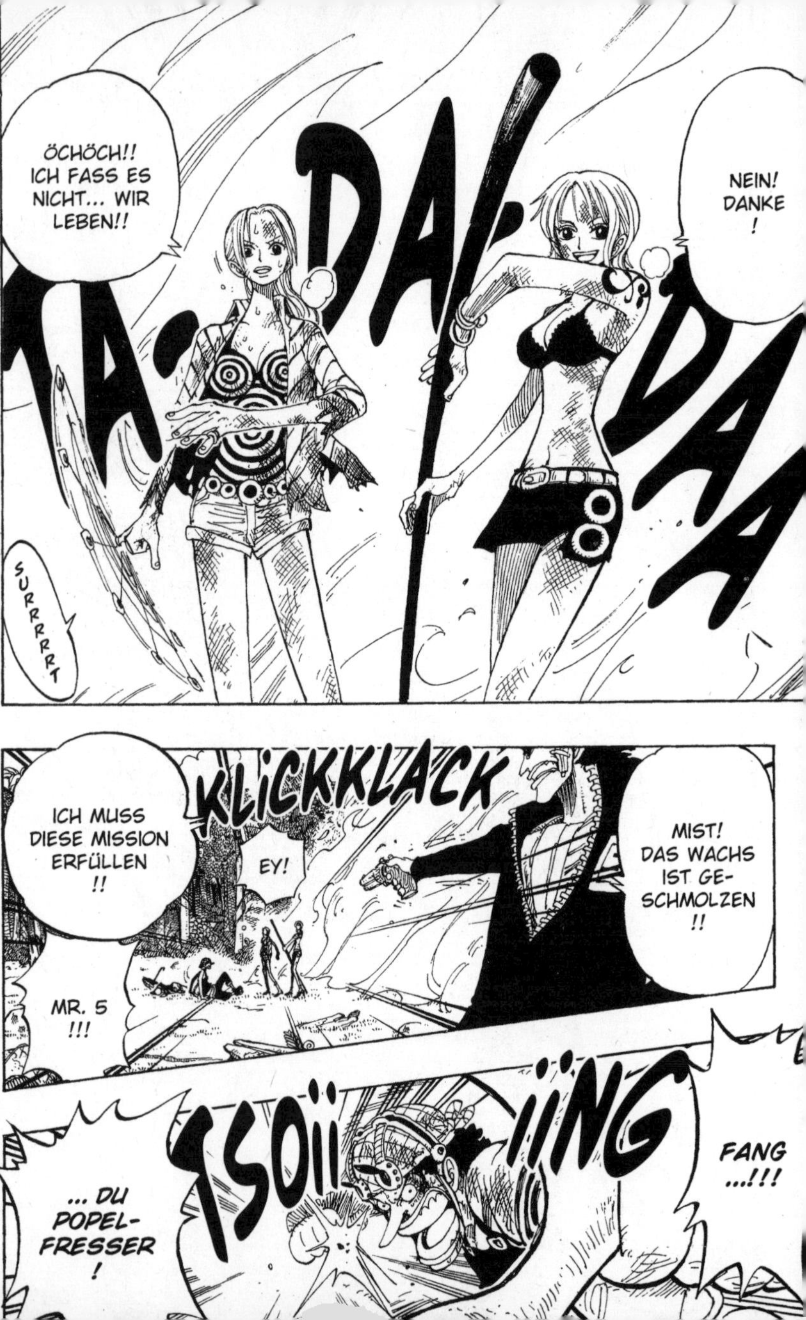
NEIN! DANKE!
TA-DA-DAA
ÖCHÖCH!! ICH FASS ES NICHT... WIR LEBEN!!
SURRRRRT
MIST! DAS WACHS IST GE-SCHMOLZEN!!
KLICKKLACK
EY!
ICH MUSS DIESE MISSION ERFÜLLEN!!
MR. 5!!!
FANG...!!!
TSOÏÏ-ÏÏNG
... DU POPEL-FRESSER!

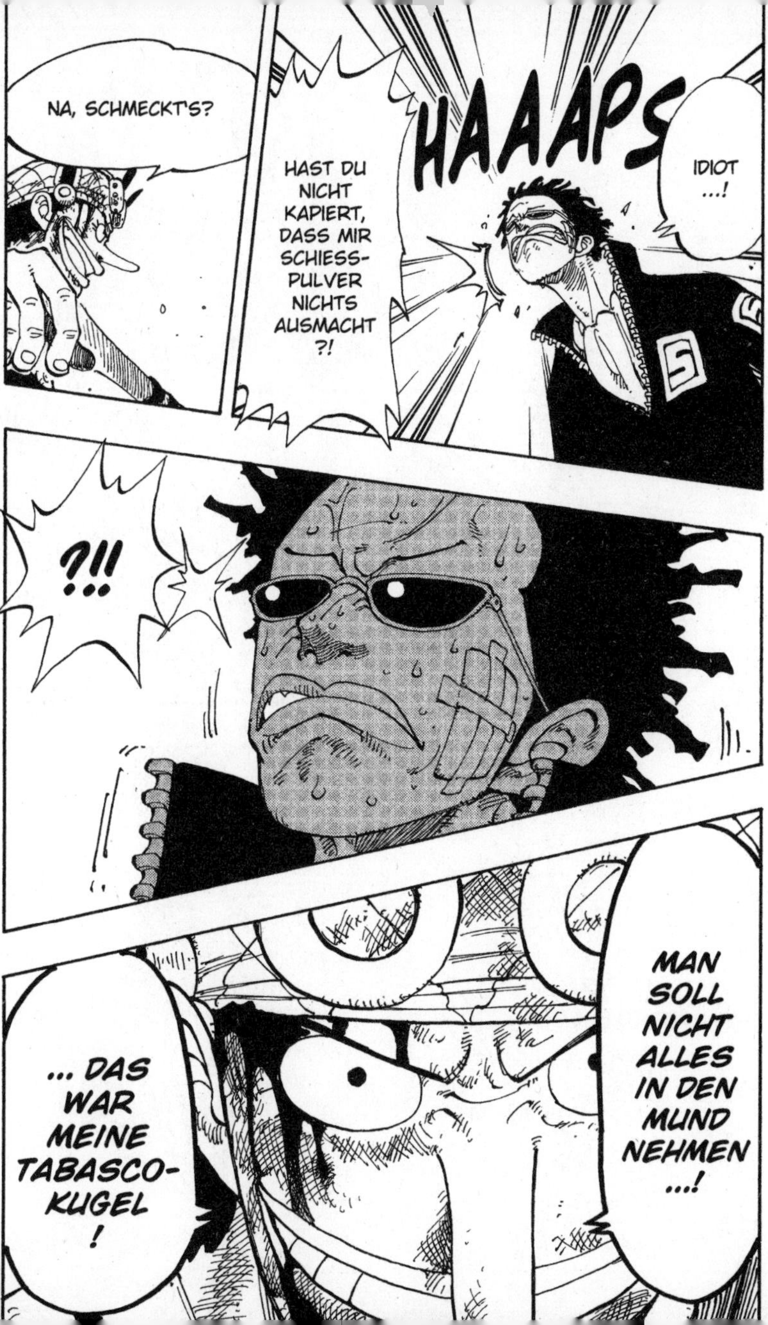
IDIOT ...!
HAAAPS
HAST DU NICHT KAPIERT, DASS MIR SCHIESS-PULVER NICHTS AUSMACHT ?!
NA, SCHMECKT'S?
?!!
MAN SOLL NICHT ALLES IN DEN MUND NEHMEN ...!
... DAS WAR MEINE TABASCO-KUGEL !

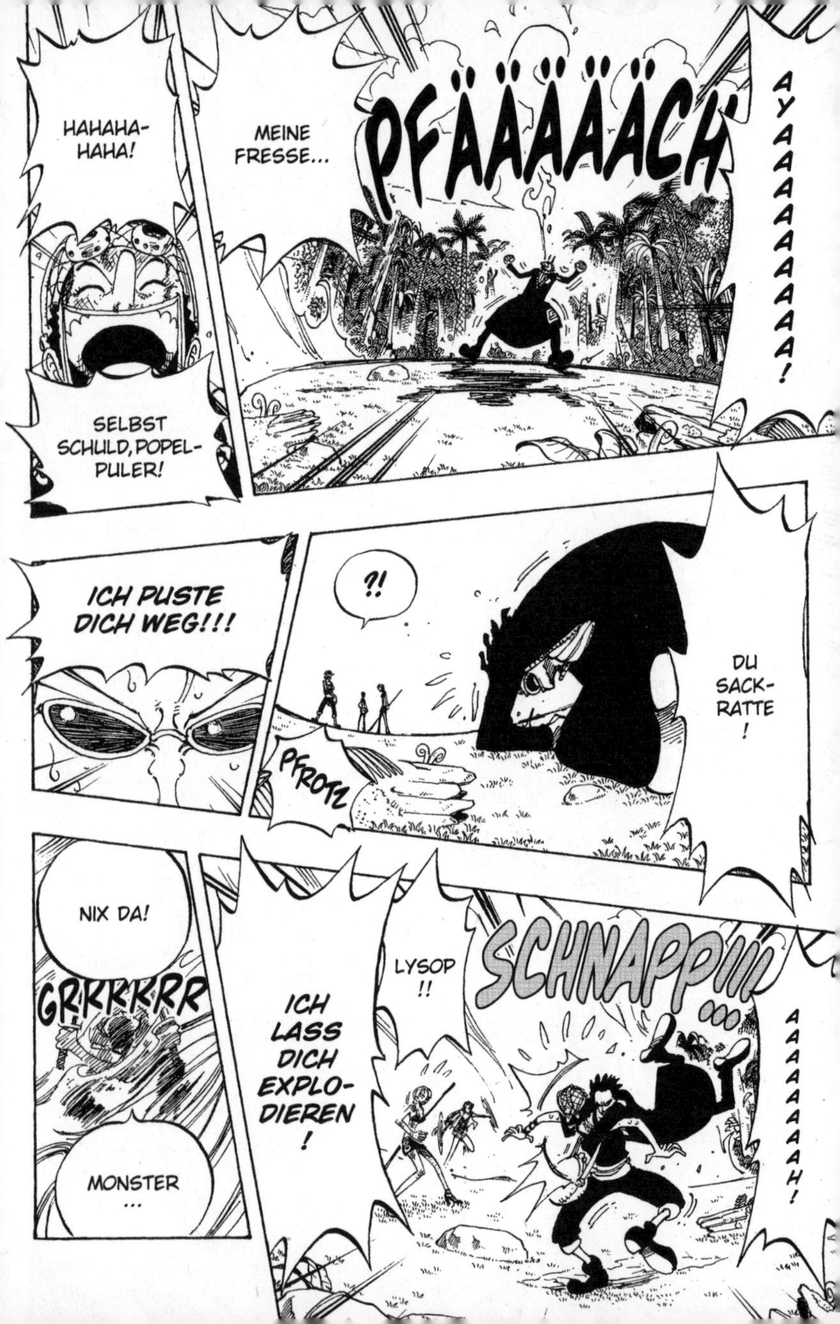

AYAAAAAAAAAAA!
PFÄÄÄÄÄCH
MEINE FRESSE...
HAHAHA-HAHA!
SELBST SCHULD, POPEL-PULER!
DU SACK-RATTE!
?!
PFROTZ
ICH PUSTE DICH WEG!!!
AAAAAAAAAH!
SCHNAPP!!!...
LYSOP!!
ICH LASS DICH EXPLO-DIEREN!
NIX DA!
GRKKKRR
MONSTER...

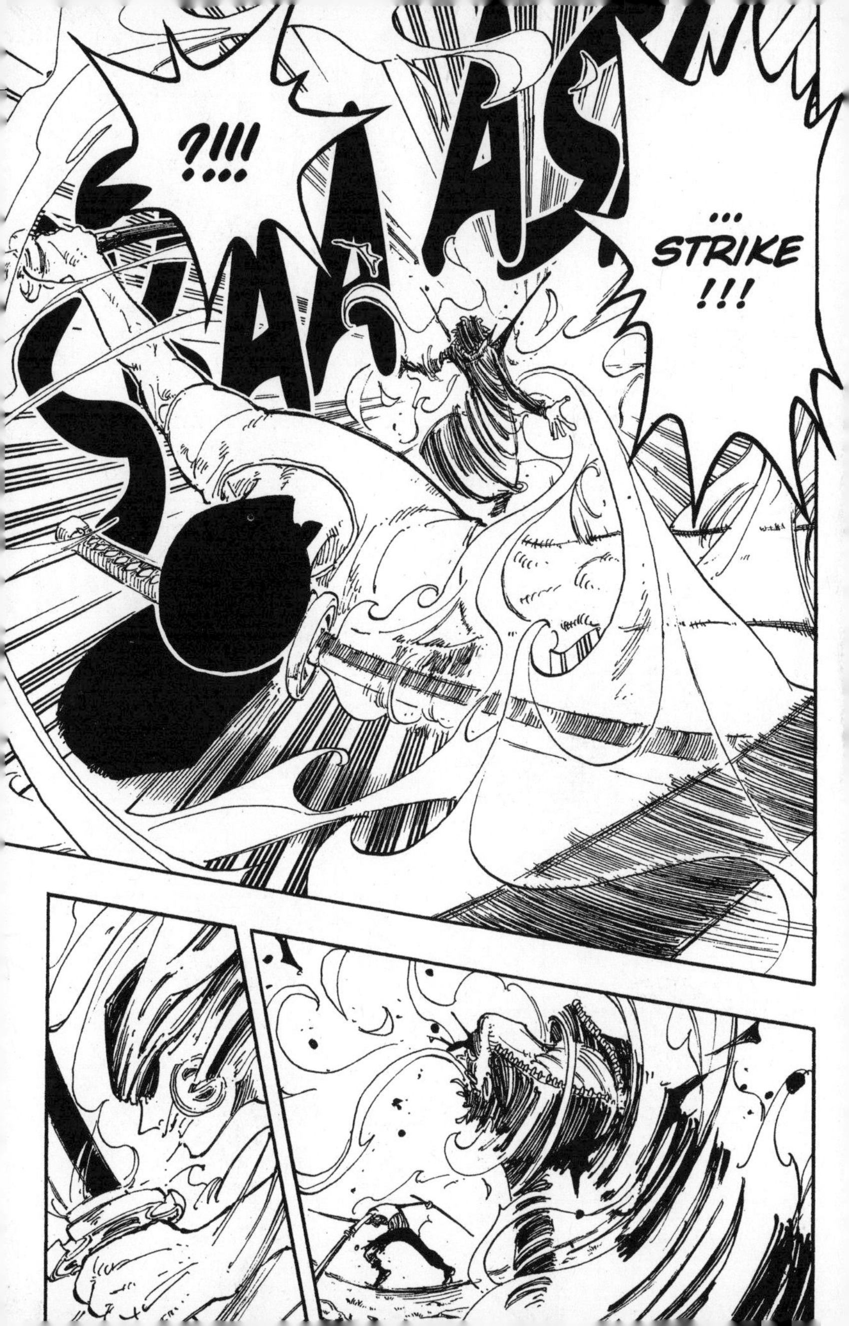

SHAAAS
?!!!
... STRIKE !!!

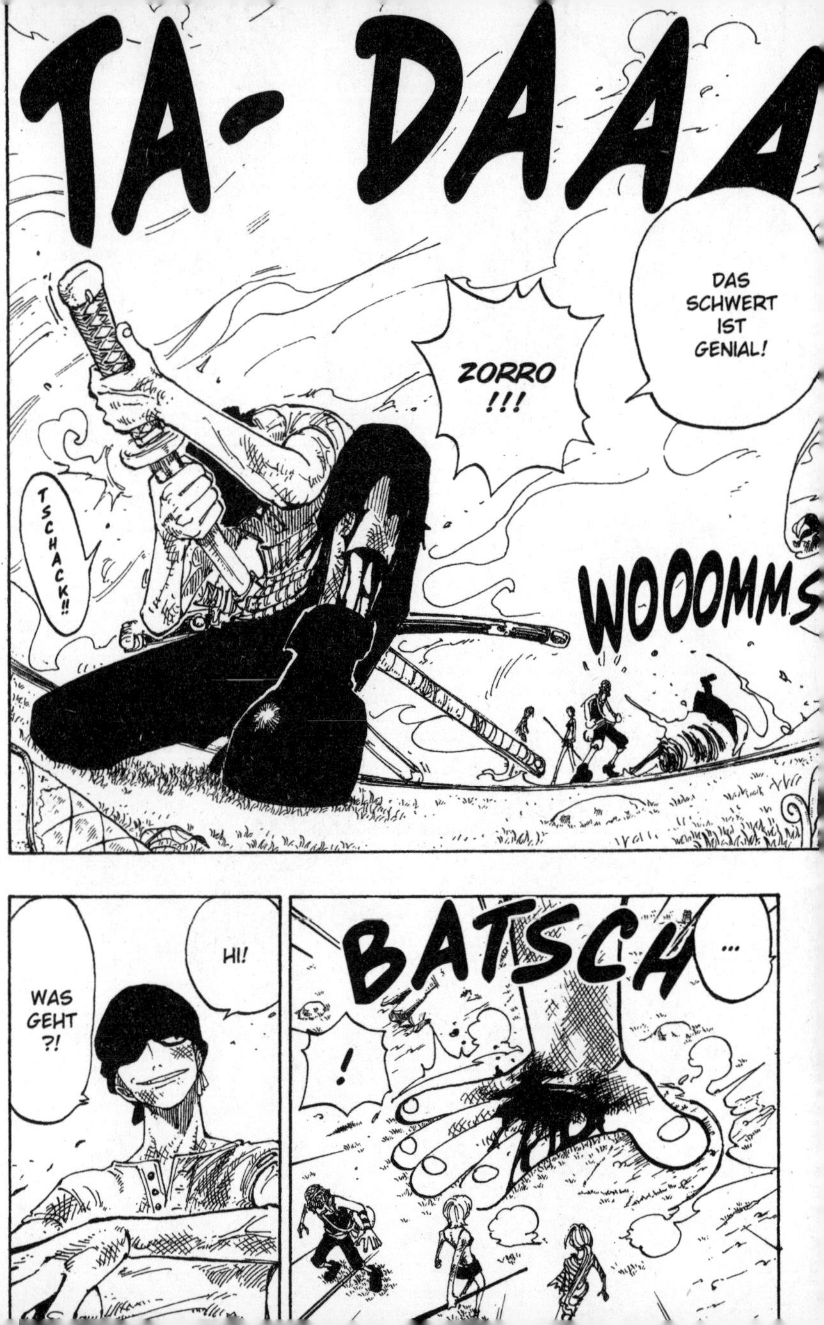
TA-DAAA
DAS SCHWERT IST GENIAL!
ZORRO!!!
TSCHACK!!
WOOOMMS
BATSCH
...
!
HI!
WAS GEHT?!

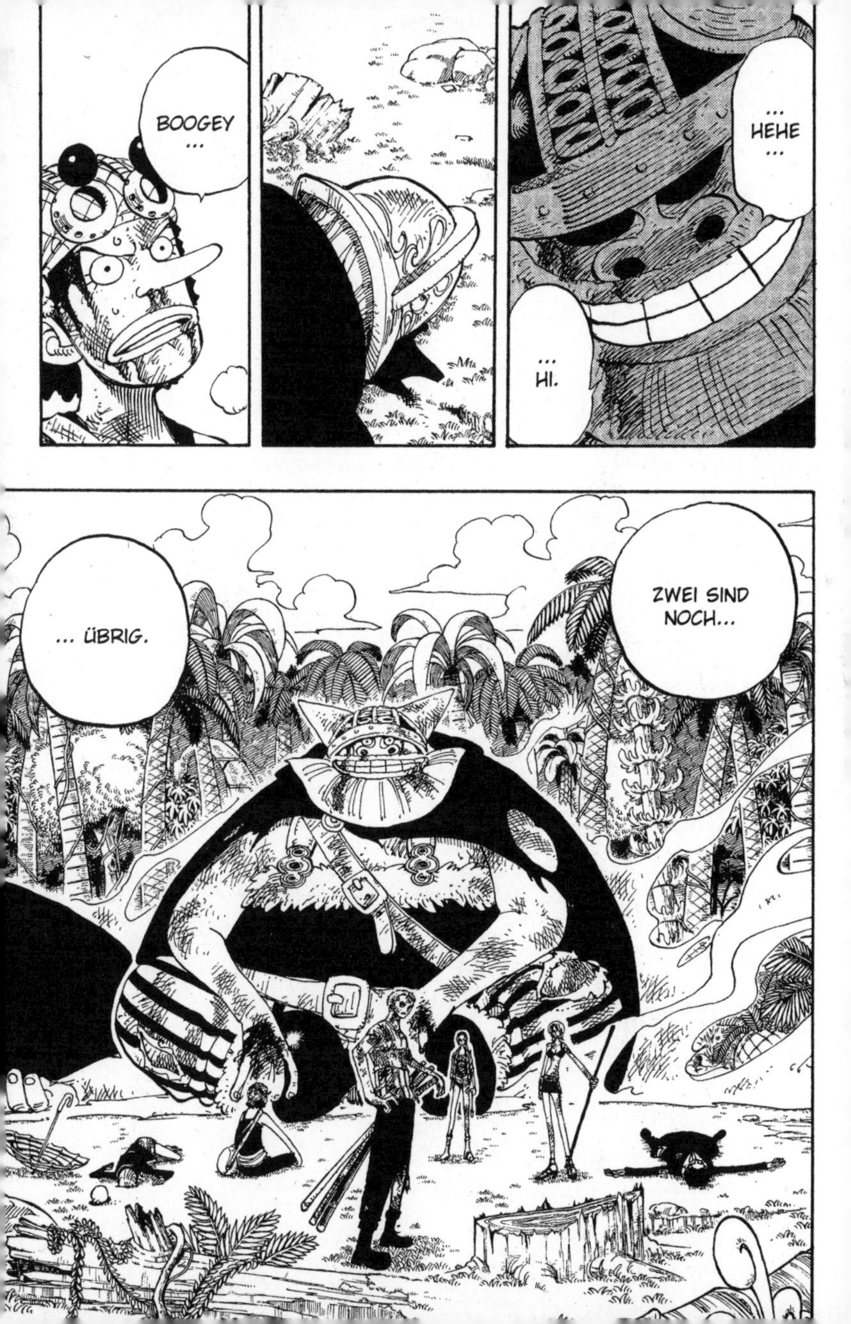
... HEHE ...
... HI.
BOOGEY ...
ZWEI SIND NOCH...
... ÜBRIG.

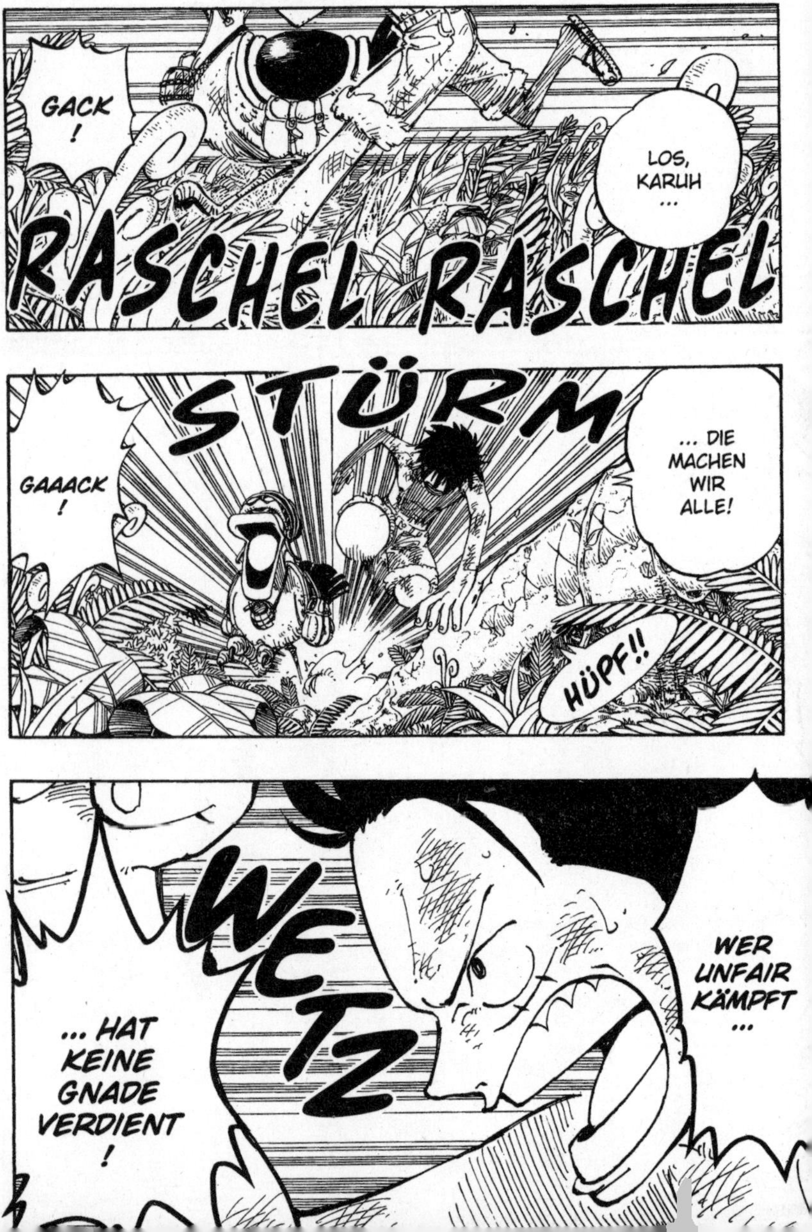
LOS, KARUH ...
GACK!
RASCHEL RASCHEL
... DIE MACHEN WIR ALLE!
STÜRM
GAAACK!
HÜPF!!
WER UNFAIR KÄMPFT ...
WETZ
... HAT KEINE GNADE VERDIENT!

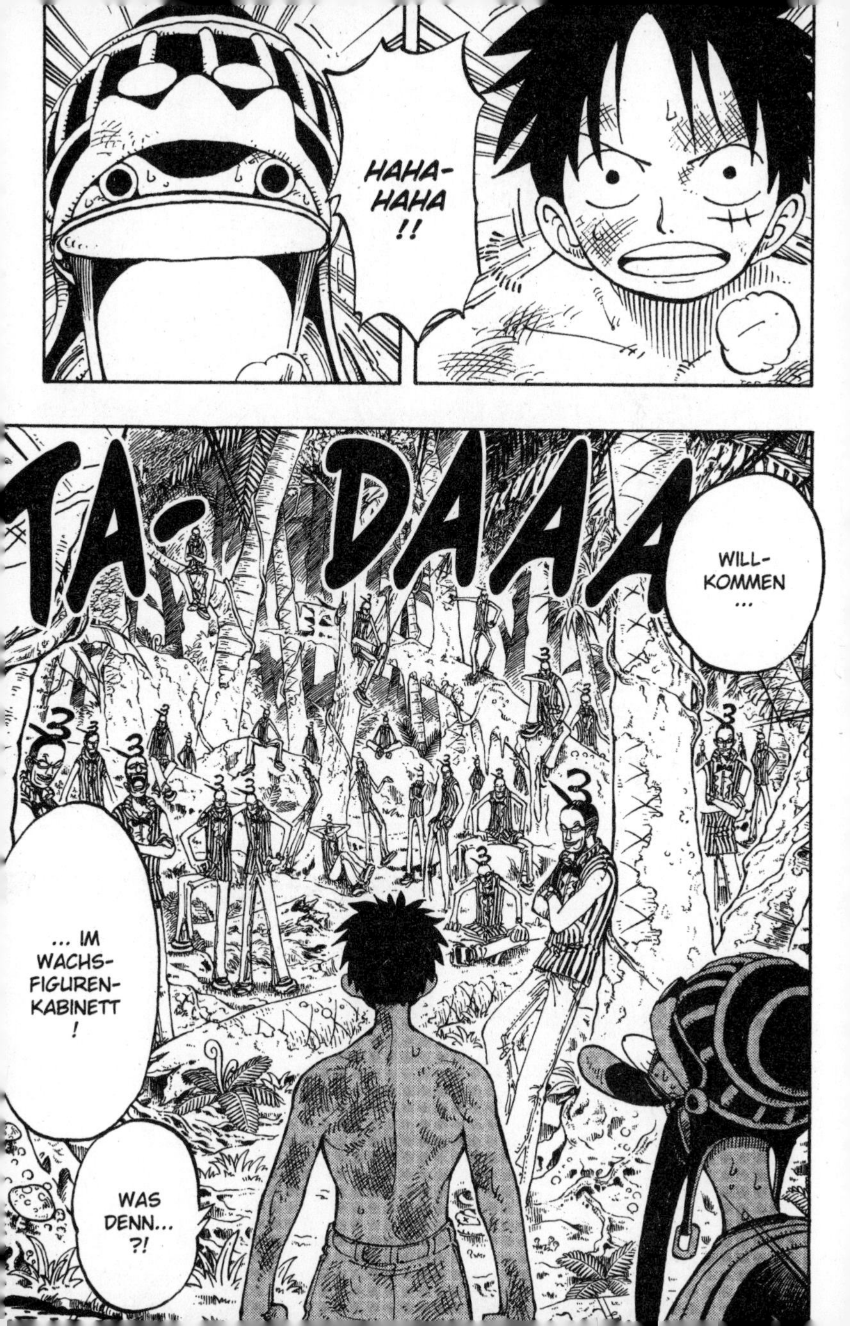
HAHA-
HAHA
!!
TA-DAAA
WILL-
KOMMEN
...
... IM
WACHS-
FIGUREN-
KABINETT
!
WAS
DENN...
?!

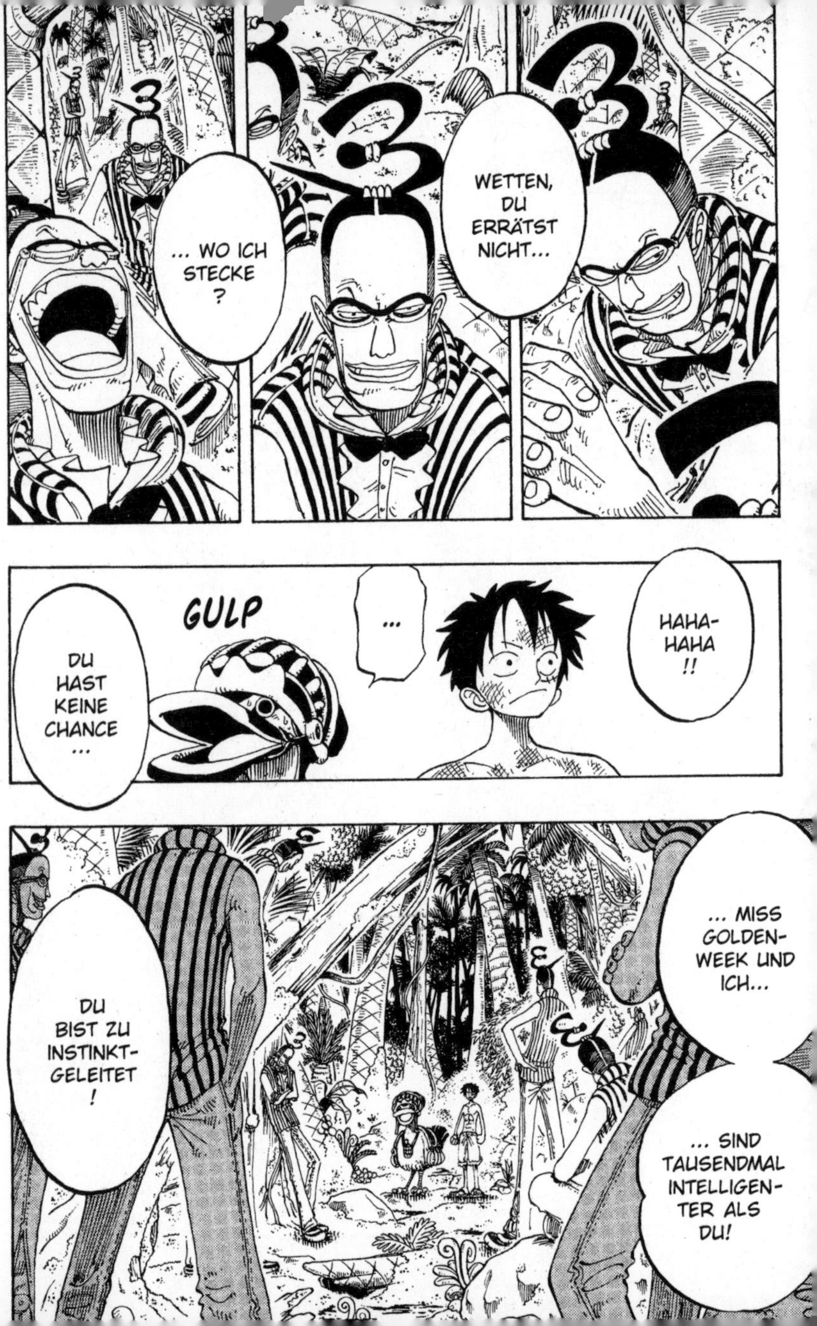
WETTEN, DU ERRÄTST NICHT...
... WO ICH STECKE ?
HAHA-HAHA !!
...
GULP
DU HAST KEINE CHANCE ...
... MISS GOLDEN-WEEK UND ICH...
... SIND TAUSENDMAL INTELLIGEN-TER ALS DU!
DU BIST ZU INSTINKT-GELEITET !

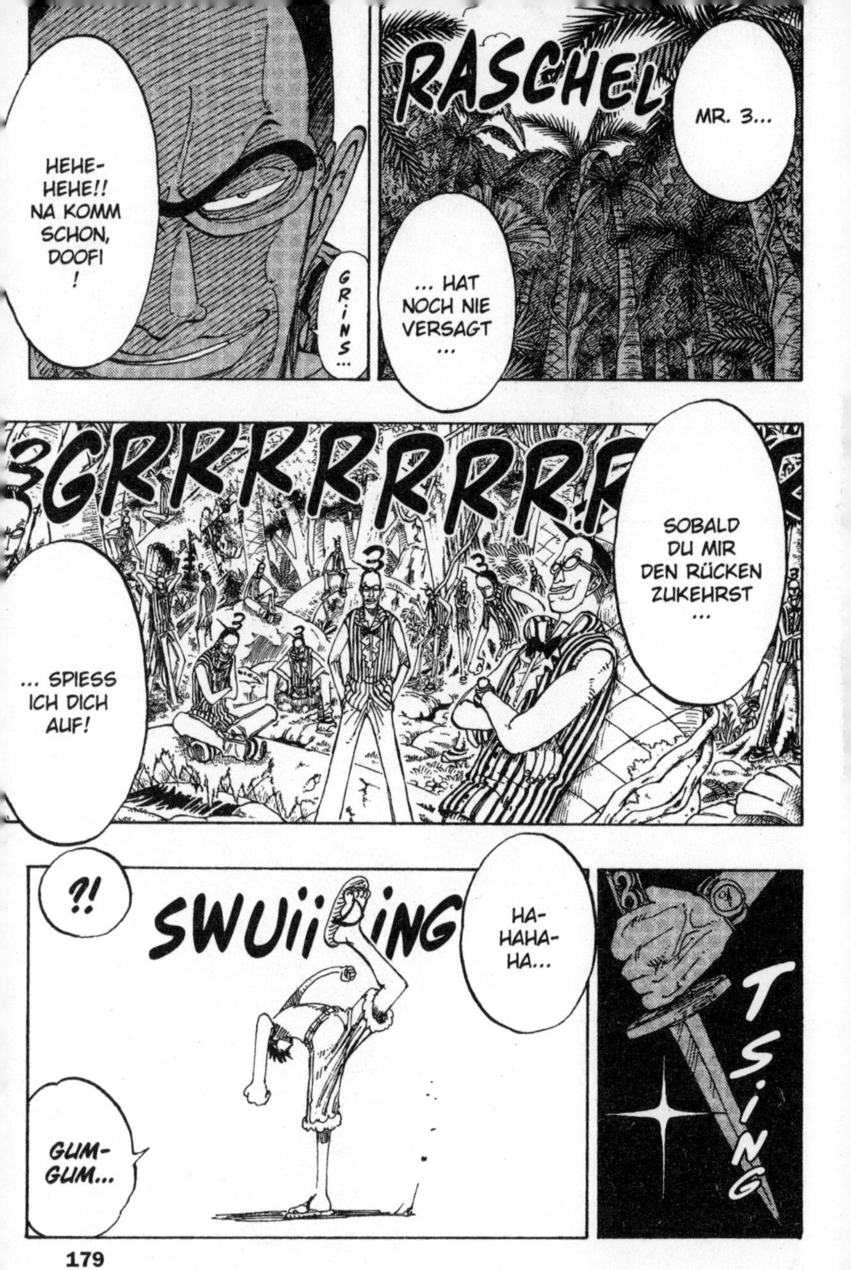
RASCHEL
MR. 3...
... HAT NOCH NIE VERSAGT ...
GRINS...
HEHE-HEHE!! NA KOMM SCHON, DOOFI !
GRRRRRRRRR
SOBALD DU MIR DEN RÜCKEN ZUKEHRST ...
... SPIESS ICH DICH AUF!
TSING
HA-HAHA-HA...
SWUii ING
?!
GUM-GUM...

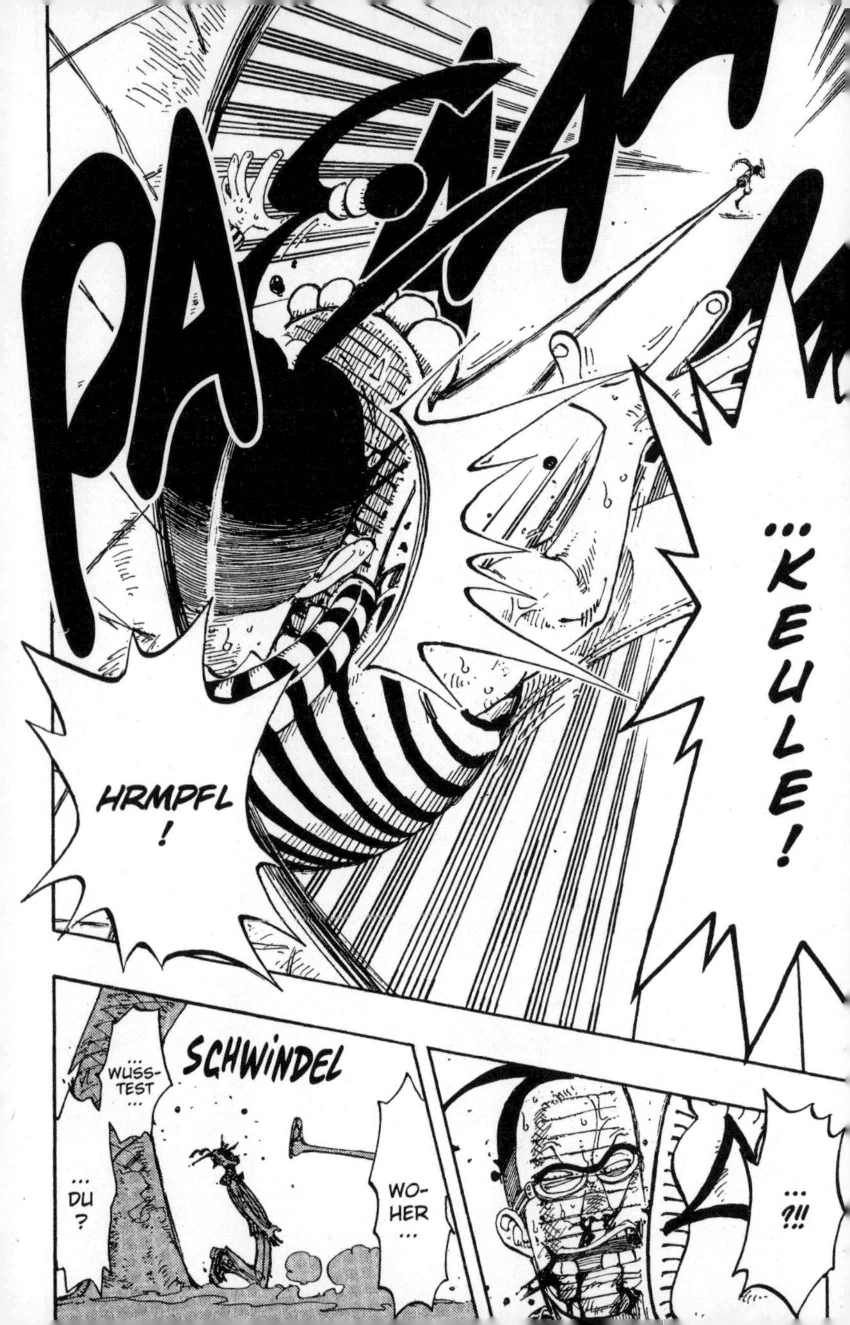
…KEULE!
HRMPFL!
…?!!
WO-HER…
SCHWINDEL
…WÜSS-TEST…
…DU?

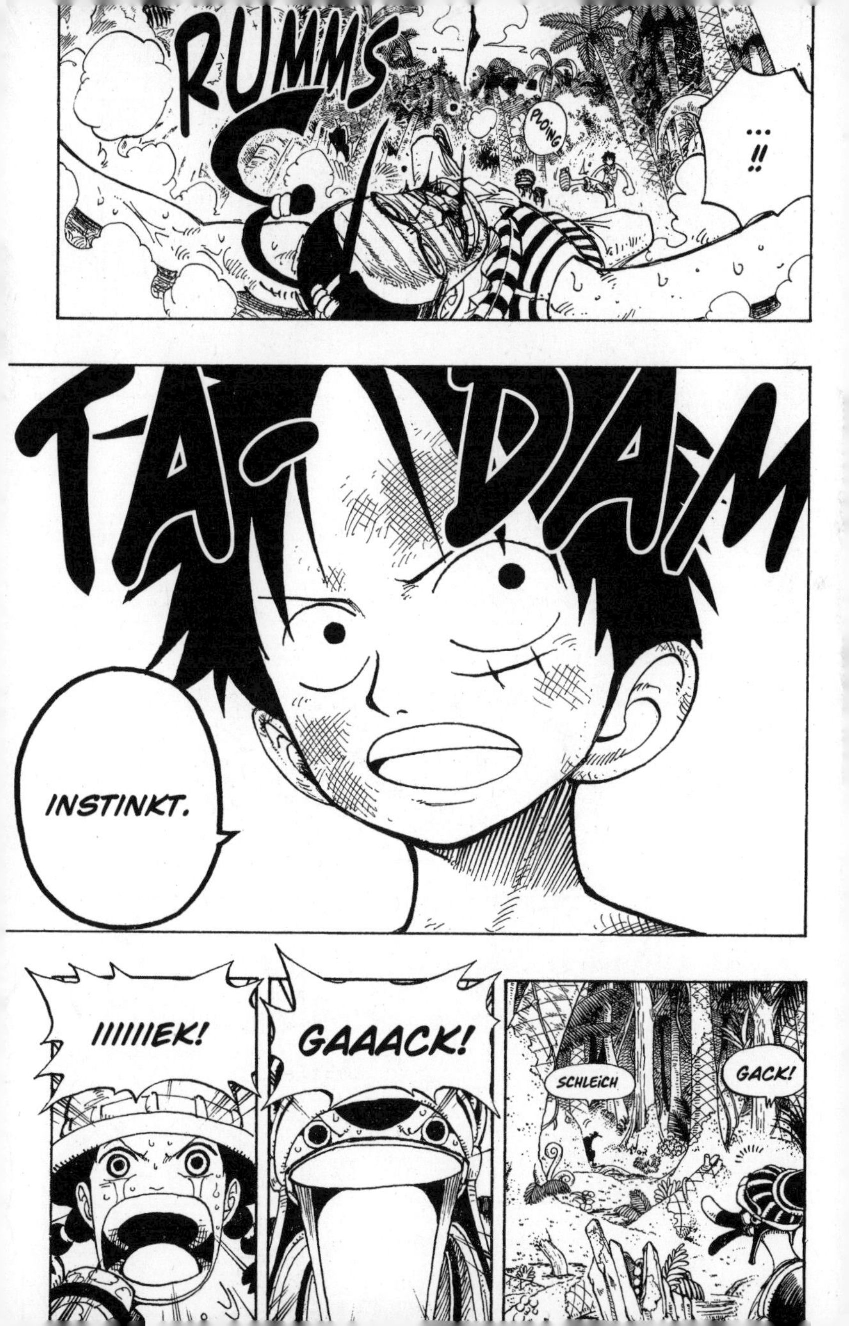
…!!
PLOING
RUMMS
TA-DAM
INSTINKT.
GACK!
SCHLEICH
GAAACK!
IIIIIIEK!

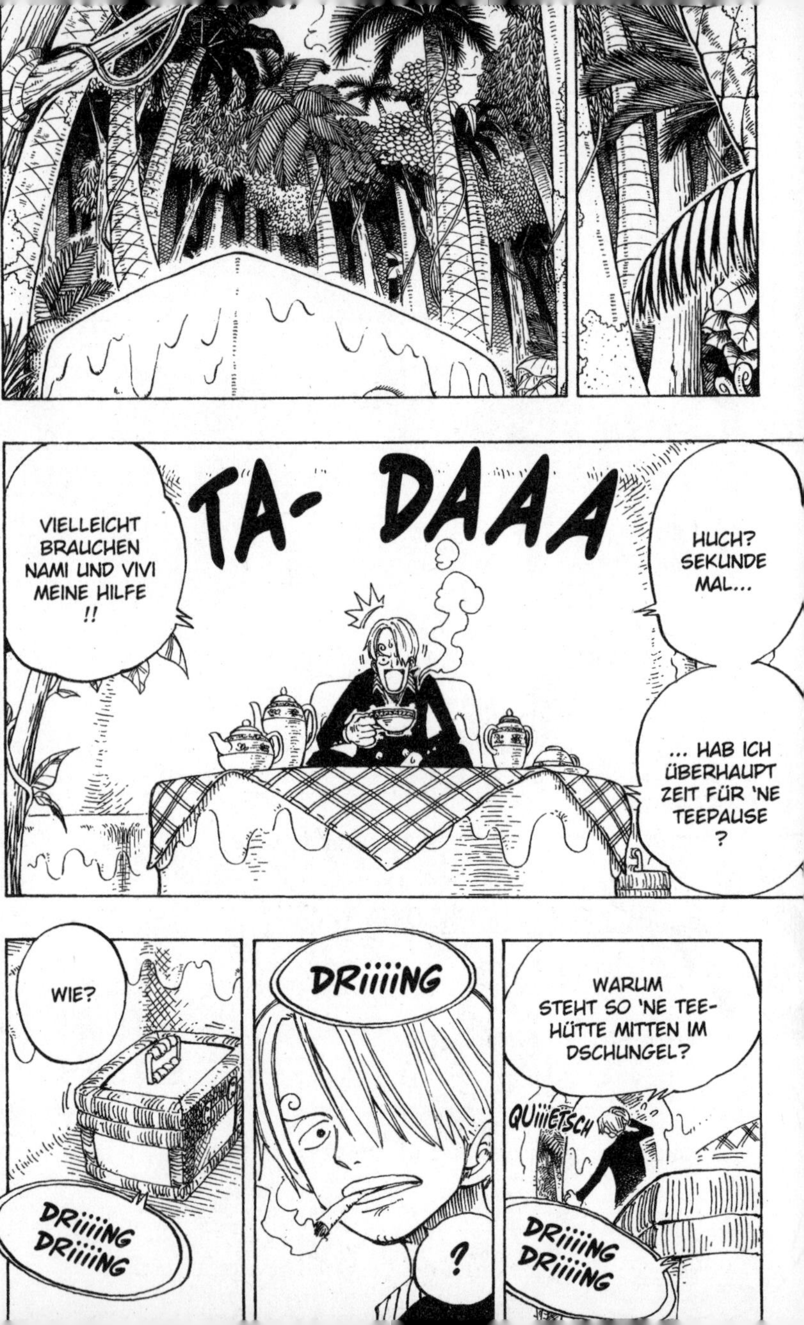

HUCH? SEKUNDE MAL...
... HAB ICH ÜBERHAUPT ZEIT FÜR 'NE TEEPAUSE ?
TA- DAAA
VIELLEICHT BRAUCHEN NAMI UND VIVI MEINE HILFE !!
WARUM STEHT SO 'NE TEE-HÜTTE MITTEN IM DSCHUNGEL?
QUIiiETSCH
DRiiiiNG DRiiiiNG
DRiiiiNG
?
WIE?
DRiiiiNG DRiiiiNG

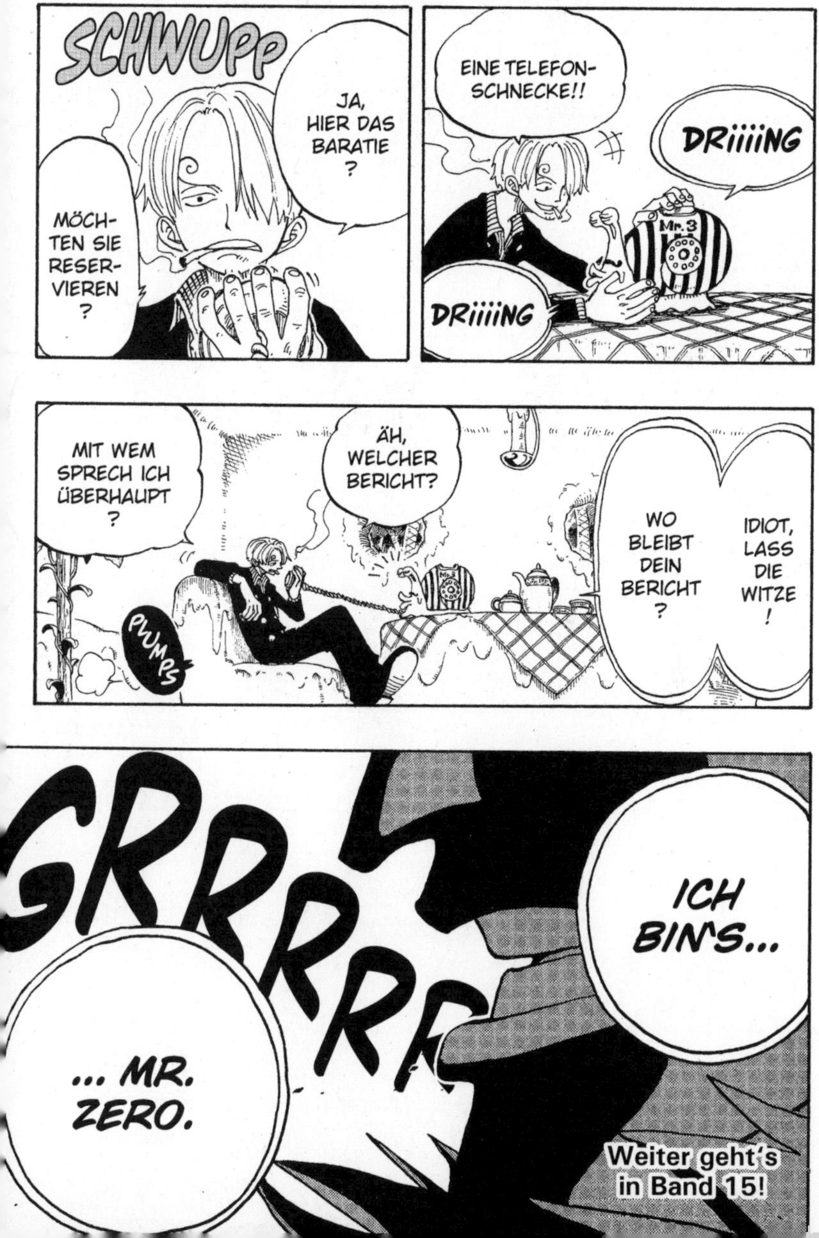

Weiter geht's in Band 15!

CARLSEN MANGA! CHECKLIST

BARFUSS DURCH HIROSHIMA

von Keiji Nakazawa
€ 12,00 (D) / € 12,40 (A)
O Band 2
€ 14,00 (D) / € 14,40 (A)
O Band 1, 3 bis 4

BARRAGE

von Kohei Horikoshi
€ 6,99 (D) / € 7,20 (A)
O Band 1 bis 2
In 2 Bänden abgeschlossen

BATTLE ANGEL ALITA – PERFECT EDITION

von Yukito Kishiro
€ 19,99 (D) / € 20,60 (A)
O Band 1 bis 3
€ 24,99 (D) / € 25,70 (A)
O Band 4
In 4 Bänden abgeschlossen
€ 29,99 (D) / € 30,90 (A)
O Band 4 im Schuber
€ 89,99 (D) / € 92,60 (A)
O Band 1-4 im Schuber

BATTLE ANGEL ALITA – LAST ORDER PERFECT EDITION

von Yukito Kishiro
€ 14,99 (D) / € 15,50 (A)
O 1 bis 3, 5 bis 9
€ 19,99 (D) / € 20,60 (A)
O Band 10
O Band 11 06/21
O Band 12 09/21
€ 16,99 (D) / € 17,50 (A)
O Band 4
In 12 Bänden abgeschlossen
€ 25,00 (D) / € 25,70 (A)
O Band 12 im Schuber mit Extra 09/21
€ 90,00 (D) / € 92,60 (A)
O Bände 1 bis 6 im Schuber mit Extra
€ 99,00 (D) / € 103,20 (A)
O Bände 7 bis 12 im Schuber mit Extra 09/21

BATTLE ANGEL ALITA – MARS CHRONICLE

von Yukito Kishiro
€ 6,95 (D) / € 7,20 (A)
O Band 1 bis 3, 5-6
O Band 7 07/21
€ 10,00 (D) / € 10,30 (A)
O Band 4
Bislang 6 Bände in Japan

ATTACK ON TITAN – DELUXE

von Hajime Isayama
€ 25,00 (D) / € 25,70 (A)
O Band 1 bis 8

ATTACK ON TITAN – INSIDE

von Hajime Isayama
€ 12,90 (D) / € 13,30 (A)
O Einzelband

ATTACK ON TITAN – LOST GIRLS

von Isayama, Seko & Fuji
€ 6,99 (D) / € 7,20 (A)
O Band 1 & 2
In 2 Bänden abgeschlossen

ATTACK ON TITAN – LOST GIRLS (Nippon Novel)

von Hiroshi Seko
€ 9,95 (D) / € 10,30 (A)
O Einzelband

ATTACK ON TITAN – NO REGRETS

von Hajime Isayama
€ 6,95 (D) / € 7,20 (A)
O Band 1 & 2
In 2 Bänden abgeschlossen

ATTACK ON TITAN – NO REGRETS FULL COLOR EDITION

von Hajime Isayama
€ 14,99 (D) / € 15,50 (A)
O Band 1 & 2
In 2 Bänden abgeschlossen

ATTACK ON TITAN – OUTSIDE

von Hajime Isayama
€ 12,90 (D) / € 13,30 (A)
O Einzelband

ATTACK ON TITAN – SHORT PLAY

von Isayama & hounori
€ 8,99 (D) / € 9,30 (A)
O Einzelband

ANONYMOUS NOISE

von Ryoko Fukuyama
€ 5,00 (D) / € 6,20 (A)
O Band 1
€ 6,99 (D) / € 7,20 (A)
O Band 2 bis 17
O Band 18 06/21
In 18 Bänden abgeschlossen

ARTE

von Kei Ohkubo
€ 10,00 (D) / € 10,30 (A)
O Band 1 bis 6
O Band 7 07/21
O Band 8 09/21
Bislang 13 Bände in Japan

ASSASSINATION CLASSROOM

von Yusei Matsui
€ 6,50 (D) / € 6,70 (A)
O Band 1 bis 21
In 21 Bänden abgeschlossen

ATTACK ON TITAN

von Hajime Isayama
€ 6,95 (D) / € 7,20 (A)
O Band 1 bis 32
O Band 33 09/21
In 34 Bänden abgeschlossen
€ 36,00 (D) / € 37,10 (A)
O Bände 1-5 im Schuber
O Bände 6-10 im Schuber
O Bände 11-15 im Schuber
O Bände 16-20 im Schuber
O Bände 21-25 im Schuber
O Bände 26-30 im Schuber

ATTACK ON TITAN – ANSWERS

von Hajime Isayama
€ 12,90 (D) / € 13,30 (A)
O Einzelband

ATTACK ON TITAN – BEFORE THE FALL

von Hajime Isayama
€ 6,95 (D) / € 7,20 (A)
O Band 1 bis 17
In 17 Bänden abgeschlossen

ATTACK ON TITAN CHARACTER GUIDE

von Hajime Isayama
€ 12,90 (D) / € 13,30 (A)
O Einzelband

12 JAHRE

von Nao Maita
€ 5,99 (D) / € 6,20 (A)
O Band 1 bis 14
€ 6,99 (D) / € 7,20 (A)
O Band 15 08/21
In 20 Bänden abgeschlossen

ABE SADA

von Kazuo Kamimura
€ 14,99 (D) / € 15,50 (A)
O Band 1 & 2
In 2 Bänden abgeschlossen

ACID TOWN

von Kyugo
€ 7,95 (D) / € 8,20 (A))
O Band 6
Bislang 6 Bände in Japan

AKIRA – ORIGINAL EDITION

von Katsuhiro Otomo
€ 19,90 (D) / € 20,50 (A)
O Band 1 bis 3
€ 22,90 (D) / € 23,60 (A)
O Band 4 bis 6
In 6 Bänden abgeschlossen

ALICE IN MURDERLAND

von Kaori Yuki
€ 7,95 (D) / € 8,20 (A)
O Band 1 bis 11
In 11 Bänden abgeschlossen

ALISIK

von Helge Vogt & Hubertus Rufledt
€ 8,99 (D) / € 9,30 (A)
O Band 1
€ 7,99 (D) / € 8,30 (A)
O Band 2 bis 4
In 4 Bänden abgeschlossen

ALPHA² – NEUEDITION

von Kamineo & Kamoi
€ 14,00 (D) / € 14,40 (A)
O Einzelband

ALPI - THE SOUL SENDER

von Rona
€ 7,00 (D) / € 7,20 (A)
O Band 1 07/21
Bislang 4 Bände in Japan

CARLSEN MANGA! CHECKLIST

DOUBT GESAMTAUSGABE
von Yoshiki Tonogai
€ 30,00 (D) / € 30,90 (A)
O **Sammelschuber** 07/21

DRAGON BALL
von Akira Toriyama
€ 6,50 (D) / € 6,70 (A)
O **Band 1 bis 42**
In 42 Bänden abgeschlossen

DRAGON BALL MASSIV
von Akira Toriyama
€ 5,00 (D) / € 5,20 (A)
O **Band 1**
€ 10,00 (D) / € 10,30 (A)
O **Band 2 bis 11**
O **Band 12** 07/21
O **Band 13** 09/21

DRAGON BALL SD
von Akira Toriyama (Original Story) & Naho Ohishi
€ 7,95 (D) / € 8,20 (A)
O **Band 1 bis 6**
Bislang 7 Bände in Japan

DRAGON BALL SIDE STORIES
von Akira Toriyama & dragongarow LEE
€ 5,00 (D) / € 5,20 (A)
O **Yamchu**

DRAGON BALL SUPER
von Toriyama & Toyotarou
€ 6,50 (D) / € 6,70 (A)
O **Band 1 bis 11**
O **Band 12** 06/21
€ 9,99 (D) / € 10,30 (A)
O **Band 5 im Schuber**
O **Band 10 im Schuber**
€ 29,99 (D) / € 30,90 (A)
O **Bände 1-5 im Schuber**
O **Bände 6-10 im Schuber**
Bislang 14 Bände in Japan

DREAMIN' SUN
von Ichigo Takano
€ 6,99 (D) / € 7,20 (A)
O **Band 1 bis 9**
€ 8,99 (D) / € 9,20 (A)
O **Band 10**
In 10 Bänden abgeschlossen

COYOTE
von Ranmaru Zariya
€ 7,99 (D) / € 8,30 (A)
O **Band 1 bis 3**
Bislang 3 Bände in Japan

CROSS ACCOUNT
von Tsunehiro Date
€ 6,99 (D) / € 7,20 (A)
O **Band 1 bis 4**
In 4 Bänden abgeschlossen

DEAD COMPANY
von Yoshiki Tonogai
€ 7,00 (D) / € 7,20 (A)
O **Band 1** 07/21
In 3 Bänden abgeschlossen

DEFENSE DEVIL
von Youn In-Wan & Yang Kyung-Il
€ 5,95 (D) / € 6,20 (A)
O **Band 1 bis 10**
In 10 Bänden abgeschlossen

DEPTH OF FIELD
von Enjo
€ 8,00 (D) / € 8,30 (A)
O **Band 1 & 2**
In 2 Bänden abgeschlossen

DEVILS & REALIST
von Utako Yukihiro & Madoka Takadono
€ 6,95 (D) / € 7,20 (A)
O **Band 11 bis 13**
€ 7,95 (D) / € 8,20 (A)
O **Band 14**
€ 8,95 (D) / € 9,20 (A)
O **Band 15**
In 15 Bänden abgeschlossen

DIALOGE MIT MIR SELBST
von Kabi Nagata
€ 18,00 (D) / € 18,50 (A)
O **Band 1 b& 2**
In 2 Bänden abgeschlossen

DIE STADT DER BESONDEREN KINDER
von Ransom Riggs & Cassandra Jean
€ 14,90 (D) / € 15,40 (A)
O **Einzelband**

BLACK LAGOON
von Rei Hiroe
€ 6,95 (D) / € 7,20 (A)
O **Band 4**
€ 7,95 (D) / € 8,20 (A)
O **Band 1-3, 5 - 8, 10 -11**
€ 8,95 (D) / € 9,20 (A)
O **Band 9**
Bislang 11 Bände in Japan

BLOOM INTO YOU
von Nio Naketani
€ 6,99 (D) / € 7,20 (A)
O **Band 1 bis 7**
€ 7,99 (D) / € 8,30 (A)
O **Band 8**
In 8 Bänden abgeschlossen

BLUE FLAG
von Kaito
€ 7,99 (D) / € 8,30 (A)
O **Band 1 bis 7**
In 7 Bänden abgeschlossen

BLUE GIANT
von Shinichi Ishizuka
€ 8,00 (D) / € 8,30 (A)
O **Band 1** 09/21
In 10 Bänden abgeschlossen

BLUE GIANT SUPREME
von Shinichi Ishizuka
€ 8,00 (D) / € 8,30 (A)
O **Band 1 bis 5**
O **Band 6** 08/21
In 11 Bänden abgeschlossen

BORUTO – NARUTO THE NEXT GENERATION
von Kishimoto & Kodachi
€ 6,50 (D) / € 6,70 (A)
O **Band 1 bis 10**
O **Band 11** 07/21
Bislang 13 Bände in Japan

BUDDHA
von Osamu Tezuka
€ 22,90 (D) / € 23,60 (A)
O **Band 1 bis 10**
In 10 Bänden abgeschlossen

CHIISAKOBEE
von Minetaro Mochizuki
€ 14,90 (D) / € 15,40 (A)
O **Band 1 bis 4**
In 4 Bänden abgeschlossen

BECOMING A GIRL ONE DAY
von Akane Ogura
€ 5,99 (D) / € 6,20 (A)
O **Band 1 bis 4**
In 4 Bänden abgeschlossen

BECOMING A GIRL ONE DAY – ANOTHER
von Akane Ogura
€ 5,99 (D) / € 6,20 (A)
O **Band 1 bis 4**
In 4 Bänden abgeschlossen

BILLY BAT
von Naoki Urasawa & Takashi Nagasaki
€ 8,95 (D) / € 9,20 (A)
O **Band 4-7, 12-16**
€ 12,00 (D) / € 12,40 (A)
O **Band 1-3, 8-11, 17-20**
In 20 Bänden abgeschlossen

BL IS MAGIC!
von Oroken
€ 9,99 (D) / € 10,30 (A)
O **Band 1 bis 3**
In 4 Bänden abgeschlossen
O **BL is magic! Special: Extra Spells** 08/21

BL METAMORPHOSEN – GEHEIMNIS EINER FREUNDSCHAFT
von Kaori Tsurutani
€ 8,00 (D)/ € 8,30 (A)
O **Band 1 bis 3**
O **Band 4** 09/21
In 5 Bänden abgeschlossen

BLACK BUTLER
von Yana Toboso
€ 6,95 (D) / € 7,20 (A)
O **Band 1 bis 29**
O **Band 30** 07/21
€ 10,00 (D)/ € 10,30 (A)
O **Band 30 Limitierte Ausgabe mit Extra** 07/21
€ 14,90 (D) / € 15,40 (A)
O **Character Guide**
Bislang 29 Bände in Japan

CARLSEN MANGA! CHECKLIST

GELIEBTER AFFE
von Yoshihiro Tatsumi
€ 19,90 (D) / € 20,50 (A)
O Einzelband

GHOSTLY THINGS
von Ushio Shirotori
€ 7,00 (D) / € 7,20 (A)
O Band 1
O Band 2 07/21
In 4 Bänden abgeschlossen

HARU x KIYO
von Akira Ozaki
€ 5,00 (D) / € 5,20 (A)
O Band 1
€ 7,00 (D)/ €7,20 (A)
O Band 2 bis 9
In 9 Bänden abgeschlossen

HE'S MY VAMPIRE
von Aya Shouoto
€ 6,95 (D) / € 7,20 (A)
O Band 1 bis 10
In 10 Bänden abgeschlossen

HITOTSUBANA
von Minami
€ 8,00 (D) / € 8,30 (A)
O Band 1 bis 7
In 7 Bänden abgeschlossen

HOW TO DRAW MANGA
von Hikaru Hayashi u. a.
€ 9,95 (D) / € 10,30 (A)
O Manga-Charaktere in Bewegung
€ 16,90 (D) / € 17,40 (A)
O Ninja und Samurai
€ 17,90 (D) / € 18,40 (A)
O Manga-Figuren entwickeln
€ 19,90 (D) / € 20,50 (A)
O Manga-Skizzen zeichnen
O Character Design – Tipps und Tricks
O Manga aus der richtigen Perspektive
O Oberflächen und Strukturen
O Manga-Figuren in ihrer Umwelt
O Perfekte Proportionen im Manga
O Grundlagen der Manga-Kunst
€ 24,90 (D) / € 25,60 (A)
O Kolorieren mit Copic-Stiften
O Kolorieren mit Aquarellbuntstiften

FOLGE DEN WOLKEN NACH NORD-NORDWEST
von Aki Irie
€ 12,00 (D) / € 12,40 (A)
O Band 1 bis 4
Bislang 5 Bände in Japan

FOOD WARS – SHOKUGEKI NO SOMA
von Tsukuda & Saeki
€ 6,99 (D) / € 7,20 (A)
O Band 1 bis 31
O Band 32 06/21
O Band 33 08/21
In 36 Bänden abgeschlossen
€ 69,90 (D) / € 71,80 (A)
O Bände 1-10 im Schuber
O Bände 11-20 im Schuber
O Bände 21-30 im Schuber

FRUIT BASKET PEARLS
von Natuski Takaya
€ 11,00 (D) / € 11,40 (A)
O Band 1
O Band 2 06/21
O Band 3 08/21
In 12 Bänden abgeschlossen

GAMMA DRACONIS
von Eldo Yoshimizu & Benoist Simmat
€ 16,00 (D) / € 16,50 (A)
O Einzelband 07/21

GANGSTA.
von Kohske
€ 7,95 (D) / € 8,20 (A)
O Band 1 bis 8
Bislang 8 Bände in Japan

GANGSTA: CURSED.
von Kohske & Kamo
€ 7,99 (D) / € 8,30 (A)
O Band 1 bis 5
Bislang 5 Bände in Japan

GEGEN DEN STROM
von Yoshihiro Tatsumi
€ 44,00 (D) / € 44,60 (A)
O Einzelband

FAIRY TAIL+
von Hiro Mashima
€ 8,95 (D) / € 9,20 (A)
O Einzelband

FAIRY TAIL – HAPPY'S ADVENTURE
von Hiro Mashima & Kenshiro Sakamoto
€ 7,00 (D) / € 7,20 (A)
O Band 1 bis 4
O Band 5 08/21
In 8 Bänden abgeschlossen

FAIRY TAIL S
von Hiro Mashima
€ 6,99 (D) / € 7,20 (A)
O Band 1 & 2
In 2 Bänden abgeschlossen

FAIRY TAIL SIDE STORIES
von Hiro Mashima & Kyota Shibano
€ 6,99 (D) / € 7,20 (A)
O Band 1 bis 3
In 3 Bänden abgeschlossen

FAIRY TALE BATTLE ROYALE
von Soraho Ina
€ 7,00 (D) / € 7,20 (A)
O Band 1 bis 4
Bislang 4 Bände in Japan

FINAL FANTASY – LOST STRANGER
von Hazuki Minase & Itsuki Kameya
€ 12,99 (D) / € 13,40 (A)
O Band 1 bis 5
Bislang 6 Bände in Japan

FINAL FANTASY – OFFICIAL MEMORIAL ULTIMANIA BOOK
von Takatoshi Shiozawa
€ 39,99 (D) / € 41,20 (A)
O VII - IX
In 3 Bänden abgeschlossen

FOCUS 10
von Martina Peters
€ 6,99 (D) / € 7,20 (A)
O Band 1 bis 9
O Band 10 09/21
In 10 Bänden abgeschlossen

DR. STONE
von Inagaki & BOICHI
€ 7,00 (D) / € 7,20 (A)
O Band 1 bis 11
O Band 12 06/21
O Band 13 08/21
Bislang 19 Bände in Japan

DR. STONE REBOOT: BYAKUYA
von Inagaki & BOICHI
€ 7,00 (D) / € 7,20 (A)
O Einzelband 07/21

EDENS ZERO
von Hiro Mashima
€ 7,00 (D)/ €7,20 (A)
O Band 1 bis 9
O Band 10 07/21
€ 10,00 (D) / € 10,30 (A)
O Band 7 - limitierte Ausgabe
Bislang 13 Bände in Japan

EXISTENZEN UND ANDERE ABGRÜNDE
von Yoshihiro Tatsumi
€ 19,90 (D) / € 20,50 (A)
O Einzelband

FAIRY GIRLS
von Hiro Mashima
€ 6,99 (D) / € 7,20 (A)
O Band 1 bis 4
In 4 Bänden abgeschlossen

FAIRY TAIL
von Hiro Mashima
€ 6,50 (D) / € 6,70 (A)
O Band 1 bis 63
€ 9,99 (D) / € 10,30 (A)
O Band 60 limitiert
In 63 Bänden abgeschlossen

FAIRY TAIL ARTBOOKS
von Hiro Mashima
€ 19,95 (D) / € 20,60 (A)
O Fantasia
O Harvest

FAIRY TAIL – 100 YEARS QUEST
von Hiro Mashima & Atsuo Ueda
€ 7,00 (D) / € 7,20 (A)
O Band 1 bis 5
O Band 6 06/21
O Band 7 09/21
Bislang 10 Bände in Japan

CARLSEN MANGA! CHECKLIST

LIBERI-PROJEKT, DAS

von Tamasaburo
€ 6,95 (D) / € 7,20 (A)
O Band 1 bis 3
In 3 Bänden abgeschlossen

LIEBHABER, DER

von Kan Takahama
€ 22,00 (D) / € 22,70 (A)
O Einzelband

LITTLE WITCH ACADEMIA

von Sato & Yoshinari
€ 6,99 (D) / € 7,20 (A)
O Band 1 bis 3
In 3 Bänden abgeschlossen

LIQUOR & CIGARETTE

von Ranmaru Zariya
€ 8,00 (D) / € 8,30 (A)
O Einzelband

LUDWIG REVOLUTION GESAMTAUSGABE

von Kaori Yuki
€ 30,00 (D) / € 30,90 (A)
O Sammelschuber 09/21

LUPUS IN FABULA

von Kamineo
€ 7,95 (D) / € 8,20 (A)
O Band 1 bis 3
In 3 Bänden abgeschlossen

MACHIMAHO – MAGICAL GIRL BY ACCIDENT

von Souryu
€ 7,99 (D) / € 8,30 (A)
O Band 1 bis 7
O Band 8 07/21
Bislang 9 Bände in Japan

MAGUS OF THE LIBRARY

von Mitsu Izumi
€ 12,00 (D) / € 12,40 (A)
O Band 1 & 4
€ 14,00 (D) / € 14,40 (A)
O Band 2
€ 16,00 (D) / € 16,50 (A)
O Band 3
Bislang 5 Bände in Japan

KAMISAMA DARLING

von Kyoko Aiba
€ 6,99 (D) / € 7,20 (A)
O Band 1 bis 8
In 8 Bänden abgeschlossen

KATSURA & TORIYAMA SHORT STORIES

von Akira Toriyama
& Masakazu Katsura
€ 6,95 (D) / € 7,20 (A)
O Einzelband

KILLING BITES

von Shinya Murata
& Kazasa Sumita
€ 7,95 (D) / € 8,20 (A)
O Band 1-3, 5-14
€ 10,00 (D) / € 10,30 (A)
O Band 4
Bislang 17 Bände in Japan

KIMI NI NARE – FINDE DICH SELBST

von Ichigo Takano
€ 7,00 (D) / € 7,20 (A)
O Einzelband 07/21

KLEINE KATZE CHI

von Konami Kanata
€ 9,95 (D) / € 10,30 (A)
O Band 1 bis 11
€ 12,00 (D) / € 12,40 (A)
O Band 12
In 12 Bänden abgeschlossen

KOROSENSEI QUEST!

von Yusei Matsui &
Kizuku Watanabe
€ 6,50 (D) / € 6,70 (A)
O Band 1 bis 5
In 5 Bänden abgeschlossen

LADY SNOWBLOOD (NEUEDITION)

von Kazuo Koike
& Kazuo Kamimura
€ 19,99 (D) / € 20,60 (A)
O Band 1 & 2
€ 16,99 (D) / € 17,50 (A)
O Band 3
In 3 Bänden abgeschlossen

LETZTE REISE DER SCHMETTERLINGE, DIE

von Kan Takahama
€ 14,90 (D) / € 15,40 (A)
O Einzelband

IM – GREAT PRIEST IMHOTEP

von Makoto Morishita
€ 6,99 (D) / € 7,20 (A)
O Band 1 bis 10
€ 7,99 (D) / € 8,30 (A)
O Band 11
In 11 Bänden abgeschlossen

IN THIS CORNER OF THE WORLD

von Fumiyo Kouno
€ 12,99 (D) / € 13,40 (A)
O Band 1 bis 3
In 3 Bänden abgeschlossen

ITO, JUNJI

von Shinya Murata
& Kazasa Sumita
€ 24,00 (D) / € 24,70 (A)
O Gyo Deluxe
O Shiver 07/21
€ 28,00 (D) / € 28,80 (A)
O Uzumaki Deluxe

JAPANISCH FÜR MANGA-FANS

von Thora Kerner
& Jin Baron
€ 16,00 (D) / € 16,50 (A)
O Sammelband

JUDGE

von Yoshiki Tonogai
€ 7,95 (D) / € 8,20 (A)
O Band 1 bis 5
€ 8,95 (D) / € 9,20 (A)
O Band 6
In 6 Bänden abgeschlossen

JUMPING

von Asahi Tsutsui
€ 7,00 (D) / € 7,20 (A)
O Band 1 bis 4
In 4 Bänden abgeschlossen

JUNJO ROMANTICA

von Shungiku Nakamura
€ 6,95 (D) / € 7,20 (A)
O Band 9, 11-12, 19-22
O Band 23 06/21
€ 10,00 (D) / € 10,30 (A)
O Band 1-8, 10,13-18
Bislang 25 Bände in Japan

H.P. LOVECRAFT

von Gou Tanabe
€ 12,00 (D) / € 12,40 (A)
O H.P. Lovecrafts Die Farbe aus dem All
O H.P. Lovecrafts Der Hund und andere Geschichten
O H.P. Lovecrafts Der leuchtende Trapezoeder
€ 18,00 (D) / € 18,50 (A)
O H.P. Lovecrafts Berge des Wahnsinns Band 1 bis 2
O H.P. Lovecrafts Cthulhus Ruf 08/21
€ 22,00 (D) / € 22,70 (A)
O H.P. Lovecrafts Der Schatten aus der Zeit

HUNTER X HUNTER

von Yoshihiro Togashi
€ 6,95 (D) / € 7,20 (A)
O Band 1 bis 36
Bislang 36 Bände in Japan

I AM SHERLOCK

von TAKATA & Io
€ 7,00 (D)/ € 7,20 (A)
O Band 1 bis 4
In 4 Bänden abgeschlossen

I HAD THAT SAME DREAM AGAIN

von Yoru Sumino &
Izumi Kirihara
€ 7,00 (D) / € 7,20 (A)
O Band 1 bis 3
In 3 Bänden abgeschlossen

I HEAR THE SUNSPOT

von Yuki Fumino
€ 7,99 (D) / € 8,30 (A)
O Band 1
€ 9,99 (D) / € 10,30 (A)
O Band 2
Bisher 2 Bände in Japan

I HEAR THE SUNSPOT – LIMIT

von Yuki Fumino
€ 7,99 (D) / € 8,30 (A)
O Band 1
€ 8,99 (D) / € 9,30 (A)
O Band 2
€ 9,99 (D) / € 10,30 (A)
O Band 3 07/21
In 3 Bänden abgeschlossen

CARLSEN MANGA! CHECKLIST

NARUTO MASSIV

von Masashi Kishimoto
€ 5,00 (D) / € 5,20 (A)
O Band 1
€ 9,99 (D) / € 10,30 (A)
O Band 2 bis 24
In 24 Bänden abgeschlossen

NARUTO – THE MOVIE

von Masashi Kishimoto
€ 7,95 (D) / € 8,20 (A)
O Geheimmission im Land des ewigen Schnees Band 1 & 2
O Die Legende des Steins Gelel Band 1 & 2
O Sondermission im Land des Mondes 1 & 2

NARUTO – THE MOVIE: SHIPPUDEN

von Masashi Kishimoto
€ 12,95 (D) / € 13,40 (A)
O Naruto - The Movie: Shippuden
O Naruto - The Movie: Shippuden-Fesseln
O Naruto - The Movie: Shippuden - Die Erben des Willens des Feuers
O Naruto - The Movie: Shippuden - Lost Tower

NEON GENESIS EVANGELION

von Gainax
& Yoshiyuki Sadamoto
€ 6,95 (D) / € 7,20 (A)
O Band 1 bis 14
In 14 Bänden abgeschlossen

NO EXIT

von Haruhi Seta
€ 6,99 (D) / € 7,20 (A)
O Band 1 bis 13
In 14 Bänden abgeschlossen

OKITENEMURU

von Hitori Renda
€ 7,99 (D) / € 8,20 (A)
O Band 9
In 9 Bänden abgeschlossen

OLD BOY

von Tsuchiya Garon
& Minegishi Nobuaki
€ 12,00 (D) / € 12,40 (A)
O Band 1 bis 4
In 4 Bänden abgeschlossen

MURCIÉLAGO

von Yoshimura Kana
€ 7,99 (D) / € 8,30 (A)
O Band 1 bis 14
O Band 15 06/21
Bislang 17 Bände in Japan

MY HERO ACADEMIA

von Kohei Horikoshi
€ 6,99 (D) / € 7,20 (A)
O Band 1 bis 27
O Band 28 08/21
Bislang 30 Bände in Japan
€ 10,00 (D) / € 10,30 (A)
O My Hero Academia - Ultra Archive
€ 12,99 (D) / € 13,40 (A)
O My Hero Academia - Ultra Analysis

MY HERO ACADEMIA SMASH

von Kohei Horikoshi &
Hirofumi Neda
€ 5,00 (D) / € 5,20 (A)
O Band 1 bis 5
Bislang 5 Bände in Japan

MY HERO ACADEMIA TEAM UP MISSION

von Kohei Horikoshi
& Yoko Akiyama
€ 7,00 (D) / € 7,20 (A)
O Band 1
Bisher 2 Bände in Japan

MY ROOMMATE IS A CAT

von Tsunami Minatsuki
& Asu Futatsuya
€ 7,00 (D) / € 7,20 (A)
O Band 1 bis 4
O Band 5 06/21
O Band 6 09/21
Bislang 7 Bände in Japan

MY SECRET WHICH I CANNOT TELL YOU

von Kyoko Aiba
€ 6,99 (D) / € 7,20 (A)
O Einzelband

NARUTO

von Masashi Kishimoto
€ 6,50 (D) / € 6,70 (A)
O Band 1 bis 72
In 72 Bänden abgeschlossen
O Der siebte Hokage und der scharlachrote Frühling

MERMAID PRINCE

von Kaori Ozaki
€ 8,00 (D) / € 8,30 (A)
O Einzelband

MOB PSYCHO 100

von ONE
€ 6,66 (D) / € 6,90 (A)
O Band 1 bis 15
€ 7,77 (D) / € 8,00 (A)
O Band 16
In 16 Bänden abgeschlossen

MONSTER – PERFECT EDITION

von Naoki Urasawa
€ 20,00 (D) / € 20,60 (A)
O Band 1 bis 8
€ 24,00 (D) / € 24,70 (A)
O Band 9 08/21
In 9 Bänden abgeschlossen

MORIARTY THE PATRIOT

von Takeuchi & Miyoshi
€ 9,99 (D) / € 10,30 (A)
O Band 1 bis 9
O Band 10 06/21
O Band 11 08/21
Bislang 13 Bände in Japan
€ 16,00 (D) / € 16,50 (A)
O Band 10 mit Extra – limitierte Auflage 06/21
€ 99,00 (D) / € 101,80 (A)
O Band 1 bis 10 im Sammelschuber – limitierte Auflage 06/21

MOTHER'S SPIRIT

von Enzo
€ 7,99 (D) / € 8,30 (A)
O Band 1 & 2
Bislang 2 Bände in Japan

MOTOKARE RETRY

von En Hanaya
€ 6,99 (D) / € 7,20 (A)
O Band 1 bis 7
In 7 Bänden abgeschlossen

MOVING FORWARD

von Nagamu Nanaji
€ 5,00 (D) / € 5,20 (A)
O Band 1
€ 7,00 (D) / € 7,20 (A)
O Band 2 bis 7
O Band 8 08/21
In 11 Bänden abgeschlossen

MAID-SAMA

von Hiro Fujiwara
€ 5,95 (D) / € 6,20 (A)
O Band 1 bis 18
In 18 Bänden abgeschlossen
O Maid-sama Marriage

MANGA LOVE STORY

von Katsu Aki
€ 6,95 (D) / € 7,20 (A)
O Band 70 bis 76
Bislang 81 Bände in Japan

MANGA-ZEICHENSTUDIO

von Kaneda Koubou u.a.
€ 19,90 (D) / € 20,50 (A)
O Hände und Füße
O Gesichter und Emotionen
O Manga Master Book
O Mädchen in coolen Posen
O Emotionen und Mimik ausdrucksstark zeichnen
O Manga Basics
O Figuren & Hintergründe
€ 20,00 (D) / € 20,60 (A)
O Charmante Charaktere
€ 24,90 (D) / € 25,60 (A)
O Spannende Geschichten erzählen

MANN MEINES BRUDERS, DER

von Gengoroh Tagame
€ 10,00 (D) / € 10,30 (A)
O Band 1 bis 4
In 4 Bänden abgeschlossen

MASHIMA HERO'S

von Hiro Mashima
€ 7,00 (D) / € 7,20 (A)
O Einzelband
€ 10,00 (D) / € 10,30 (A)
O Einzelband Limitierte Edition

MEINE LESBISCHE ERFAHRUNG MIT EINSAMKEIT

von Kabi Nagata
€ 15,00 (D) / € 15,50 (A)
O Einzelband

MELANCHOLISCHER MORGEN, EIN

von Shoko Hidaka
€ 9,95 (D) / € 10,30 (A)
O Band 8
In 8 Bänden abgeschlossen

CARLSEN MANGA! CHECKLIST

ROSEN BLOOD

von Kachiru Ichizue
€ 10,00 (D) / € 10,30 (A)
O **Band 1**
O **Band 2** 07/21
Bisher 3 Bände in Japan

RYUKO

von Eldo Yoshimizu
€ 14,99 (D) / € 15,50 (A)
O **Band 1 & 2**
In 2 Bänden abgeschlossen

SACRIFICE TO THE KING OF BEASTS

von Yu Tomofuji
€ 6,99 (D) / € 7,20 (A)
O **Band 1 bis 11**
O **Band 12** 06/21
O **Band 13** 09/21
In 15 Bänden abgeschlossen

SAKURA – I WANT TO EAT YOUR PANCREAS

von Yoru Sumino
€ 7,99 (D) / € 8,20 (A)
O **Band 1 & 2**
In 2 Bänden abgeschlossen

SAKURA DREAMS BUCH UND TERMIN-KALENDER 2022

von Melanie Schober
€ 10,00 (D) / € 10,10 (A)
O **Kalender** 06/21

SAMURAI8

von Masashi Kishimoto & Akira Okubo
€ 7,00 (D) / € 7,20 (A)
O **Band 1 bis 5**
In 5 Bänden abgeschlossen

SANTA MARIA HEARTLAND

von Rise Torio
€ 8,50 (D) / € 8,80 (A)
O **Einzelband**

SARABA, YOKI HI – SOLANGE WIR ZUSAMMEN SIND

von Yuki Akaneda
€ 7,00 (D) / € 7,20 (A)
O **Band 1**
O **Band 2** 08/21
Bisher 6 Bände in Japan

PLUTO: URASAWA X TEZUKA

von Tezuka, Urasawa & Nagasaki
€ 14,90 (D) / € 15,30 (A)
O **Band 1-3, 6-7**
€ 12,90 (D) / € 13,30 (A)
O **Band 4-5**
€ 16,90 (D) / € 17,40 (A)
O **Band 8**
In 8 Bänden abgeschlossen

POISON CITY

von Tetsuya Tsutsui
€ 7,99 (D) / € 8,30 (A)
O **Band 1 & 2**
In 2 Bänden abgeschlossen

PONE – POSUKA DEMIZU ARTBOOK

von Posuka Demizu
€ 20,00 (D) / € 20,60 (A)
O **Artbook**

Q (KU)

von Tatsuya Shihira
€ 7,99 (D) / € 8,30 (A)
O **Band 1 bis 3**
€ 8,99 (D) / € 9,30 (A)
O **Band 4**
In 4 Bänden abgeschlossen

REAKTOR 1F – EIN BERICHT AUS FUKUSHIMA

von Kazuto Tatsuta
€ 12,99 (D) / € 13,40 (A)
O **Band 1 bis 3**
In 3 Bänden abgeschlossen

RENTAL GIRLFRIEND

von Reiji Miyajima
€ 7,00 (D) / € 7,20 (A)
O **Band 1 bis 8**
O **Band 9** 07/21
O **Band 10** 09/21
Bislang 16 Bände in Japan

REQUIEM OF THE ROSE KING

von Aya Kanno
€ 9,99 (D) / € 10,30 (A)
O **Band 1 bis 12**
O **Band 13** 08/21
Bislang 14 Bände in Japan

OUR SUMMER HOLIDAY

von Kaori Ozaki
€ 7,99 (D) / € 8,30 (A)
O **Einzelband**

OVERLORD

von Maruyama & Miyama
€ 6,99 (D) / 7,20 (A)
O **Band 1 bis 12**
€ 7,99 (D) / € 8,30 (A)
O **Band 13**
O **Band 14** 09/21
Bislang 15 Bände in Japan

OVERLORD Official Comic À La Carte Anthology

von Kugane Maruyama, diverse
€ 7,00 (D) / € 7,20 (A)
O **Band 1 bis 3**
Bislang 3 Bände in Japan

PANDORAHEARTS

von Jun Mochizuki
€ 6,95 (D) / € 7,20 (A)
O **Band 1, 5-6, 10-15, 17, 19**
€ 7,95 (D) / € 8,20 (A)
O **Band 18**
€ 8,95 (D) / € 9,20 (A)
O **Band 22**
€ 10,00 (D) / € 10,30 (A)
O **Band 2-4, 7-9, 16, 20-21, 23**
€ 14,00 (D) / € 14,40 (A)
O **Band 24**
In 24 Bänden abgeschlossen

PERSONAL PARADISE NEUEDITION

von Melanie Schober
€ 6,99 (D) / € 7,20 (A)
O **Band 1 bis 7**
O **Brave Brother 1.0 lim. Ausgabe mit Schuber**

PLEASE LOVE ME

von Aya Nakahara
€ 5,00 (D) / € 5,20 (A)
O **Band 1**
€ 7,00 (D) / € 7,20 (A)
O **Band 2 bis 8**
O **Band 9** 06/21
O **Band 10** 09/21
In 10 Bänden abgeschlossen

ONE PIECE

von Eiichiro Oda
€ 6,50 (D) / € 6,70 (A)
O **Band 1 bis 97**
O **Band 98** 09/21
Bislang 99 Bände in Japan

ONE PIECE: FLUCH DES HEILIGEN SCHWERTS

von Eiichiro Oda
€ 7,95 (D) / € 8,20 (A)
O **Band 1 & 2**
In 2 Bänden abgeschlossen

ONE PIECE PARTY

von Andoh & Oda
€ 6,50 (D) / € 6,70 (A)
O **Band 1 bis 6**
Bislang 6 Bände in Japan

ONE PIECE – SANJIS LECKERE PIRATENREZEPTE

von Eiichiro Oda
€ 24,90 (D) / € 25,60 (A)
O **Kochbuch**

ONE PIECE QUIZ BOOK

von Eiichiro Oda
€ 14,00 (D) / € 14,40 (A)
O **Einzelband**

ONE PIECE Z

von Eiichiro Oda
€ 9,95 (D) / € 10,20 (A)
O **Band 1 & 2**
In 2 Bänden abgeschlossen

ONE WEEK FRIENDS

von Matcha Hazuki
€ 6,99 (D) / € 7,20 (A)
O **Band 1 bis 7**
In 7 Bänden abgeschlossen

OPUS

von Satoshi Kon
€ 14,90 (D) / € 15,40 (A)
O **Band 1 & 2**
In 2 Bänden abgeschlossen

ORANGE

von Ichigo Takano
€ 7,99 (D) / € 8,30 (A)
O **Band 1 bis 6**
Bislang 6 Bände in Japan

CARLSEN MANGA! CHECKLIST

SUPER DRAGON BALL HEROES UNIVERSE MISSION

von Yoshitaka Nagayama
€ 6,50 (D) / € 6,70 (A)
O Band 1
O Band 2 08/21
Bislang 2 Bände in Japan

TAKANE UND HANA

von Yuki Shiwasu
€ 5,00 (D) / € 5,20 (A)
O Band 1
€ 6,99 (D) / € 7,20 (A)
O Band 2 bis 14
O Band 15 07/21
In 18 Bänden abgeschlossen

TANIGUCHI, JIRO

von Jiro Taniguchi
€ 12,90 (D) / € 13,30 (A)
O Der Gourmet 2
€ 14,90 (D) / € 15,40 (A)
O Der Gourmet
€ 16,00 (D) / € 16,50 (A)
O Der Kartograph
O Die Schrift des Windes
€ 16,90 (D) / € 17,40 (A)
O Ihr Name war Tomoji
€ 20,00 (D) / € 20,60 (A)
O Im Jahrtausendwald
€ 22,00 (D) / € 22,70 (A)
O Unruhige Geister und stille Gefährten
€ 25,00 (D) / € 25,70 (A)
O Der spazierende Mann (erw. Neuausgabe)
€ 28,00 (D) / € 28,80 (A)
O Der Himmel ist blau, die Erde ist weiß – Gesamtausgabe

TEMPEST CURSE

von Martina Peters
€ 6,95 (D) / € 7,20 (A)
O Band 1 bis 3
In 3 Bänden abeschlossen

THE ART OF SPLATOON

von Nintendo
€ 40,00 (D) / € 41,20 (A)
O Artbook

THE BOOK OF LIST - GRIMM'S MAGICAL ITEMS

von Izuco Fujiya
€ 6,95 (D) / € 7,20 (A)
O Band 1 bis 5
€ 8,95 (D) / € 9,20 (A)
O Band 6
In 6 Bänden abeschlossen

SOUL EATER MASSIV

von Atsushi Ohkubo
€ 5,00 (D) / € 5,20 (A)
O Band 1
€ 8,00 (D) / € 8,30 (A)
O Band 2 bis 4
O Band 5 06/21
O Band 6 08/21
In 12 Bänden abgeschlossen

SOUL EATER GUIDE BOOK

von Atsushi Ohkubo
€ 8,95 (D) / € 9,20 (A)
O Einzelband

SOUL EATER SOUL ART

von Atsushi Ohkubo
€ 24,90 (D) / € 25,60 (A)
O Band 2

SPLATOON

von Sankichi Hinodeya
€ 6,99 (D) / € 7,20 (A)
O Band 1 bis 10
O Band 11 07/21
Bislang 13 Bände in Japan

STILLE WASSER

von Kan Takahama
€ 16,90 (D) / € 17,40 (A)
O Einzelband

SUNNY

von Taiyo Matsumoto
€ 16,00 (D) / € 16,50 (A)
O Band 1 & 2
O Band 3 07/21
In 6 Bänden abgeschlossen

SÜSSE KATZE CHI: CHI'S SWEET ADVENTURES

von Konami Kanata & Kinoko Natsume
€ 8,00 (D) / € 8,30 (A)
O Band 1 bis 4
In 4 Bänden abgeschlossen

SUPER DRAGON BALL HEROES

von Yoshitaka Nagayama
€ 6,50 (D) / € 6,70 (A)
O Band 1 bis 3
Bislang 3 Bände in Japan

SHERLOCK

von Jay, Gatiss & Moffat
€ 12,99 (D) / € 13,40 (A)
O Band 1, 2 und 4
€ 14,99 (D) / € 15,50 (A)
O Band 3
€ 39,99 (D) / € 41,20 (A)
O Band 1 bis 3 im Schuber
Bislang 4 Bände in Japan

SHIBA – EIN HUND ZUM VERLIEBEN

von Mayumi Muroyama
€ 7,00 (D) / € 7,20 (A)
O Einzelband

SHIKIGAMI

von Yasaiko Midorihana
€ 10,00 (D) / € 10,30 (A)
O Einzelband

SKETCH EVERY DAY

von Simone Grünewald
€ 20,00 (D) / € 20,60 (A)
O Zeichenbuch

SKIP BEAT!

von Yoshiki Nakamura
€ 6,95 (D) / € 7,20 (A)
O Band 1-8, 10-17, 19-21, 24-33, 35-37, 41-45
€ 8,00 (D) / € 8,30 (A)
O Band 9, 18, 22-23, 34, 38-40
Bislang 45 Bände in Japan

SKULL PARTY

von Melanie Schober
€ 6,95 (D) / € 7,20 (A)
O Band 1 bis 4
In 4 Bänden abgeschlossen

SNACK WORLD

von Level-5, & sho.t
€ 7,00 (D) / € 7,20 (A)
O Band 1 & 2
In 2 Bänden abgeschlossen

SOUL EATER

von Atsushi Ohkubo
€ 6,50 (D) / € 6,70 (A)
O Band 2, 4, 6-11, 13-18 & 24
€ 7,95 (D) / € 8,20 (A)
O Band 25
In 25 Bänden abgeschlossen

SCHATTENARIE

von Zofia Garden & Anne Delseit
€ 6,95 (D) / € 7,20 (A)
O Band 1 & 2
In 2 Bänden abgeschlossen

SCHNEEBALLEN

von Inga Steinmetz
€ 12,00 (D) / € 12,40 (A)
O Schneeballens Fall
€ 14,00 (D) / € 14,40 (A)
O Schneeballen – Verliebt in Japan

SCHOKOHEXE, DIE

von Rino Mizuho
€ 6,50 (D) / € 6,70 (A)
O Band 1-3, 5-7, 10-17
O Band 18 07/21
€ 10,00 (D) / € 10,30 (A)
O Band 4, 8-9
Bislang 20 Bände in Japan

SEARCH AND DESTROY

von Osamu Tezuka & Atsushi Kaneko
€ 15,00 (D) / € 15,50 (A)
O Band 1 & 2
€ 18,00 (D) / € 18,50 (A)
O Band 3 09/21
In 3 Bänden abgeschlossen

SEKAIICHI HATSUKOI

von Shungiku Nakamura
€ 6,95 (D) / € 7,20 (A)
O Band 1, 3, 8-12
€ 10,00 (D) / € 10,30 (A)
O Band 2-7
€ 6,95 (D / € 7,20 (A)
O Band 13 06/21
Bislang 15 Bände in Japan

SEVEN DEADLY SINS

von Suzuki Nakaba
€ 6,50 (D) / € 6,70 (A)
O Band 1 bis 37
O Band 38 07/21
O Band 39 09/21
In 41 Bänden abgeschlossen

CARLSEN MANGA! CHECKLIST

YAMADA-KUN AND THE SEVEN WITCHES
von Miki Yoshikawa
€ 5,95 (D) / € 6,20 (A)
O **Band 1-5, 7-8, 10-17, 19-28**
€ 10,00 (D) / € 10,30 (A)
O **Band 6, 9, 18**
In 28 Bänden abgeschlossen

YOKOHAMA STATION FABLE
von Gonbe Shinkawa & Yuba Isukari
€ 8,00 (D) / € 8,30 (A)
O **Band 1** 06/21
In 3 Bänden abgeschlossen

YUNAS REISE ZUM ICH ODER MY SEX CHANGE EXPERIENCEE
von Yuna Hirasawa
€ 10,00 (D) / € 10,30 (A)
O **Einzelband** 08/21

ZWEI ESPRESSO
von Kan Takahama
€ 12,90 (D) / € 13,30 (A)
O **Einzelband**

ZOMBIE 100 - BUCKET LIST OF DEAD
von Makoto Yukimura
€ 7,00 (D) / € 7,20 (A)
O **Band 1**
O **Band 2** 08/21
Bisher 7 Bände in Japan

VIGILANTE – MY HERO ACADEMIA ILLEGALS
von Horikoshi, Furuhashi & Court
€ 6,99 (D) / € 7,20 (A)
O **Band 1 bis 8**
O **Band 9** 06/21
Bislang 11 Bände in Japan

VINLAND SAGA
von Makoto Yukimura
€ 7,95 (D) / € 8,20 (A)
O **Band 1 bis 23**
O **Band 24** 09/21
Bislang 25 Bände in Japan

WALKINDER, DIE
von Abi Umeda
€ 6,99 (D) / € 7,20 (A)
O **Band 1 bis 14**
O **Band 15** 07/21
Bislang 18 Bände in Japan

WEEKLY SHONEN HITMAN
von Kouji Seo
€ 7,00 (D) / € 7,20 (A)
O **Band 1 bis 3**
O **Band 4** 06/21
O **Band 5** 08/21
Bislang 13 Bände in Japan

WER BIST DU ZUR BLAUEN STUNDE
von Yuhki Kamatani
€ 10,00 (D) / € 10,30 (A)
O **Band 1 bis 3**
€ 12,00 (D) / € 12,40 (A)
O **Band 4**
In 4 Bänden abgeschlossen

WET MOON
von Atsushi Kaneko
€ 19,90 (D) / € 20,50 (A)
O **Band 1 & 2**
€ 24,90 (D) / € 25,60 (A)
O **Band 3**
In 3 Bänden abgeschlossen

YAKUZA GOES HAUSMANN
von Kousuke Oono
€ 7,50 (D) / € 7,80 (A)
O **Band 1 bis 4**
O **Band 5** 06/21
Bislang 6 Bände in Japan

3/11 – TAGEBUCH NACH FUKUSHIMA
von Yuko Ichimura & Tim Rittmann
€ 12,90 (D) / € 13,30 (A)
O **Einzelband**

TO THE ABANDONED SACRED BEASTS
von Maybe
€ 6,99 (D) / € 7,20 (A)
O **Band 1 bis 9**
€ 7,99 (D) / € 8,30 (A)
O **Band 10**
O **Band 11** 09/21
Bislang 12 Bände in Japan

TORIYAMA SHORT STORIES
von Akira Toriyama
€ 5,95 (D) / € 6,20 (A)
O **Band 2 bis 4, 7**
€ 6,95 (D) / € 7,20 (A)
O **Band 6**
€ 7,95 (D) / € 8,20 (A)
O **Band 5**
Bislang 8 Bände in Japan

TRIAGE X
von Shouji Sato
€ 6,95 (D) / € 7,20 (A)
O **Band 1 bis 5**
€ 7,95 (D) / € 8,20 (A)
O **Band 6 bis 20**
O **Band 21** 09/21
Bislang 22 Bände in Japan

UNLUCKY YOUNG MEN
von Fujiwara & Otsuka
€ 19,90 (D) / € 20,50 (A)
O **Band 1 & 2**
In 2 Bänden abgeschlossen

UNSERE FARBEN
von Gengoroh Tagame
€ 10,00 (D) / € 10,30 (A)
O **Band 1 & 2**
O **Band 3** 06/21
In 3 Bänden abgeschlossen

VAMPIRE KNIGHT – MEMORIES
von Matsuri Hino
€ 6,99 (D) / € 7,20 (A)
O **Band 1 bis 5**
Bislang 6 Bände in Japan

THE CASE STUDY OF VANITAS
von Jun Mochizuki
€ 7,99 (D) / € 8,30 (A)
O **Band 1 bis 8**
Bislang 9 Bände in Japan

THE DEMON PRINCE
von Aya Shouoto
€ 6,95 (D) / € 7,20 (A)
O **Band 1 bis 16**
In 16 Bänden abgeschlossen

THE GOLDEN SHEEP
von Kaori Ozaki
€(D) 8,00 / €(A) 8,30
O **Band 1 bis 3**
In 3 Bänden abgeschlossen

THE HEROIC LEGEND OF ARSLAN
von Yoshiki Tanaka
€ 6,99 (D) / € 7,20 (A)
O **Band 1 bis 12**
O **Band 13** 09/21
Bislang 13 Bände in Japan
€ 7,50 (D) / € 7,80 (A)
O **Doppelpack 1+2**

THE KILLER INSIDE
von Hajime Inoryu & Shota Ito
€ 7,50 (D) / € 7,80 (A)
O **Band 1** 08/21
Bislang 9 Bände in Japan

THE PROMISED NEVERLAND
von Shirai & Demizu
€ 6,99 (D) / € 7,20 (A)
O **Band 1 bis 17**
O **Band 18** 06/21
O **Band 19** 09/21
In 20 Bänden abgeschlossen

THE ROYAL TUTOR
von Higasa Akai
€ 6,99 (D) / € 7,20 (A)
O **Band 1 bis 13**
O **Band 14** 09/21
Bislang 16 Bände in Japan
€ 7,50 (D) / € 7,80 (A)
O **Doppelpack 1+2**

HALT!

Dieser Comic beginnt nicht auf dieser Seite. ONE PIECE ist ein japanischer Comic. Da in Japan von »hinten« nach »vorne« gelesen wird und von rechts nach links, müsst ihr auch diesen Comic auf der anderen Seite aufschlagen und von »hinten« nach »vorne« blättern.

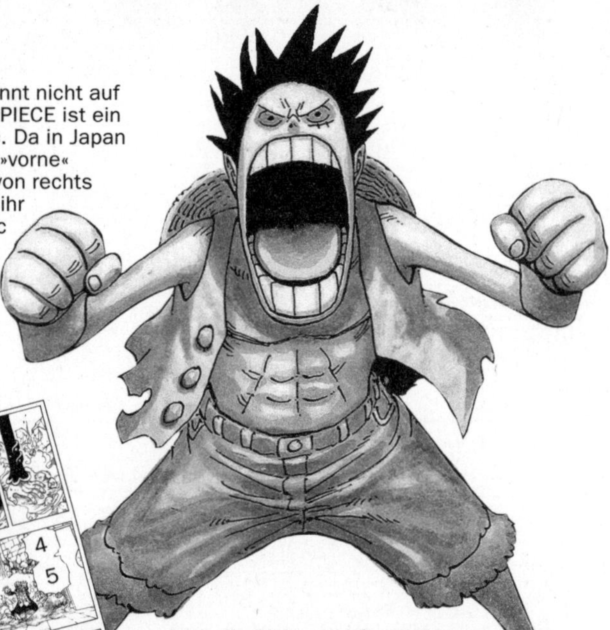

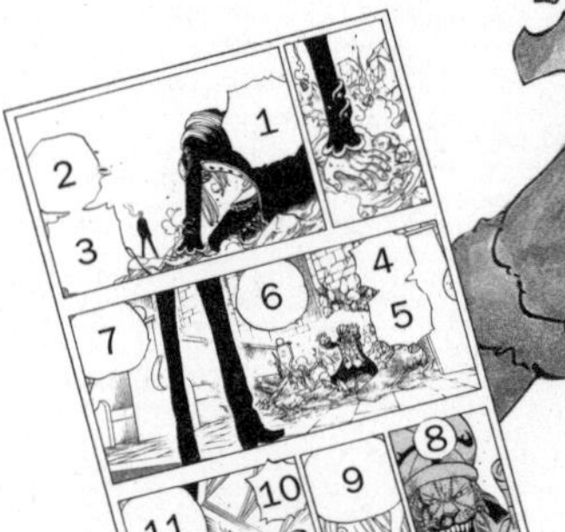

Auch die Bilder und Sprechblasen werden von rechts oben nach links unten gelesen, so wie es die Grafik hier zeigt. Schwer? Zuerst ungewohnt, doch dann bringt es richtig Spaß. Probiert es aus! Viel Spaß mit ONE PIECE!

CARLSEN MANGA! NEWS
jeden Monat neu per E-Mail
www.carlsenmanga.de • www.carlsen.de

CARLSEN MANGA
Deutsche Ausgabe/German Edition © 2002 Carlsen Verlag GmbH, Völckersstraße 14-20, 22765 Hamburg · Aus dem Japanischen von Ayumi von Borcke · ONE PIECE © 1997 by Eiichiro Oda · All rights reserved · First published in Japan in 1997 by SHUEISHA Inc., Tokyo · German translation rights in Germany, Austria, Luxembourg and German-speaking Switzerland arranged by SHUEISHA Inc. through VME PLB SAS, France. · Redaktion: Heike Drescher · Textbearbeitung: Steffen Haubner · Lettering: Michael Möller · Alle deutschen Rechte vorbehalten · Bei Fragen zum Produkt: carlsen.de/kontakt
ISBN 978-3-551-75624-4